Dem Andenken
Werner Schwidders gewidmet

FRANZ HEIGL

Indikation und Prognose in Psychoanalyse und Psychotherapie

Für die Praxis des Arztes, Psychotherapeuten
und klinischen Psychologen

Dritte, durchgesehene Auflage

Verlag für Medizinische Psychologie im Verlag
Vandenhoeck & Ruprecht in Göttingen

Das dritte Kapitel „Indikation zur analytischen Gruppenpsychotherapie" wurde zusammen mit Annelise Heigl-Evers verfaßt.

CIP-Kurztitelaufnahme der Deutschen Bibliothek

Heigl, Franz:
Indikation und Prognose in Psychoanalyse und
Psychotherapie: für d. Praxis d. Arztes,
Psychotherapeuten u. klin. Psychologen /
Franz Heigl. [Das 3. Kap. „Indikation zur
analytischen Gruppenpsychotherapie" wurde
zus. mit Annelise Heigl-Evers verf.]. –
3., durchges. Aufl. – Göttingen: Verlag
für Med. Psychologie im Verl. Vandenhoeck
u. Ruprecht, 1987.
ISBN 3-525-45615-8

Druck: Gulde-Druck GmbH, Tübingen
Einband: Hubert & Co., Göttingen

Inhalt

Einleitende Bemerkungen 9

Erstes Kapitel
Die phänomenalen prognostischen Kriterien

1. Indikation und Kontraindikation in der Sicht S. Freuds . 14
2. Wovon hängt die Therapierbarkeit von Neurosen ab? . . 16
3. Prognostische Beurteilung auf Grund der Symptomatik . 17
   a) Die Art der Symptomatik 17
   b) Der Krankheitswert körperlicher oder seelischer Symptome . 21
   c) Die Dauer der psychogenen Symptomatik 24
   d) Relation von Dauer der Symptome und Schwere der Neurose 25
   e) Die Primordialsymptomatik 32
   f) Die Einstellung des Patienten zu seinen Symptomen 33
   g) Der Umgang mit der Symptomatik 37
   h) Das Leiden an der Symptomatik 39
   i) Die Auslösung der Symptomatik 45
4. Prognostische Beurteilung auf Grund der sozialen Situation 53
   a) Die „soziale Bewährung" und der sogenannte Leistungstest . 53
   b) Der sozial geprägte Defekt 55
   c) Chronifizierende soziale Faktoren 58
   d) Die Persönlichkeit des Ehepartners 59
5. Prognostische Beurteilung auf Grund der biologischen Gegebenheiten 61
   a) Das Alter des Patienten 62
   b) Die Intelligenz des Patienten 65
   c) Talente und Begabungen 67
   d) Genotypische und angeborene Faktoren 69
      α) Organische Defekte 69
      β) Die Psychopathie 72
      γ) Die Vitalität 76
   e) Körperliche Krankheiten 76
6. Die Vorbereitung des Patienten auf die analytisch-psychotherapeutische Behandlung 78
7. Zusammenfassung der phänomenalen Kriterien zur Beurteilung des Schweregrades von Neurosen 79

Zweites Kapitel

Die strukturellen prognostischen Kriterien

1. Was heißt strukturell? 81
2. Unterscheidung von manifester Neurose und neurotischer Struktur 82
3. Darstellung und Vergleich der prognostischen Kriterien bei F. Alexander und H. Schultz-Hencke 83
4. Die strukturellen prognostischen Kriterien bei S. Freud . 84
5. Die Nachfolger Freuds 86
6. Das Strukturmodell 99
7. Ableitung der prognostischen Kriterien aus der neurotischen Struktur des Patienten 108
8. Zusammenfassung der wichtigsten strukturellen prognostischen Merkmale 134
9. Prognose und Ich-Stärke 136
10. Die Wechselwirkung von innerem und äußerem Schicksal . 144
11. Die Persönlichkeit des Therapeuten als prognostischer Faktor 145

Drittes Kapitel

(zusammen mit Annelise Heigl-Evers)

Indikation zur analytischen Gruppenpsychotherapie

I. Faktoren, die im setting der Gruppe liegen 148
II. Faktoren, die in der angewandten therapeutischen Technik liegen 170
   1. Die Konzeption der therapeutischen Gruppe 170
   2. Die Art der Indikationsstellung 172
   3. Die Art der Vorbereitung und die Einleitung der Gruppentherapie 174
   4. Zur Handhabung der Kontaktabstinenz 175
   5. Die Anzahl der Therapeuten 177
   6. Handhabung von Übertragung und Gegenübertragung . . 179
III. Faktoren, die in der Formation der Gruppe liegen . . 181
   1. Dauer der Gruppenpsychotherapie 181
   2. Struktur der Gruppe 183
   3. Zusammensetzung der Gruppe 187
IV. Faktoren, die in der Umwelt der Gruppe liegen . . . 192
   1. Abschirmung gegen die soziale Umwelt 193
   2. Interdependenz mit der sozialen Umwelt 197

V. Zur Kombination von analytischer Einzel- und Gruppenpsychotherapie 199
    1. Die angewandten Therapieverfahren 199
    2. Indikation zur kombinierten analytischen Einzel- und
       Gruppentherapie 206
        a) Indikation bei narzißtischen Persönlichkeitsstörungen . . 206
        b) Indikation bei Übertragungsneurosen 219
    3. Zusammenfassung 226

Viertes Kapitel

Indikation zur klinischen Psychotherapie

Klinische Psychotherapie als Psychotherapieform sui generis 228
    1. Zeitliche Begrenzung 229
    2. Mehrdimensionaler therapeutischer Ansatz 230
    3. Gruppentherapie 232
    4. Therapieraum und Realitätsraum 235
    5. Schutzfunktion der Klinik 236
    6. Ständige ärztliche Betreuung 240
    7. Gesamtbehandlungsplan 241
    8. Grenzen der klinischen Psychotherapie 242
    9. Die Intervalltherapie in der klinischen Psychotherapie . . 246
   10. Zusammenfassende Übersicht über die Indikation zur
       klinischen Psychotherapie 248

Fünftes Kapitel

Indikation zur analytischen und analytisch orientierten Kurztherapie

    1. Definition des Verfahrens 250
    2. Entwicklung der prognostischen Kriterien aus der Eigenart der Kurztherapie 251
    3. Die wesentlichen prognostischen Kriterien für die Indikation zur Kurztherapie 253
    4. Ein Fallbeispiel 257
    5. Zusammenfassung der prognostischen Kriterien 261

Literatur 262

Namenregister 277

Sachregister 280

Einleitende Bemerkungen

Das Buch verfolgt zwei Ziele. Es möchte einmal praktischen
Ärzten und Fachärzten, besonders auch solchen mit der Zusatzbezeichnung „Psychotherapie", und dem klinischen Psychologen prognostische Kriterien vermitteln, die es ihnen erlauben,
frühzeitig den Schweregrad seelisch bedingter Erkrankungen
zu erkennen und damit die Indikation zu einer rechtzeitigen
und adäquaten Behandlung zu stellen. Zweitens sollen für den
Fachpsychotherapeuten und Psychoanalytiker in systematischer
Form prognostische Merkmale zusammengestellt werden, die
eine Indikation zu speziellen psychoanalytischen Verfahren
und damit ein gezieltes therapeutisches Vorgehen ermöglichen.
Für den praktischen Arzt, den Facharzt, Psychotherapeuten
und den klinischen Psychologen wird es vor allem darauf ankommen, daß er prognostische Zeichen der Unterscheidung
schwerer und leichter Neurosen — schwer und leicht mit Bezug
auf die therapeutische Zugänglichkeit — kennenlernt und damit
sein prognostisches Urteil schärft. Mit Hilfe dieses Wissens
könnte der Untersucher Patienten mit mittelschweren und
schweren Neurosen rechtzeitig dem Fachpsychotherapeuten
überweisen und so iatrogene Chronifizierungen vermeiden. Die
Klärung der Frage, welches analytische Verfahren im Einzelfall zu wählen ist, wird der praktische Arzt im allgemeinen dem
Fachpsychotherapeuten überlassen müssen.
Die Beurteilung des Schweregrades einer psychogenen Erkrankung durch den praktischen Arzt ist auch deshalb so bedeutsam, weil bei leichteren Neuroseformen „möglicherweise
die wichtigste und nötigste aller Psychotherapieformen, die
Psychotherapie des praktischen Arztes" angewandt werden
kann. So hieß es in der „Denkschrift zur Lage der ärztlichen
Psychotherapie und der psychosomatischen Medizin", die 1964
im Auftrag der Deutschen Forschungsgemeinschaft von

G ö r r e s und anderen Autoren verfaßt wurde. G ö r r e s
weist auf die Notwendigkeit rechtzeitiger Indikationsstellung durch den praktischen Arzt hin: Er bekommt die neurotischen Störungen bereits im Frühstadium zu sehen und
kann, im Falle der leichten Neurose, den Kranken mit pragmatischer Psychotherapie (autogenes Training, Bewegungsund Atemtherapie, Yoga- und Zen-Methoden, suggestive Verfahren wie Hypnose, Protreptik u. a.) oder durch ein analytisch orientiertes Gespräch behandeln.

Die soziale Bedeutung einer frühzeitigen und sachgerechten
Indikationsstellung erhellt aus einigen Zahlen über die Häufigkeit seelisch bedingter Erkrankungen. Nach der oben erwähnten Denkschrift waren mindestens 20 % aller Kranken
der Bundesrepublik vorwiegend seelisch gestört. Ein Fünftel der
Patienten — von 12 Millionen Menschen, die im Jahr ärztliche
Hilfe suchen — bräuchte demnach eigentlich irgendeine Form
von Psychotherapie. Die Folgen einer inadäquaten Behandlung, die vor allem auf falsche Indikationsstellung zurückzuführen ist, sind evident: Verlängerung der Krankheitsdauer,
Gefahr der Wiedererkrankung, der Chronifizierung und des
dauernden Siechtums, für die Volkswirtschaft eine erhebliche
Minderung der Produktivität und eine Belastung mit beträchtlichen Summen für unzweckmäßige Heilmaßnahmen, Krankengelder und vermeidbare Renten.

Für den Fachpsychotherapeuten und Psychoanalytiker gilt
die gleiche Notwendigkeit einer frühzeitigen und adäquaten
Indikationsstellung, nur daß es sich bei deren geringer Anzahl
(ca. 1500 in der Bundesrepublik) um viel kleinere Dimensionen
handelt. —

In den ersten beiden Kapiteln werden die prognostischen
Kriterien dargestellt, und zwar einmal die weitgehend von
äußeren Gegebenheiten ableitbaren phänomenalen Kennzeichen und dann die von der inneren Psychodynamik abhängigen strukturellen Merkmale. Das dritte bis fünfte Kapitel behandeln die Indikationen zu speziellen psychoanalytischen
Therapieformen; dabei fand die analytische Gruppenpsychotherapie wegen ihrer zunehmenden Bedeutung besondere Berücksichtigung.

Wie wurden die im Nachfolgenden dargestellten prognostischen Kennzeichen gefunden? Wie sind sie zu verifizieren? Das Material stammt zum Teil von Patienten aus der freien psychoanalytischen Praxis, zum Teil von Patienten aus der stationären Behandlung in der Klinik für psychogene und psychosomatische Erkrankungen Tiefenbrunn. In jedem Falle ging der Therapie eine ausführliche, drei bis fünf Sitzungen dauernde tiefenpsychologische Anamnese zur diagnostischen und prognostischen Klärung voraus. Die Voraussage bezüglich Psychotherapierbarkeit wurde getroffen auf Grund der objektiven Daten des Patienten, des Vergleichs der (verbalen und extraverbalen) Äußerungen des Patienten mit dem zugrundeliegenden Neurosemodell, mit Hilfe der breiten Erfahrung — dieser Vorform der Statistik — des Analytikers und auf Grund der intuitiven Erfassung des Patienten durch den Therapeuten. Mit anderen Worten: Ausgehend von der Evidenz des Totalverhaltens eines Patienten bei der Anamneseerhebung und seinen objektiven Lebensdaten, also basierend auf klinischer Beobachtung, wurden im Vergleich mit einer bestimmten Neurosekonzeption und mit bisher behandelten ähnlich strukturierten Patienten prognostische Schlüsse gezogen; diese wurden dann sowohl im Verlauf der psychoanalytischen Behandlung an der tatsächlichen therapeutischen Zugänglichkeit des Patienten wie auch am Erfolg der Therapie nach ihrer Valenz überprüft und je nachdem korrigiert. — Die Daten für die Prognosestellung, d. h. die objektiven, subjektiven und szenischen Informationen wurden im allgemeinen aus einer in mehreren Sitzungen erhobenen tiefenpsychologischen Anamnese und im geringeren Umfang aus einem sogenannten psychotherapeutischen Erstinterview gewonnen. Darunter versteht A r g e l a n d e r in seiner Studie die erste und im allgemeinen einmalige, zeitlich begrenzte (meist 1 Stunde) Gesprächssituation mit einem Patienten, die diagnostischen und prognostischen Zwecken dient (siehe A r g e l a n d e r 1970). Die Anwendung der Erstinterviewtechnik setzt neben einer persönlichen Analyse ihre Erlernung in einer psychoanalytischen Ausbildung voraus. Zur effektiven Leitung eines Erstinterviews ist nach A r g e l a n d e r die Kenntnis folgender Prozesse notwendig: Übertragung, Gegenübertragung, therapeutische Ich-Spaltung,

Empathie, Abwehrmechanismen, passagere Identifikation und Regression im Dienste des Ichs. —

Objektivierte Testverfahren wurden nicht verwandt; doch ist die analytische Situation selbst nach C o l b y (1960) eine experimentelle Konstellation. In ihrer (zumindest bei der Einzelanalyse) hochstandardisierten Form ist sie für alle mit der Neurosenlehre vertrauten Beobachter wiederholbar und reproduzierbar und damit einer intersubjektiven Kontrolle aller Neurosenkenner zugänglich. Die psychoanalytische Situation erlaubt Zugang zu Daten einschließlich der Selbstbeobachtungen des Patienten, die außerhalb der Analyse kaum erhältlich sind — auch nicht in einem objektivierten Testverfahren; sie ist realen Lebenssituationen so weit verwandt, daß sie verläßliche Verallgemeinerungen erlaubt; man kann in ihr einige Variablen zur gleichen Zeit studieren, und sie läßt naturalistische Beobachtungen ebenso zu wie experimentelle.

Diese Studie ist keine Verlaufsforschung (siehe dazu E r n s t 1959, E r n s t et al. 1968 und C r e m e r i u s 1968); es fehlen katamnestische Erhebungen. Andererseits ist das zugrunde liegende kasuistische Material relativ groß, da in nahezu 30 Jahren nicht nur eigene Erfahrungen ausgewertet wurden, sondern auch die von Kollegen aus dem Göttinger Arbeitskreis und der psychotherapeutischen Klinik Tiefenbrunn.

Das Neurosemodell, die auf Empirie basierende Konzeption der neurotischen Struktur, wird im zweiten Kapitel dargestellt. Es gründet auf den psychoanalytischen Positionen F r e u d s , lehnt sich an die Antriebspsychologie S c h u l t z - H e n c k e s an und hat Elemente der Neurosenlehren von K. H o r n e y , F r o m m und R a d o und der neueren Ich-Psychologie assimiliert.

Noch ein Wort zur Abhängigkeit der prognostischen Kriterien vom therapeutischen Ziel. Selbstverständlich verändert sich die prognostische Beurteilung je nachdem, ob eine symptomatische Besserung und Heilung ohne Strukturänderung oder ob vielmehr eine Symptombeseitigung durch Strukturänderung des Patienten angestrebt wird; letzteres ist das erklärte Ziel jeder psychoanalytischen Behandlung, wenn sie sich auch meist mit einer Symptombesserung bei *partieller* Strukturumwandlung des Patienten zufrieden geben muß.

Zuletzt sei davor gewarnt, *ein* prognostisches Kriterium im konkreten Fall isoliert, d. h. losgelöst von anderen Merkmalen, anzuwenden. Nur ein Mosaik von Kennzeichen ergibt ein Bild und erlaubt ein prognostisches Urteil.

Wer sich einen ersten Überblick über die prognostischen Merkmale verschaffen will, sei auf die Schemata oder Zusammenfassungen am Ende der Kapitel hingewiesen.

ERSTES KAPITEL

Die phänomenalen prognostischen Kriterien

1. Indikation und Kontraindikation in der Sicht Sigmund Freuds

F r e u d empfand es früh als notwendig, für die von ihm entwickelte neue Heilmethode Kriterien der Indikation und Gegenindikation zu finden. Bereits 1905, lange vor einer genaueren Darstellung der technisch-therapeutischen Prinzipien der Psychoanalyse, hat F r e u d in seiner Schrift „Über Psychotherapie" (GW Bd. V, S. 20 f.) prognostische Merkmale zusammengestellt: „Die Indikation und Gegenanzeigen dieser Behandlung sind infolge der vielen praktischen Beschränkungen, die meine Tätigkeit betroffen haben, kaum endgültig anzugeben. Indes will ich versuchen, einige Punkte mit Ihnen zu erörtern:

1. Man übersehe nicht über der Krankheit den sonstigen Wert einer Person und weise Kranke zurück, welche nicht einen gewissen Bildungsgrad und einen einigermaßen verläßlichen Charakter besitzen. Man darf nicht vergessen, daß es auch Gesunde gibt, die nichts taugen und daß man nur allzu leicht geneigt ist, bei solchen minderwertigen Personen alles, was sie existenzunfähig macht, auf die Krankheit zu schieben, wenn sie irgendeinen Anflug von Neurose zeigen. Ich stehe auf dem Standpunkt, daß die Neurose ihren Träger keineswegs zum dégenéré stempelt, daß sie sich aber häufig genug mit den Erscheinungen der Degeneration vergesellschaftet an demselben Individuum findet. Die analytische Psychotherapie ist nun kein Verfahren zur Behandlung der neuropathischen Degeneration, sie findet im Gegenteil an derselben ihre Schranke. Sie ist auch bei Personen nicht anwendbar, die sich nicht selbst durch ihre Leiden zur Therapie gedrängt fühlen, sondern sich einer solchen nur infolge des Machtgebotes ihrer Angehörigen unterziehen. Die Eigenschaft, auf die es für die Brauchbarkeit der psychoanalytischen Behandlung ankommt, die Er-

ziehbarkeit, werden wir noch von einem anderen Gesichtspunkte würdigen müssen.

2. Wenn man sicher gehen will, beschränke man seine Auswahl auf Personen, die einen Normalzustand haben, da
   man sich im psychoanalytischen Verfahren von diesem aus
   des Krankhaften bemächtigt. Psychosen, Zustände von Ver-
   worrenheit und tiefgreifender (ich möchte sagen: toxischer)
   Verstimmung, sind also für die Psychoanalyse, wenigstens
   wie sie bis jetzt ausgeübt wird, ungeeignet. Ich halte es für
   durchaus nicht ausgeschlossen, daß man bei geeigneter Ab-
   änderung des Verfahrens sich über diese Gegenindikation
   hinaussetzen und so eine Psychotherapie der Psychosen in
   Angriff nehmen könne.

3. Das Alter der Kranken spielt bei der Auswahl zur psychoanalytischen Behandlung insofern eine Rolle, als bei Personen nahe an oder über 50 Jahre einerseits die Plastizität
   der seelischen Vorgänge zu fehlen pflegt, auf welche die
   Therapie rechnet — alte Leute sind nicht mehr erziehbar —
   und als andererseits das Material, welches durchzuarbeiten
   ist, die Behandlungsdauer ins Unabsehbare verlängert. Die
   Altersgrenze nach unten ist nur individuell zu bestimmen;
   jugendliche Personen noch vor der Pubertät sind oft aus-
   gezeichnet zu beeinflussen.

4. Man wird nicht zur Psychoanalyse greifen, wenn es sich
   um die rasche Beseitigung drohender Erscheinungen handelt, also z. B. bei einer hysterischen Anorexie.

Sie werden nun den Eindruck gewonnen haben, daß das
Anwendungsgebiet der analytischen Psychotherapie ein sehr
beschränktes ist, da Sie eigentlich nichts anderes als Gegen-
anzeigen von mir gehört haben. Nichtsdestoweniger bleiben
Fälle und Krankheitsformen genug übrig, an denen diese
Therapie sich erproben kann, alle chronischen Formen von
Hysterie mit Resterscheinungen, das große Gebiet der Zwangs-
zustände und Abulien und dergleichen.

Erfreulich ist es, daß man gerade den wertvollsten und sonst
höchstentwickelten Personen auf solche Weise am ehesten
Hilfe bringen kann. Wo aber mit der analytischen Psychotherapie nur wenig auszurichten war, da, darf man getrost behaup-

ten, hätte irgendwelche andere Behandlung sicherlich gar nichts zustande gebracht."

Heute, über sieben Jahrzehnte später, kennen wir die Struktur von Neurosen und ihre Folgeerscheinungen genauer und haben deshalb auch präzisere, empirisch begründete Vorstellungen von den prognostisch valenten Faktoren. Wir stehen daher heute nicht mehr vor der Frage, wieweit eine psychoanalytische Psychotherapie für den Patienten geeignet ist oder nicht, haben es vielmehr mit der Beurteilung des Schweregrades der Neurose des Patienten zu tun und mit der Indikation für eine bestimmte Form der Psychotherapie.

2. Wovon hängt die Therapierbarkeit von Neurosen ab?

Es geht um prognostische Kriterien für die Psychotherapie von Neurosen, um Merkmale also, die es ermöglichen, den Schweregrad einer seelisch bedingten Erkrankung zu bestimmen und damit die adäquate Therapie rechtzeitig einzuleiten. Vor der Aufzählung dieser Kriterien eine kurze Besinnung darauf, welche Gegebenheiten überhaupt die Prognose psychogener Erkrankungen beeinflussen. Vornehmlich vier Faktorengruppen sind zu nennen:

1. Phänomenale*) Faktoren, wie die Symptomatik des Patienten, seine soziale Situation und seine biologischen und konstitutionellen Voraussetzungen.

2. Die Psychodynamik des Patienten, seine neurotische Struktur, mit den darin gleichsam verewigten innerseelischen und zwischenmenschlichen Problemen und Konflikten; daraus lassen sich die strukturellen prognostischen Kriterien ableiten.

3. Die Erfahrung und Fertigkeit des Therapeuten und die Art seiner Persönlichkeit mit den ihr eigenen Antinomien, die sich bereits während der Anamneseerhebung und in der Behandlung als Gegenübertragung äußern werden (H e i g l 1960). Darauf hat u. a. B a l i n t (1957) hingewiesen: Manche Ärzte neigten dazu, ihre eigene

---

* So genannt, weil sie vorwiegend von der phänomenalen Evidenz ausgehen

Werthierarchie als unbedingt verbindlich auch für den Patienten zu betrachten. Diese Einstellung, von ihm als apostolische Funktion bezeichnet, störe die Behandlung seelisch Kranker ebenso wie sie natürlich das prognostische Urteil färbt.

4. Die Art der Inszenierung der Analyse (Liegen oder Sitzen des Patienten, Stundenfrequenz, Gestaltung des Praxisraumes u. a. mehr), womit sich u. a. K e m p e r (1959) beschäftigt hat.

Die unter Punkt 4 genannten mehr technisch-therapeutischen Faktoren werden hier nicht dargestellt. Der in der Persönlichkeit des Therapeuten liegende subjektive Faktor findet nicht in einem eigenen Kapitel, wohl aber in den einschlägigen Abschnitten Berücksichtigung. Dieses Buch behandelt jedoch vornehmlich die objektiven prognostischen Determinanten, also die unter Punkt 1 und 2 erwähnten prognostischen Kennzeichen. Ich beginne mit der Darstellung der phänomenalen prognostischen Merkmale.

3. Prognostische Beurteilung auf Grund der Symptomatik

Alles was der Arzt oder klinische Psychologe bereits bei der Erstkonsultation des Patienten an prognostischen Daten aus den äußeren Faktoren entnehmen kann, soll in diesem Kapitel geschildert werden.

a) Die Art der Symptomatik

Als erstes berichtet der Patient meist von seiner Symptomatik. Sie diene daher als Ausgangspunkt für die prognostische Beurteilung von Patienten mit psychogenem Leiden. Läßt sich bereits aus der Art der Symptome auf die Schwere der Neurose schließen? Um diese Frage zu beantworten, empfiehlt sich die von A. D ü h r s s e n (1949) vorgenommene Einteilung der Symptomatik in vorwiegend seelische, körperliche und charakterliche (Verhaltensstörungen) Manifestationsformen; „vorwiegend" deshalb, weil immer Störungen in allen drei Bereichen festzustellen sind und nur *eine* Manifestationsform jeweils vorherrscht.

Von dieser Dreiteilung der neurotischen Symptome ausgehend, läßt sich ein erstes prognostisches Kennzeichen nennen:

Kriterium 1:   Alle länger anhaltenden Verhaltensstörungen
wie Perversionen, Süchte und Verwahrlosungserscheinungen sind Ausdruck einer schweren
Neurose.

Perversionen und Süchte sind, unter einem begrenzten
Aspekt betrachtet, Ersatzbefriedigungen. Sie „ersetzen" die
sonst (wegen erworbener neurotischer Gehemmtheiten) fehlenden Befriedigungen gesunder Bedürfnisse. Der Perver-
sions- wie der Suchtkranke hängt meist zäh an seinen Ersatzbefriedigungen; das ist verständlich, wenn man weiß, wie
genußunfähig er sonst ist. Wegen dieses zunächst lustvollen
Charakters von Perversion und Sucht besteht für den Träger
einer solchen Verhaltensstörung meist keine Notwendigkeit,
auf eine Behandlung zu drängen. So war es z. B. bei einem
25jährigen Patienten, der den Psychoanalytiker aufgesucht und
ihm etwa 20 Minuten lang von seinen Depressionen und ihren
Folgen berichtet hatte. Ganz beiläufig ließ er dann einfließen,
daß er Homosexueller sei — Homosexueller, nicht homosexuell
(so als handle es sich um eine Berufsangabe). Etwas besorgt
fügte er jedoch gleich hinzu: „Daß wir uns recht verstehen,
Herr Doktor, ich komme nur wegen meiner Depressionen,
nicht wegen der Homosexualität." Diesen Behandlungsauftrag
konnte der Analytiker nicht übernehmen. Man kann ein psychogenes Symptom nicht isoliert psychoanalytisch behandeln.
Depression und neurotische Homosexualität entstammen *einer*
Charakterstruktur, sind nur verschiedene Auswirkungen und
Verarbeitungen derselben Fehlerlebnis- und Fehlverhaltensweisen. Man müßte den Patienten darüber aufklären, daß
mit der Aufarbeitung der Probleme, die der Depression zugrunde liegen, höchstwahrscheinlich auch die homosexuelle
Problematik ins Spiel komme. Da er diese nicht in Frage stellen wollte, begann er die Behandlung gar nicht erst. — Unter
besonderen Bedingungen ließe sich auch folgendes Vorgehen
rechtfertigen: Der Therapeut nimmt den Behandlungsauftrag
mit der Bemerkung an, man könne ja zunächst die Depression angehen; hinsichtlich der Homosexualität müsse man

dann später sehen. Der Analytiker umginge damit die im Augenblick uneinnehmbare „Festung" Homosexualität mit der Intention, sie eventuell später zu „erobern".

Auch die Verwahrlosung, incl. krimineller Delikte (s. dazu Künzel 1968 u. Moser 1970) und sog. Impulshandlungen deutet auf eine schwere seelische Störung, genauer: die neurotische Verwahrlosung. Denn man kann (Heigl 1962 und 1963) sechs Formen der Verwahrlosung oder Dissozialität (und des kriminellen Verhaltens) unterscheiden:

1. Die eben genannte neurotische Verwahrlosung als die zweifellos größte Gruppe von 60—65 % nach Unesco-Schätzungen (Hopmann 1956). Infolge widriger Umweltverhältnisse in den ersten sechs Lebensjahren, vor allem wegen eines Wechsels von Härte und Verwöhnung in der Erziehung (A. Fuchs-Kamp 1952), der sich vornehmlich auf den zwischenmenschlichen Anteil des Antriebserlebens bezog, ist es bei diesen Menschen zu einer Verarmung und Verzerrung der Gefühlsbeziehung zu den Mitmenschen gekommen. Damit ist ein zentrales Bedürfnis (nach Nähe, Wärme und Intimität) im Menschen getroffen. Es resultiert die für den Verwahrlosten charakteristische antisoziale oder asoziale Einstellung, die erfahrungsgemäß nur äußerst schwer therapeutisch anzugehen ist.

2. Die psychopathische Verwahrlosung, die im Gegensatz zur erstgenannten Form auf *angeborenen* seelischen Abartigkeiten beruht.

3. Eine Form, die dem Ausbruch einer Psychose vorangehen kann (Bumke 1942).

4. Eine Form der Verwahrlosung, die als Folge hirnorganischer Erkrankungen und Defekte (Enzephalopathien) auftritt.

5. Eine Form, die häufiger bei Debilität zu beobachten ist.

Außerdem läßt sich noch eine sechste Art nennen, eine sozusagen physiologische Verwahrlosung.

Der Begriff Verwahrlosung oder Dissozialität ist gesellschaftlich determiniert, worauf auch A. Dührssen (1955) hingewiesen hat. Als verwahrlost ist zu bezeichnen, wer häu-

fig oder dauernd die in einer Sozietät oder einem Kulturkreis
üblichen Regeln, Konventionen oder Gesetze willkürlich über-
tritt — durch Stehlen, Weglaufen, Lügen, Hochstapeleien,
Prostitution, Gewalttätigkeiten und anderes mehr. Da Gesetze und Konventionen je nach Art der Sozietät verschieden
sind, wird ein bestimmtes Verhalten in dieser Gesellschaft als
Verwahrlosung angesehen, während es in jener noch zum Bereich der sozialen Norm gehört. Mit anderen Worten: Der
Begriff Verwahrlosung hängt von den gegebenen gesellschaft-
lichen Verhältnissen und Normen ab. Ist nun die gesellschaftliche Ordnung mehr oder minder zusammengebrochen (wie
oft gegen Ende eines Krieges oder auch in Nachkriegszeiten),
so werden Verhaltensweisen im Menschen mobilisiert, die in
anderen, geordneteren Zeitläufen als verwahrlost zu bezeichnen wären. Man denke an den Schwarzhandel der ersten Nach-
kriegszeit, wo die legalen Versorgungsmöglichkeiten kaum
eine Vita minima erlaubten. Man könnte deshalb auch von
Notstandsverwahrlosung sprechen. — G e r s o n (1964)
grenzt außerdem die vorwiegend durch Pubertätskrisen be-
dingte und eine natürliche Verwahrlosung ab. Zu dieser
Gruppe zählt er Jugendliche, die in einem Milieu aufwuchsen,
in dem sonst als asozial angesehene Handlungen zum normalen, natürlichen Verhalten gehören; A i c h h o r n sprach einmal vom Verwahrlosten ohne Verwahrlosungsstruktur.

Die erste prognostische Kennzeichnung lautete: Verhaltensstörungen wie Perversionen, Süchte und Verwahrlosungen
weisen auf eine schwere neurotische Struktur hin. Als die
Hauptursache für die schlechte Therapierbarkeit von Patienten
mit Verhaltensstörungen läßt sich das Fehlen des Leidensdruckes nennen. Infolgedessen ist auch der so eminent wichtige Impetus zur Zusammenarbeit mit dem Psychotherapeuten bei solchen Patienten meist nur schwach. Darüber später
mehr.

Aus dem Gesagten resultiert der Rat, Patienten mit den
obenerwähnten Verhaltensstörungen an den Fachpsychotherapeuten zu überweisen. Allzu häufig wird es sowieso nicht vorkommen, daß solche Kranken die ärztliche Allgemeinpraxis
aufsuchen. Am eigenen Verhalten leidet der Mensch nur sel-

ten. Am ehesten werden den Arzt Jugendliche mit Verwahr-
losungszügen beschäftigen; sie werden meist von den Eltern in
die Praxis gebracht, wobei „gebracht" oft buchstäblich zu nehmen ist; die Jugendlichen kommen nur selten freiwillig. — Es
soll nicht verschwiegen werden, daß die psychotherapeutischen
Heilerfolge bei Patienten mit Perversionen, Süchten oder Verwahrlosungserscheinungen schlechter sind als bei der Behandlung von Kranken mit körperlichen oder seelischen neurotischen Symptomen.

b) Der Krankheitswert körperlicher oder seelischer Symptome

Körperliche oder seelische Krankheitserscheinungen sind die
beiden anderen Manifestationen primär psychogener Symptomatik. Aus dem Krankheitswert dieser körperlichen oder
seelischen Symptome läßt sich zunächst nichts über die Schwere
der Neurose aussagen. Ich möchte das an dem folgenden
Beispiel klarmachen: Das scheinbar so leichte Symptom des
Errötens und der Errötungsfurcht ist manchmal prognostisch
ungünstiger zu beurteilen als ein seelisch bedingtes Magengeschwür. Diese paradoxe Tatsache hängt mit den Folgeerscheinungen zusammen, die zu jeder neurotischen Struktur-
entwicklung gehören; sie leitet sich auch vom Leidensdruck
(als therapeutischem Movens) ab (S. 39), der bei dem Patienten
mit einem Magenulcus und dessen größerem klinischen Krankheitswert stärker sein kann als beim Erythrophoben. Zu den
Folgeerscheinungen gehört zum Beispiel, daß Patienten mit
Errötungsfurcht oft weitgehend den Kontakt zu Mitmenschen
meiden und sich auf privater und sozialer Ebene erheblich einschränken und somit ihren Leidensdruck vermindern (unberücksichtigt bleibt dabei die prognostische Beurteilung quoad
vitam beim Ulcus ventriculi oder duodeni: Perforation, car-
cinomatöse Degeneration, Blutung).

Ein weiteres Kennzeichen sieht nach S c h u l t z - H e n c k e
(1951) so aus:

Kriterium 2:   Im allgemeinen spricht eine lärmende psycho-
                gene Symptomatik eher für eine leichte Neu-
                rose; leise unauffällige Krankheitserscheinungen
                deuten mehr auf eine schwere Neurose hin.

C a r u s o (1964) spricht in diesem Zusammenhang von einer dramatischen Symptomatik, die im allgemeinen leichter zu therapieren sei als eine unauffällige. Wie oben (siehe S. 21) schon erwähnt wurde, gehören unauffällige Krankheitserscheinungen meist zu den sog. Charaktersymptomen, deren längeres Bestehen eine schwere Neurose anzeigt. So sind zwangsneurotisch strukturierte Patienten mit Überwiegen von Charaktersymptomen (Übergefügigkeit, Eigensinn, Übersparsamkeit, Überkorrektheit usw.) meist schwerer therapierbar als solche, bei denen die viel auffälligeren psychischen Symptome (Zwangsvorstellungen, Zwangsgrübeln) oder körperlichen Symptome (extrapyramidale Funktionsstörungen wie Tic, Torticollis u. a.) vorherrschen. Allerdings darf das Wörtchen „im allgemeinen" nicht übersehen werden. Es können auch einmal dramatische, äußerlich auffällige Symptome zu einer schweren Neurose gehören.

Ich hatte die Frage vorläufig verneint, ob man aus dem Krankheitswert eines körperlichen oder seelischen Symptoms allein schon sichere prognostische Schlüsse ziehen könne. Die Differenzierung dieser vorläufigen Antwort ergibt ein weiteres prognostisches Kennzeichen:

Kriterium 3:   Körperliche oder seelische Symptome sind *dann* schwer therapierbar, wenn sie — unabhängig von ihrer Dauer — das Leben des Kranken beeinträchtigen und bedrohen oder ihn hindern, eine soziale Rolle zu übernehmen oder zu behalten.

Zur ersten Gruppe sind zum Beispiel Patienten mit Anorexia nervosa oder schwerem Asthma bronchiale zu rechnen; diese Krankheiten haben in fortgeschrittenen Stadien bereits Organschäden (Organ-Atrophien bzw. Lungenemphysem, Cor pulmonale), also pathologisch-anatomisch faßbare Veränderungen hinterlassen. Solche Schäden sind oft Zeichen eines ausgeprägten Selbsthasses, einer — natürlich unbewußten — selbstschädigenden Tendenz des Kranken. Bei der Entstehung jeder psychosomatischen Erkrankung spielen unbewußte selbstzerstörerische Neigungen des Patienten eine Rolle. Bis heute ist es jedoch noch kaum möglich, ihre Wirkung mit zureichender Genauigkeit von den vielen anderen Faktoren zu isolieren, die Organschäden bei primär psychogenen Krankheiten hervorrufen. Vor allem K. H o r n e y (1951) hat auf die Bedeutung des Selbsthasses und seinen Anteil bei der Entstehung von Organschäden hingewiesen.

Zur zweiten Gruppe: behindertes soziales Funktionieren — darunter wird hier mangelnde passive *und* aktive (M i t - s c h e r l i c h 1963), autoplastische *und* alloplastische Anpassung verstanden — wären zum Beispiel Patienten mit Phobien wie Claustrophobie, Erythrophobie, Agoraphobie zu zählen. Die letztgenannte Krankheit führt fast immer dazu, daß der Patient berufliche oder private Tätigkeiten aufgibt oder von vornherein auf sie verzichtet. Die Berufsarbeit des Agoraphoben wird häufig dadurch behindert, daß er nur im Taxi den bergenden Umkreis des Hauses verläßt. Oft gibt der Kranke eine an sich günstige Stellung oder sogar den erlernten Beruf auf und zieht sich auf häusliche Arbeiten zurück. Infolge dieser Einschränkung entfallen dann auch die vielfältigen, an die Berufsarbeit geknüpften Befriedigungen, die Lust am konstruktiven Handeln und an der Zusammenarbeit mit anderen, die Befriedigung über geleistete Arbeit und über die Anerkennung durch Mitarbeiter und Vorgesetzte und die Freude an der Selbstverwirklichung im Sinne der Entfaltung angeborener Talente und erworbener Fähigkeiten. In ähnlicher Weise werden auch die privaten Tätigkeiten des Betreffenden, wie Liebhabereien und ähnliches, beschnitten. Außerdem verkümmern und verarmen auch die zwischenmenschlichen Beziehungen deswegen, weil der Agoraphobe im schweren Fall seine vier Wände nicht mehr verläßt. Der Patient verzichtet auf viele Möglichkeiten der Gemeinschaft und des Geselligseins; er ist ferner durch seine Krankheit in der Gestaltung von Urlauben und Wochenenden behindert. Schließlich ist es zu einem System von Vermeidungen beim Patienten gekommen, einem System, das zwar nicht unbedingt seine Vitalität beeinträchtigt, wohl aber das soziale Funktionieren erheblich stört. Folgeerscheinungen sind aufgetreten, Circuli vitiosi haben sich gebildet, die eine langwierige psychische Behandlung erfordern. *Ein* Circulus vitiosus besteht darin: Der Agoraphobe zieht sich mehr und mehr vom Kontakt mit der außerhäuslichen Wirklichkeit zurück, beraubt sich dadurch vieler Chancen, weitere Erfahrungen zu machen und Neues zu lernen, und wird wegen der ausfallenden Lernreize de facto immer unfähiger und hilfloser.

Außerdem zeigen solche irrealen Ängste wie die Agoraphobie immer an, daß bei dem Betreffenden größere Antriebsenergien in archaischer, ungesteuerter Form unter der Oberfläche seines Bewußtseins bereit liegen und daß die Gefahr des Durchbruchs von Willkürimpulsen besteht. Davor fürchtet sich der Agoraphobe mit Recht, und auch diese Gefahr (des Antriebsdurchbruches) bedingt die im allgemeinen lange Dauer der Behandlung. Ceteris paribus gilt all das Gesagte auch für andere schwere Phobien ebenso wie für Zustände von diffuser inhaltloser Angst, soweit sie den Patienten in seinem Sozialkontakt einschränken. B a u m e y e r (1960) beschreibt, in Abweichung von diesen Ausführungen, auch einige Formen von Agoraphobie, die schneller zu heilen seien.

Dem praktischen Arzt ist demnach zu raten, Patienten mit evidenten irrealen Ängsten, d. h. also diffusen, nicht realitätsadäquaten Ängsten (im Unterschied zu realen Befürchtungen) an den Fachpsychotherapeuten zu überweisen. Bei der ersten Gruppe, Patienten mit psychogener Organsymptomatik, wird es auf eine enge Zusammenarbeit zwischen dem Organmediziner und dem Psychotherapeuten ankommen. Schwerer Magersüchtige zum Beispiel sind meist nur in einer psychosomatischen Abteilung oder Klinik zu behandeln, wie auch. T h o m ä (1961) feststellt.

c) Die Dauer der psychogenen Symptomatik

Es ging bisher um die *Art* der Symptome. Jetzt stellt sich die Frage, ob die *Dauer* einer psychogenen Symptomatik ebenfalls prognostische Schlüsse erlaubt. Dabei ergibt sich als weiteres prognostisches Kennzeichen:

Kriterium 4: Je länger eine neurotische Symptomatik besteht, desto schwerer ist sie zu behandeln. Als chronisch ist, wie auch sonst in der Medizin, ein Symptom anzusehen, das länger als ein oder eineinhalb Jahre besteht.

Das klingt recht simpel und selbstverständlich. Doch scheint es mir notwendig, etwas näher auf die Zusammenhänge zwischen Dauer des Symptoms und Schwere der Neurose einzugehen.

d) Relation von Dauer der Symptome und Schwere der Neurose

1. Die eine primär-seelische Symptomatik auslösende — nicht verursachende! — Schicksalskonstellation, F r e u ds *Versuchungs- und Versagungssituation*, wird mit der Länge der Zeit für den Patienten immer schwerer erinnerlich. Dafür ein Beispiel: Eine 30jährige Frau hat ihr drittes Kind geboren. Es ging ihr zwar schon während der Schwangerschaft nicht gut, aber erst unmittelbar nach der Geburt des Kindes seien Zwangsimpulse und Zwangsbefürchtungen aufgetreten. So befürchtet sie ständig, ihr Kind mit einem spitzen Gegenstand zu verletzen. Dies das Phänomen. Wie sieht, in Vereinfachung, der psychodynamische Hintergrund aus?

Diese Frau wird beherrscht von neurotischen Idealforderungen im Sinne eines Opferzwanges. Mutter sein heißt für sie, um des Kindes willen auf alle eigenen Wünsche und Bedürfnisse verzichten, heißt, sich völlig aufgeben. Ihrem inneren Sollen nach — entstanden unter dem Druck entsprechender elterlicher Prinzipien — gilt die Devise: Alles für das Kind, nichts für mich. Es handelt sich um einen Konflikt zwischen der „Möchte-Welt" und der „Muß-Welt" (M. S e i f f), um einen Kampf zwischen Wünschen und Pflichten. Solche Menschen haben eine unterschiedliche Bewertung gegenüber ihren eigenen Wünschen und denen der anderen Menschen erlernt; die der anderen haben immer und überall den Vorrang. Im Protest gegen diese übertriebene, zwangshafte Opfereinstellung hat sich ihr Selbstbehauptungswille zu der ihr unbewußten Gegeneinstellung verdichtet: Bevor mir das Kind alles nimmt, bevor es mich mit Haut und Haaren auffrißt, muß ich es beseitigen; jetzt heißt es, entweder du oder ich. — Man könnte auch von mörderischen Aggressionen sprechen, die *dann* bei der Mutter entstehen, wenn sie gegenüber ihrer extremen Verausgabung zu hilflos ist. — Dies muß nicht unbedingt bedeuten, daß eine solche Mutter tatsächlich sehr viel für ihre Kinder tut. Bereits die permanente, nicht mehr steuerbare innere Verpflichtung, sich für ihre Kinder aufzuopfern, erzeugt Feindseligkeit und Protest in ihr; und diese bewirken unter Umständen, daß entgegen der inneren Zwangsverpflichtung äußerlich kein großer Einsatz vollzogen wird, ja daß die Mutter sogar nur mäßig für die Kinder sorgt. Verpflichtungen und feindseliger Protest halten sich die Waage, paralysieren sich gegenseitig.

Liegt der Beginn einer Symptomatik nur ein bis zwei Monate zurück, so kann der Psychotherapeut dem Patienten an Hand der auslösenden Situation leichter seine latenten Konflikte aufdecken, als wenn die Symptome schon seit ein bis zwei Jahren bestehen. Man wird der eben erwähnten Patientin kurz nach der Niederkunft leichter als Jahre später die Tatsache nahebringen können, daß sie innerlich protestiert, ein weiteres Kind ablehnt. In Wirklichkeit war ihr das dritte Kind nur „passiert", hatte sie sich vorher nicht einmal gefragt, ob sie noch ein weiteres Kind haben wolle. Vielmehr hatte sie die Entscheidung fügsam ihrem Mann überlassen und so ihren eigenen Willen in dieser lebenswichtigen Frage ausgeschaltet.

Es war eben die Rede vom übermäßig fügsamen Verhalten der Frau im Zusammenhang mit der Mutterschaft. Meist erstreckt sich eine solche falsche, rein passive Anpassung auch auf weitere Lebensbereiche und wirkt sich nicht nur auf *einem* Felde aus. So war es auch bei dieser Patientin: In allen gemeinsamen Belangen war ihr Mann bestimmend; sie war bloße filia comitans. Zu dieser Einstellung gehört aber andererseits immer eine unbewußte Trotzhaltung, die sich bei dieser Frau in den vielfältigsten Vergeßlichkeiten und Fehlleistungen ihrem Mann gegenüber manifestierte. *Unbewußter* Trotz deshalb, weil sie sich nicht zu ihrem trotzigen Willen bekennen kann, weil das Nein — in Vergeßlichkeiten und Fehlleistungen sich manifestierend — ihr bloß passiert.

Dieser zunächst unbewußte Trotz gegen den Ehemann äußert sich auch im Folgenden: Die Patientin kann sich — eben dank dem erst kurzen Bestehen der Zwangssymptomatik — erinnern, daß sie bei der ersten Ahnung einer Schwangerschaft gedacht hatte: „Ich will nicht, ich will nicht noch ein Kind; *er* will immer Kinder, und *ich* hab' die Last damit!" Im Zuge dieser Erinnerungen fiel ihr dann auch ein, daß ihr schon das zweite Kind stärkste Beschwerden in der Schwangerschaft und große Mühen in der Erziehung gemacht hatte. Mehr und mehr wurde ihr klar, daß es schon lange *vor* der Geburt des dritten Kindes Signale bei ihr gegeben hatte, die die Grenzen ihrer Belastbarkeit angezeigt hatten. — Nebenbei sei darauf hingewiesen, daß die Belastbarkeit einer solchen Mutter gerade wegen ihrer neurotischen Opferbereitschaft geringer ist als bei gesünderen Frauen, die ihre eigenen Interessen und Bedürfnisse gegen die von Ehemann und Kind besser abgrenzen und eben darum auch ein Opfer bringen können, wenn es sinnvoll ist.

Langsam konnte die symptomauslösende Situation geklärt und überblickt werden. So entsann sich die Patientin auch noch flüchtiger Zwangsmordgedanken bereits nach der Geburt des *zweiten* Kindes, Gedanken, die sich damals noch beiseite schieben ließen. Es wuchs ihre Einsicht dafür, daß ihre Zwangssymptome nicht plötzlich und unmotiviert entstanden waren, sondern eine psychologisch verstehbare Vorgeschichte hatten. Nebenbei sei vermerkt, daß Zwangsmordgedanken in ihrer Entstehung unter weiteren determinierenden Faktoren auch auf den Verzweiflungswunsch zurückzuführen sind: Wenn der andere beseitigt ist, brauche ich endlich keine Opfer mehr zu bringen. (Selbst wenn der andere verschwände, würde sich ein Mensch mit einer solchen zwanghaften Opfereinstellung jedoch bald wieder ein neues Objekt suchen, so daß die alte Situation wieder hergestellt wäre.) Alle diese Schritte der Rückbesinnung auf die Vorläufer der heutigen Symptomatik waren der Patientin nur möglich oder waren ihr leichter möglich, weil die Versuchungs- und Versagungssituation nicht Jahre, sondern nur Monate zurücklag.

2. Es gibt einen weiteren Grund, warum sich die Heilungschancen mit der Dauer der neurotischen Symptome verschlechtern: Je länger ein seelisches Leiden besteht, desto mehr bilden sich bei dem Patienten Teufelskreise im Sinne von sich selbst verstärkenden Circuli vitiosi (A. E. M e y e r 1969) aus und entwickeln sich Abwehrhaltungen, die die Einsicht in das eigene konflikthafte Erleben versperren. Die prognostisch wichtigsten dieser *chronifizierenden Abwehrhaltungen* seien im folgenden erörtert.

Als erstes ist in diesem Zusammenhang der *sekundäre Krankheitsgewinn**) zu nennen: Eine Patientin mit einer ähnlichen Symptomatik wie die vorige — sie ist zerknirscht darüber, daß sie sich oft den Tod ihres Kindes vorstellen müsse — klammert sich deshalb an ihren Mann und erreicht durch ihre Selbstvorwürfe, daß er ihr Gewissen beschwichtigt: Das sei alles gar nicht so schlimm, und natürlich glaube niemand, daß sie ihrem Kind etwas zuleide tun wolle. Durch diesen „Erfolg" ermutigt, provoziert sie mittels ihrer Selbstanklagen immer mehr sein Mitleid und seine Fürsorge, an deren Genuß sie schließlich süchtig hängt. Dieser sekundäre Krankheitsgewinn — sekundär weil mittels Krankheit und Leiden erzielt — wurde schon 1905 von F r e u d (Bd. V, S. 202) als ein die Heilungsaussichten verschlechternder Faktor erkannt: „Das Ich benimmt sich, als ob es von der Erwägung geleitet würde: Das Symptom ist einmal da und kann nicht beseitigt werden; nun heißt es, sich mit dieser Situation befreunden und den größtmöglichen Vorteil aus ihr ziehen ... So wird das Symptom allmählich mit der Vertretung wichtiger Interessen betraut", und deshalb gibt der Kranke es oft nur ungern auf (Bd. XIV, S. 126). Auch F e n i c h e l (1946) und W a l d h o r n (1960) betonen die prognostisch ungünstige Rolle des sekundären Krankheitsgewinnes. F e n i c h e l bezeichnet die Analyse eines Neurotikers mit ausgeprägtem sekundären Krankheitsgewinn als ebenso schwierig wie die eines Perversions-Kranken.

Zum sekundären Krankheitsgewinn könnte man auch die neurotische Ideal- und Ideologiebildung rechnen, d. h. also die Glorifizierung von Gehemmtheit und Unvermögen. Gerade sie trägt entscheidend zur Chronifizierung einer Neurose bei. Doch ist die (neurotische) Ideal- und Ideologiebildung nicht ohne eine genaue Kenntnis des Gefüges der Neurose zu verstehen

---

* Der primäre Krankheitsgewinn beinhaltet nach F r e u d (Bd. V, S. 202; Bd. XI, S. 397) die „Flucht in die Krankheit", die (scheinbare) Erledigung eines bestehenden Konflikts durch die neurotische Symptombildung. Zu diesem inneren Anteil des primären Krankheitsgewinnes geselle sich manchmal noch ein äußerer Vorteil, der z. B. in der Berechtigung besteht, über die Krankheit (statt über den Konflikt) zu klagen, und in der Schonung, die man im allgemeinen einem Kranken angedeihen läßt.

und soll deshalb bei den strukturellen prognostischen Kriterien behandelt werden.

Mit der Dauer der Symptomatik nimmt im allgemeinen auch die *Rationalisierung* zu; d. h., es setzt sich mehr und mehr die Tendenz des Patienten durch — sie eignet nicht nur Patienten, sondern nahezu allen Menschen —, das eigene Erleben und Verhalten und auch das eigene Leiden so zu interpretieren, daß es vernünftig wirkt, daß es verständlich erscheint. Besonders gern werden nach S c h u l t z - H e n c k e (1951) neurotische Schwächen (Gehemmtheiten, Passivitäten, illusionäre Ansprüche) nicht als Mängel, sondern als Vorzüge hingestellt. — Bei der eben erwähnten Patientin sah die Rationalisierung so aus, daß sie wieder und wieder darauf hinwies: „Solche Befürchtungen hat schon meine Mutter gehabt." Diese Äußerung und ihre ständige Wiederholung zeigen die „Absicht" der Patientin an, ihr Leiden als vererbt zu betrachten und damit die Verantwortung für ihre Krankheit (und ihre mörderischen Phantasien) abzulehnen.

F r e u d (Bd. VII, S. 414) berichtet von der Rationalisierung im Sinne sekundärer Motivierung von zweizeitigen Zwangshandlungen bei der Zwangsneurose. — Eingeführt wurde der Begriff der Rationalisierung von J o n e s (1908).

Es gibt auch eine iatrogene Rationalisierung dann, wenn der Arzt selbst dem Patienten solche „Kausalerklärungen" anbietet.

Es ist noch auf ein weiteres Phänomen hinzuweisen, das bei länger bestehender Symptomatik fast regelmäßig auftritt: die *Gewöhnung*. Der Kranke gewöhnt sich an sein Leiden, er findet sich schließlich und endlich mit ihm ab, er resigniert, betrachtet seine Krankheit als gott- oder schicksalsgegeben und unternimmt deshalb nichts mehr gegen sie; er bringt keinen Willen mehr auf, gegen sie anzugehen.

Mit der Dauer der Symptomatik stellt sich häufig die von S c h u l t z - H e n c k e (1951) sogenannte *Mechanisierung* ein. Sie stellt einen sekundären Prozeß dar, in dem der Betreffende auf die bereits länger bestehende Symptomatik im Sinne eines sekundären Wiederholungszwanges (C a r u s o 1964) reagiert. Er hat das Auftreten seiner Symptome — z. B. Erröten, Stottern, Händezittern, Impotenz, angstneurotische, phobische und manche Zwangssymptome — in bestimmten Situationen wieder und wieder erlebt und befürchtet nun ihre Wiederholung in ähnlichen Lagen. Er bahnt dadurch geradezu — intensive Vorstellungen und Befürchtungen kommen einer Innervation der betreffenden Körperpartie (siehe Hypnoseversuche) gleich — sein Symptom; er „bildet" es sich durch antizipierende Erwartung „ein". Der Patient übt gewissermaßen sein Symptom, und es entwickeln sich dadurch Vollzugszwänge, die eine weitere Chronifizierung der Neurose bewirken. Auf das Phänomen selbst hat J. H. S c h u l t z (1958) bereits 1918 hingewiesen, wenn er von dem Gedächtnisfaktor der falschen Gewöhnung spricht. — Nebenbei sei erwähnt, daß es in solchen Fällen von sekundärer Mechanisierung einer Symptomatik gelegentlich notwendig ist, außer der analytischen Methode der Aufdeckung unterdrückter Antriebskräfte ein pragmatisches, übendes Verfahren (z. B. Sprechschulung bei Stotterern) zur „Abgewöhnung" der eingefahrenen Vollzugszwänge, der bedingten Reflexe anzuwenden. J. H. S c h u l t z (1958) meint sogar, daß *jede* psychotherapeutische Behandlung die Übung einzelner Funktionen einbegreifen müsse.

Eng verwandt mit dem sekundären Krankheitsgewinn ist die *Finalisierung*, die vor allem in der Individualpsychologie A d l e r s eine große Rolle spielt. Mit diesem Begriff ist die Tatsache erfaßt, daß der Patient das Symptom nicht nur erleidet, sondern es auch für eigene Zwecke und Zielsetzungen benützt; wenn er es schon nicht ausschalten und beseitigen kann, so will er es wenigstens eigenen Vorteilen und Interessen dienstbar machen (siehe auch S. 28). Damit ist eigentlich das gleiche Phänomen beschrieben wie mit dem Begriff des sekundären Krankheitsgewinnes, nur unter einem etwas anderen Aspekt. Mit dem Begriff der Finalisierung ist mehr die unbewußte Absicht des Patienten erfaßt; mit der Bezeichnung: sekundärer Krankheitsgewinn wird mehr auf die Tatsache verwiesen, daß der Patient auch einen Nutzen von seiner Krankheit haben kann.

Die Symptomatik bedeutet nach S c h u l t z - H e n c k e (1951) eine sekundäre Versuchung dafür, mit Hilfe des Krankseins Fürsorge und besondere Rücksichtnahme von seiten der Umwelt ebenso wie andere Privilegien zu erlangen, die dem Betreffenden sonst schwer erreichbar wären. A d l e r (1928) erläutert das Bild der Neurose ebenso wie ihre Symptome von diesem fingierten Endzweck (kausale Finalität) her. Was nach A d l e r das Wesen der Neurose ausmacht, Minderwertigkeitsgefühl und überkompensatorische Finalisierung, ist bei F r e u d und S c h u l t z - H e n c k e — wie S c h w i d - d e r (1959) ausführt — kein primärer Vorgang, sondern eine sekundäre oder tertiäre Folgeerscheinung der neurotischen Verdrängung oder Gehemmtheit.

Diese eben erwähnten stabilisierenden und chronifizierenden Bedingungen einer Neurose (S c h u l t z - H e n c k e 1951) führen erfahrungsgemäß zu einem Teufelskreis, der nur schwer zu unterbrechen ist. Ein Faktor verstärkt und steigert den anderen, und schließlich entsteht ein Gefüge von sekundären und tertiären Folgeerscheinungen, das den ursprünglichen Konflikt völlig überdeckt. Ich erinnere an das obengenannte Beispiel: Eine Frau gibt dauernd zu viel, opfert sich ständig im Übermaß für andere (z. B. die Kinder) auf; sie unterwirft sich gewohnheitsmäßig dem Willen ihres Ehemannes und bleibt eine filia comitans. Die Bedürfnisse und Interessen der Mitmenschen achtet sie *mehr* als die eigenen, sie benachteiligt sich selbst ständig, kommt dadurch zu kurz, und die Enttäuschung darüber erzeugt reaktive Aggressionen, die sich unter anderem in ihrer Zwangssymptomatik entladen. — Dieser Erlebnisverarbeitung ist therapeutisch um so schwerer beizukommen, je länger die Symptomatik schon besteht. Die zeitliche Distanzierung von der auslösenden Konfliktsituation macht diese therapeutisch schwerer erfaßbar. Neurotische Rationalisierung, Gewöhnung, Mechanisierung, sekundärer Krankheitsgewinn und Finalisierung tragen ihrerseits dazu bei, dem Patienten den Blick auf den primär auslösenden Konflikt zu verstellen, und bilden andererseits energetisch-dynamische Seitenkanäle neurotischen Lustgewinns, der den Leidensdruck herabsetzt und damit einen Motor zur Heilung abdrosselt. Diese Folgeerscheinungen bilden schließlich gleichsam ein Schlingwerk, das den Weg zur Genesung schwer gangbar macht. — Es kommt allerdings auch einmal vor, daß trotz länger bestehender Symptomatik die Prognose hinsichtlich psychotherapeutischer Zugänglichkeit nicht ungünstig ist. Dies ist dann der Fall, wenn der betreffende Patient in einer Grenzsituation steht: es ist ihm klar geworden, daß nichts anderes als seine eigene Umorientierung helfen kann; das mobilisiert den Willen zur Heilung meist außerordentlich.

Nach diesem kurzen Exkurs ins Gebiet der Folgeerscheinungen einer länger dauernden Neurose kehre ich zu der Kardinalfrage dieses Abschnittes zurück: Welche prognostischen Schlüsse läßt die Symptomatik des seelisch Kranken zu?

e) Die Primordialsymptomatik

Ein weiteres phänomenzentriertes prognostisches Kriterium beruht auf der Persistenz der sogenannten Primordialsymptomatik. Unter Primordialsymptomatik versteht S c h u l t z - H e n c k e (1951) die frühen, noch vor der Pubertät auftretenden ersten neurotischen Krankheitserscheinungen, die gelegentlich auch „nur" in sogenannten Marotten (Kontaktscheu, übermäßige Pedanterie, Kaspereien, Altklugheit, kleinkindhaftes Gebaren u. a.) bestehen können.

Kriterium 5 :   Wenn diese Primordialsymptomatik über die Pubertät (etwa 13. bis 17. Lebensjahr) hinaus bestehen bleibt, dann hat der Träger dieser Symptome mit größter Wahrscheinlichkeit eine schwere Neurose.

Dies ist vorwiegend auf zwei Gründe zurückzuführen: Einmal ist eine persistierende Primordialsymptomatik eo ipso als chronische Symptomatik anzusehen, und es gilt das eben über die Dauer psychogener Symptome und ihre prognostische Bedeutung Gesagte. Die Persistenz solcher Symptome über die Pubertät hinaus ist meist auf eine neurotische Struktur zurückzuführen, bei der sich zahlreiche sekundäre und tertiäre Folgeerscheinungen der primären Antriebsgehemmtheiten entwickelt haben. Es wurde schon dargestellt (S. 31), daß die Schwere einer Neurose nicht so sehr vom Grad der ursprünglichen Gehemmtheiten abhängt, sondern mehr noch vom Ausmaß der Folgeerscheinungen.

Die Fortdauer primordialer Symptome ist auch deshalb für die prognostische Beurteilung bemerkenswert, weil in der Pubertät viele abartige Verhaltensweisen und kindliche Symptome verschwinden („sie wachsen sich aus"). Die Gefühlsbedürfnisse (nach Nähe, Intimität, Wärme, Überwindung der Ich-Du-Schranke, nach körperlicher Vereinigung) drängen im Zuge der Reifezeit immer mehr an. In der Adoleszenz (etwa 15. bis 20. Lebensjahr) sucht der Jugendliche nach einer Wertskala, einer Werthierarchie. Diese Intensivierung des Lebensgefühls und das Heranreifen einer eigenen Weltanschauung können echte Aha-Erlebnisse hervorrufen und eine Spontanheilung durch Nachreifen der Persönlichkeit mit Aufhebung von Gehemmtheiten bewirken.

Die Pubertät belebt die alten Konflikte der Kindheit wieder, wie auch S c h w i d d e r (1961) ausführt. Bleiben primordiale Symptome auch nach der Reifezeit bestehen oder verstärken sie sich noch, so deutet dies auf eine schwerere Neurose; verlieren sie sich im Laufe der Pubertät, so bekundet dies eine größere Plastizität der betreffenden Persönlichkeit.

Läßt man den prognostischen Hinweis der persistierenden primordialen Symptomatik unberücksichtigt, so wird man eventuell fälschlicherweise annehmen, daß es sich zum Beispiel bei einem 22jährigen Patienten nicht um eine chronische Neurose handeln könne. Man könnte es unterlassen haben zu eruieren — gewisse Patienten teilen einem spontan oft nur das Leitsymptom mit —, daß er z. B. an einem chronisch recidivierenden Ekzem, an gelegentlichen depressiven Verstimmungen, Angstsymptomen, gewissen phobischen Erscheinungen, Verhaltensschwierigkeiten oder Eßstörungen bereits seit den frühen Lebensjahren leidet und damit insgesamt das Bild einer erheblich chronifizierten Neurose bietet.

f) Die Einstellung des Patienten zu seinen Symptomen

Bis jetzt wurden Art und Dauer der Symptome zur Feststellung der Prognose herangezogen. Ein weiteres prognostisches Kriterium ist aus der Einstellung des Patienten zu seiner Symptomatik zu gewinnen:

Kriterium 6: Wenn ein Patient mit einer psychogenen (meist körperlichen) Symptomatik auf der organischen Entstehung seiner Krankheit beharrt, dann ist das mit großer Wahrscheinlichkeit ein Hinweis

auf eine schwerere Neurose; dies gilt nicht,
wenn die Fixierung des Patienten auf organoge-
nen Vorstellungen iatrogen bedingt ist.

Ein 30jähriger Patient mit Herzbeschwerden (Herzstichen
und Herzstolpern, begleitet von Angstgefühlen) läßt sich wieder und wieder und von den verschiedensten Ärzten untersuchen. In zahlreichen körperlichen Untersuchungen in Fach-
praxis und Klinik (einschließlich exakter Röntgen-, EKG-
und Laboruntersuchung) war nie ein organischer Befund erhoben worden. Trotzdem ist er der festen Überzeugung, die
Ärzte hätten einen körperlichen Schaden bei ihm übersehen
oder aber ihm die Wahrheit verschwiegen, um ihn nicht noch
mehr zu ängstigen.

Eigentlich wäre zu erwarten, daß es den Patienten erleichtert zu hören, nicht organisch, sondern seelisch krank zu sein;
bedeutet dies doch, daß er keinen körperlichen, vielleicht sogar
irreversiblen Schaden erlitten hat, daß seine Symptome vielmehr prinzipiell heilbar sind. Solche Patienten wollen aber geradezu (im Sinne einer unbewußten Absicht) körperlich krank
sein, weil ihnen die Diagnose einer organischen Erkrankung
ihre seelische Gesundheit attestiert und ihnen so die Auseinandersetzung mit sich selbst, d. h. mit den eigenen neurotischen Problemen und Konflikten erspart. Die Fixierung auf die
organische Genese der Symptome bietet dem Patienten
Schutz vor der Konfrontation mit sich selbst; diese Begegnung
mit sich selbst sucht er deshalb zu meiden, weil sie ihm unweigerlich (auch) Angst, Schuldgefühle und Selbsthaß ein-
trüge. Seelisch krank sein hieße selbst schuld sein am Leiden,
körperlich krank sein dagegen ist Schicksal, durch Vererbung
festgelegt, durch widrige exogene Faktoren konstelliert oder
auch einfach von Gott gesandt und auferlegt. Außerdem erspart einem der Glaube an eine körperliche Erkrankung die
Selbstverachtung, die zumindest bei solchen Patienten oft dann
einsetzt, wenn sie sich zur seelischen Natur ihres Leidens bekennen. „Seelenkrüppel" zu sein setzt das Selbstwertgefühl
mehr herab als körperlich krank zu sein; von vielen wird Seele
in der inneren Bewertung mit Gehirn gleichgesetzt, und von
dieser Vorstellung aus ist der Schritt zum Glauben an eine
Geisteskrankheit sehr klein.

An dieser Stelle muß das Problem von Schuld und Verantwortung wenigstens gestreift werden. Der neurotische Patient kann im allgemeinen nicht zwischen Schuld und Verantwortung unterscheiden, wie dem Menschen die begriffliche Trennung von Ursache und Schuld überhaupt schwer fällt*). Er gibt je nach Art der neurotischen Charakterstruktur sich oder den Eltern Schuld an seiner Neurose, was erfahrungsgemäß therapeutisch beides unfruchtbar ist.

Fühlt *er* sich schuldig an seiner Erkrankung, so negiert er damit die Tatsache, daß die Neurose in den ersten fünf bis sechs Lebensjahren entstanden ist und er in diesem Alter unter dem Zwang der Milieu-Verhältnisse so werden mußte, wie er geworden ist. Sein Sich-schuldig-Fühlen zeigt die unmenschliche Anforderung an sich selbst, stärker als die Umstände zu sein.

Gibt er den Eltern oder sonstigen frühen Beziehungspersonen die Schuld an seinen heutigen Behinderungen, so negiert er die „Natur" des Menschen als eines Mängelwesens (G e h l e n 1955); er anerkennt nicht das Faktum, daß die Eltern aus Irrtümern und eigenen neurotischen Behinderungen heraus natürlich Erziehungsfehler gemacht haben, daß es die idealen Eltern, die einem Kind die volle Entfaltung seiner Persönlichkeit ermöglichen, einfach nicht gibt. Und er zeigt damit seine Tendenz, einen Sündenbock zu suchen, der ihn der Notwendigkeit enthebt, sich zu ändern.

Schuld ist der Patient nicht an seiner Neurose, aber er muß — im eigenen Interesse — die Verantwortung dafür übernehmen; es ist allgemein-menschliches Schicksal, daß man die in früher Kindheit unverschuldet erworbenen Fehleinstellungen und Verhaltensmuster selbst ändern muß, sofern man gesund werden will.

Eben dieser Verantwortung sucht der neurotische Patient zu entgehen — ganz besonders aber die oben geschilderte Gruppe. Sie schieben mit dem Beharren auf der organischen Entstehung ihrer Symptome die Verantwortung dafür ab und wälzen sie auf den behandelnden Arzt: der allein hat dafür zu sorgen, daß die Symptomatik (ohne Zutun des Patienten) wieder ver-

* Die Namen für „Ursache", „causa", „aitia" stammen nach P a t z i g (1967) sämtlich aus der Gerichtssprache.

schwindet. Dadurch, daß der Arzt eine Psychogenese feststellt, entzieht er sich der Verantwortung — aus der Sicht des
Patienten gesehen — und löst deshalb bei diesem entsprechenden Unmut aus; der Kranke erlebt es als Zumutung, selbst
die Verantwortung für sein Leiden übernehmen zu sollen.

Warum aber kann der Patient die Verantwortung für seine
Krankheit nicht tragen, ohne deshalb von Schuldgefühlen ge-
plagt und von Ängsten heimgesucht zu werden? Die Antwort
ist: Die Symptome werden erzeugt und unterhalten durch ich-
fremde, verpönte Impulse, durch vitale Strebungen, die infolge
von Angst- und Schuldgefühlen gleichsam in die Verbannung
geschickt, d. h. verdrängt wurden. Wenn der Patient die Psychogenese seiner Symptome anerkennt und die Verantwortung
für sein Leiden auf sich nimmt, beschwört er die Gefahr her-
auf, daß sowohl die verpönten Regungen wie die an sie gekoppelten Schuldgefühle und Ängste wieder ins Bewußtsein
treten. Aus verständlichen Gründen wehrt sich demnach der
auf die Organogenese fixierte Patient gegen die „Unterstel-
lung", sein Leiden sei seelisch bedingt.

Dies zuzugeben hieße für ihn: wenigstens im Ansatz die
Verantwortung für seine Krankheit übernehmen und die
Schleuse für bisher gestaute Impulse *einen Spalt breit* öffnen.
Das hieße gleichzeitig, von Ängsten und Schuldgefühlen heimgesucht zu werden. Davor scheut der Patient verständlicherweise zurück. — Im strengen Sinne dürfte man nicht von Annahme der Verantwortung oder Ausweichen vor ihr auf seiten
des Patienten sprechen; erst in der Therapie werden gehemmte
unausgereifte Strebungen und Erlebnislücken zugänglich und
können dann erst eigener verantwortlicher Entscheidung unter-
worfen werden.

Der weiter oben erwähnte „Vorteil", den ein Patient aus
seiner Fixierung auf organogene Vorstellungen zieht, ist eine
Variante des sekundären Krankheitsgewinnes; nicht *ich* brauche mich um die Beseitigung meiner Symptome zu kümmern,
der *Arzt* muß es tun, der allein ist für den Erfolg oder Mißerfolg der Behandlung verantwortlich.

Wegen der geschilderten Schwierigkeiten darf man dem
praktischen Arzt raten, auf organogene Vorstellungen festgelegte Patienten dem Fachpsychotherapeuten zu überweisen.

Dies gilt vor allem, wenn der Patient mit *Entschiedenheit* auf der organischen Herkunft seines Leidens besteht und auch nicht im geringsten eine seelische Entstehung seiner Symptome zu erwägen bereit ist. — Ein Arzt, der ein primär psychogenes Leiden vermutet, mag z. B. — nach einiger Vorbereitung — zu seinem Patienten sagen: „Könnten Sie sich vorstellen, daß Ihre Beschwerden seelischer Natur sind, daß also seelische Probleme und Konflikte zu Ihren Kopfschmerzen geführt haben? Es heißt doch vielleicht nicht zufällig: Dieses oder jenes Problem macht mir Kopfschmerzen." Wenn der Patient darauf antwortet: „Nein, Herr Doktor, ausgeschlossen, meine Mutter hat die gleichen Kopfschmerzen gehabt, das muß körperlich sein, es ist wohl Vererbung!", dann ist diese wenn auch naheliegende Einstellung des Patienten — vorausgesetzt natürlich es handelt sich wirklich um ein neurotisches Leiden — Zeichen für das Interesse des Patienten an einer Organogenese seiner Krankheit.

Zu Anfang dieses Abschnittes wurde die Einschränkung gemacht, die Fixierung auf der organischen Entstehung einer neurotischen Erkrankung sei nur dann ein prognostischer Hinweis auf eine schwere Neurose, wenn diese Fixierung nicht iatrogen bedingt sei. Hat ein Patient schon mehrfach von Ärzten die Diagnose einer organischen Erkrankung mitgeteilt bekommen, dann gilt die Aussage des zuvor genannten Kriteriums (siehe S. 33) nicht unbedingt; er hat sich eventuell dem Urteil des Fachmannes nur angeschlossen und eigene Zweifel an der Organogenese seines Leidens unterdrückt. In einem solchen Falle ist die Prognose der Psychotherapierbarkeit günstiger.

g) Der Umgang mit der Symptomatik

Einen weiteren prognostischen Anhalt gibt die Art und Weise, wie der Patient mit seiner Symptomatik umgeht. Es wurde schon gesagt: Jeder Patient hat nicht nur Symptome, er erleidet sie nicht nur, sondern er geht auch mit ihnen um, er stellt sie bewußt oder unbewußt in den Dienst neurotisch-egoistischer Tendenzen. Unabhängig von der Art der individuellen Konflikte sieht diese Entwicklung meist folgendermaßen aus: Der Patient bekommt von ungefähr (so scheint es ihm zunächst) Symptome (*symptoma* = Zufall) — er wehrt sich dagegen, d. h. er versucht etwas dagegen zu unternehmen, mit oder ohne ärztliche Hilfe — trotzdem bleiben die Symptome bestehen — er nimmt sie allmählich als gegeben hin — er resigniert hinsichtlich der Beseitigung der Symptome — er richtet sich darauf ein, mit ihnen zu leben — die Symptome bringen ihm diesen und jenen materiellen oder immateriellen Vorteil — er benützt die Symptomatik hinfort zu seinen Gunsten. Das Leiden an der Symptomatik übernimmt allmählich bestimmte Funktionen (K. H o r n e y 1951 spricht von funktionellem Leiden), es wird zur Basis für bestimmte Ansprüche.

Daraus resultiert ein weiteres prognostisches Kennzeichen, dem wir in anderem Zusammenhang (Relation von Dauer der Symptome und Schwere der Neurose, siehe S. 25) schon begegnet sind:

Kriterium 7:   Strebt ein Patient mit psychogenen Symptomen z. B. eine Erwerbs- oder eine Berufsunfähigkeitsrente an oder hat er sich mit Hilfe seiner Symptomatik sonstige materielle oder auch immaterielle Vorteile und Privilegien verschafft, so hat er mit größter Wahrscheinlichkeit eine schwer therapierbare Neurose.

Freilich täte man dem mehr oder weniger verhüllt nach einer Berentung seiner Neurose strebenden Patienten Unrecht, wenn man seinen Rentenwunsch ais die *Ursache* seiner neurotischen Erkrankungen ansähe. Das wäre, wie F r e u d (Bd. XIV, S. 126) es 1926 ausdrückt, „so richtig oder so falsch, wie wenn man die Ansicht vertritt, der Kriegsverletzte habe sich das Bein nur abschießen lassen, um dann arbeitsfrei von seiner Invalidenrente zu leben". Besonders auch S c h u l t z - H e n c k e (1951) hat darauf hingewiesen, daß diese finale Betrachtungsweise dem sogenannten Rentenneurotiker nicht gerecht wird. Zugrunde liegen auch bei der Renten- oder Begehrungsneurose spezifische, unbewußte Konflikte, die zur Erkrankung führen. Erlebt der Patient nun im Laufe der Zeit, daß sich die Symptome nicht beseitigen lassen, dann, und erst dann tendiert er dahin, aus der Symptomatik „etwas zu machen", z. B. Kapital aus ihr zu schlagen; die Art dieser Tendenz hängt von der Art seiner Charakterstruktur ab.

Von materiellen oder immateriellen Vorteilen und Privilegien war oben die Rede. Ein Patient gewinnt durch seine Krankheit z. B. Beachtung, Mitleid, Fürsorge und Aufmerksamkeit (siehe sekundärer Krankheitsgewinn). Patienten mit hypochondrischen Klagen erzwingen oft geradezu diesen immateriellen (ideellen) Nutzen. — Vorteile solcher Art genoß z. B. ein 20jähriger Patient mit ausgeprägtem Stottern, der in psychoanalytischer Behandlung stand: Bei der Musterung war ihm mitgeteilt worden, daß er wegen seines Stotterns vom Militärdienst zurückgestellt werde; er müsse aber mit der Einberufung rechnen, sobald seine Symptomatik behoben sei. Nun ist der Leidensdruck beim Stotterer-Patienten ohnehin oft erstaunlich gering; außerdem kam noch in diesem Falle der (vom Patienten selbst so empfundene) oben erwähnte Krankheitsgewinn dazu: Ich brauche nicht zum Militär, ich erspare mir die Unannehmlichkeiten und Schleifereien; vor allem aber gewinne ich gegenüber allen meinen Klassenkameraden einen Vorsprung von eineinhalb Jahren. Während die auf dem Kasernenhof robben, sitze ich schon auf der Universität und kann etwas für mein Vorwärtskommen tun. Die „Aussicht", nach der Beseitigung des Symptoms zum Militär einrücken zu müssen, trug denn auch zum Entschluß des Patienten bei, die analytische Behandlung abzubrechen.

Dem Arzt ist zu raten, Patienten mit ausgeprägtem Krankheitsgewinn und solchen mit Renten- und Begehrungsneurosen — die Bezeichnung ist strenggenommen falsch, hat sich aber eingebürgert — an den Psychotherapeuten weiterzuleiten; dieser soll dann die Indikation oder Kontraindikation zur psychoanalytischen Behandlung stellen. Dabei sei an dieser Stelle erwähnt, daß sich bei der eben skizzierten Patientengruppe die klinische Psychotherapie und vor allem die klinische Gruppenpsychotherapie, auch nach S c h w i d d e r (1958), immer mehr als die Methode der Wahl erweist.

h) Das Leiden an der Symptomatik

Bislang wurden Art und Dauer der Symptome, die Einstellung des Patienten zu ihnen und sein Umgehen mit ihnen als prognostische Anhaltspunkte erörtert. Von einem weiteren Kriterium, dem Leiden des Patienten an seiner Symptomatik, war bisher nur andeutungsweise die Rede. Wie schon von F r e u d selbst, so wird seither dieser Faktor von allen psychoanalytischen Richtungen als höchst wichtig angesehen. F r e u d stellte, wie anfangs erwähnt, bereits 1905 in seiner Schrift „Über Psychotherapie" (Bd. V, S. 13—26) das Fehlen des Leidensdruckes als eine Kontraindikation zur analytischen Behandlung dar. Ich möchte in diesem Zusammenhang an meine erste prognostische Aussage (siehe S. 18) erinnern, wonach Patienten mit Süchten, Perversionen und Verwahrlosungserscheinungen deswegen als schwer psychisch erkrankt anzusehen und deshalb schwierig zu therapieren sind, weil sie nicht genügend an ihren Symptomen leiden. Diese Aussage muß näher differenziert werden. Es genügt nicht, bloß die Stärke des Leidensgefühls festzustellen.

Daher bezieht sich das nächste prognostische Kennzeichen auf die *Art* des Leidensgefühls, und zwar auf die Unterscheidung zwischen einem echten oder real-bedingten und einem neurotischen oder irreal-bedingten Leidensgefühl. Mit anderen Worten:

Kriterium 8: Für prognostische Zwecke ist zu prüfen, ob der Patient in erster Linie an seinen realen Behinderungen bzw. seinen Symptomen und ihren objektiven Folgen leidet oder aber an der irrealen, rein subjektiven Bedeutung seines Symptoms. Im letzteren Fall handelt es sich um eine schwerere Neurose.

K. H o r n e y (1951) unterscheidet, allerdings in einem etwas anderen Zusammenhang, ein reales von einem neurotischen Leidensgefühl.

Zur Illustration dieses Sachverhaltes diene das Beispiel eines 23jährigen Patienten mit verschiedenen neurotischen Symptomen, der wegen Händezitterns in die psychotherapeutische Praxis kommt. Das Symptom an sich ist nur schwach ausgebildet und tritt meist in geselligen Situationen beim Kaffee- oder Weintrinken auf; es kommt auch vor, wenn er ein Referat zu halten hat (er ist Physiker). Dieser für andere kaum bemerkbare Tremor stört ihn ungemein, ja treibt ihn oft an den

Rand der Verzweiflung. Dagegen wird er durch seine objektiv schweren Arbeitsstörungen überhaupt nicht beunruhigt, obwohl sie ihn nahezu unfähig zum konzentrierten und kontinuierlichen Arbeiten machen.

Wie ist es zu erklären, daß das Symptom der Arbeitsbehinderung den Patienten *nicht* stört — obwohl ihm deshalb bereits seine Kündigung angedroht worden war —, während das seine Weltbewältigung kaum behindernde Händezittern ihn geradezu bestürzt? Er leidet in erster Linie nicht an Symptomen, die als solche und in ihren Auswirkungen (Arbeitsstörungen) eine wirkliche Behinderung bei der Bewältigung der Realität darstellen, sondern er leidet an der irrealen Bedeutung eines real weniger bedeutungsvollen Symptoms (Händezittern). Das Zittern ist für ihn Ausdruck von Schwäche und Ohnmacht, es ist das beschämende Zeichen seiner mangelnden Souveränität. Das Leben dieses Patienten, seine vitale Energie ist auf ein Supermann-Ideal ausgerichtet, das ihn zwanghaft dazu treibt, immer und überall dominierend und überlegen zu sein, eine olympische Souveränität und Gelassenheit an den Tag zu legen. Das Händezittern gerade in alltäglichen Situationen blamierte ihn, seinem Erleben nach, stets aufs neue; es führte ihm die Kluft zwischen seinem verstiegenen Idealbild von sich selbst und seinem wirklichen Sein vor Augen. Es muß hier eingeschaltet werden: Das Zittern entsprach im Grunde der inneren Wirklichkeit des Patienten genau, es spiegelte die zitterige Unsicherheit wider, die diesen pseudosouveränen Mann immer dann befiel, wenn er in eine mehr gefühlsbetonte zwischenmenschliche Situation geriet; solche „der angenehmen, distanzierten Sachlichkeit entbehrende" Situationen könnten ihn weicher und hingebender werden lassen, als es seine Fassade von gelassener Souveränität zuläßt. An diesem durch das Händezittern bewirkten subjektiven Prestigeverlust leidet er; man könnte auch sagen: Das Vorkommen des Tremors kränkte sein Selbstwertgefühl, während ihn die Arbeitsstörung samt ihrer Folgen kaum tangiert. — Immer ist also bei der Frage nach dem Leidensdruck zu klären, was das Symptom für den Patienten selbst bedeutet, ob er mehr an der objektiven Behinderung durch das Symptom, also an einer realen Folge, oder vielmehr an einer irrealen Folge z. B. an

einem rein subjektiven Prestigeverlust leidet. Zugegeben: Die
Antwort auf diese Frage ist nicht leicht und oft nicht in der
Erstkonsultation zu finden; die vorher angeführten prognosti-
schen Merkmale sind einfacher zu entdecken.

So war es auch bezeichnend für den eben geschilderten Patienten und prognostisch relevant, wie und wann er zur psychoanalytischen Behandlung kam. Er hatte zunächst des Tremors wegen einen Nervenfacharzt aufgesucht, der es über Monate mit dem Autogenen Training versucht hatte. Als diese
Methode nicht half, der Patient vielmehr von einer Verschlim-
merung seines Händezitterns berichtete, schickte ihn der Kollege mit der Frage nach der Genese des Symptoms zum Psychoanalytiker. Dieser teilte dem Patienten nach der Anamnesenerhebung mit, daß das Händezittern seelisch bedingt
und eine analytische Behandlung notwendig sei. Der Therapeut skizzierte ihm den Gang der Behandlung und seine
Mitarbeit dabei. Der Patient wollte es jedoch zunächst mit
der Hypnose versuchen und forderte den Analytiker auf,
diese Behandlung zu übernehmen. Der Arzt lehnte mit dem
Hinweis ab, daß er diese Art Therapie bei seinem Leiden für
nicht zweckmäßig halte, und nannte ihm die Gründe für seine
Weigerung. Der Patient entgegnete, er wolle es trotzdem mal
versuchen; er glaube, daß es sich mehr um eine Erwar-
tungsangst bei ihm handle und weniger um eigene seelische
Probleme und Konflikte; wenn ihm der Arzt durch Hypnose
die Furcht nähme, in der und der Situation zittern zu müssen,
dann wäre er geheilt. Der Therapeut verhehlte ihm seine Skep-
sis gegenüber den Erfolgschancen der Hypnose bei diesem Leiden nicht. Nach etwa dreiviertel Jahren erschien der Patient
wieder in der psychotherapeutischen Praxis; er hatte einen
Psychiater gefunden, der Hypnose bei ihm angewandt hatte.
Es hatte sich jedoch keinerlei Besserung ergeben. Er fragte jetzt,
was von Autosuggestion zu halten sei. Er hatte zwei Bücher
über Autosuggestion gelesen und versprach sich große Stücke
von ihr. Es wäre doch eigentlich gelacht, wenn man so etwas
nicht durch eigene Willenskraft beseitigen könnte. Der Analytiker prophezeite ihm, daß er nach aller Erfahrung auch mit
dieser Methode scheitern werde, da ein Willenseinsatz —
„Ich hab' keine Angst, ich hab' keine Angst!" hieße doch

nur seine Furcht verleugnen — nie und nimmer die unbewußten, seine Symptomatik verursachenden Konflikte lösen
könnte. Er wollte dies immer noch nicht wahrhaben und ver-
ließ die Praxis mit dem „eisernen Vorsatz", durch Autosuggestion und Willensschulung des Händezitterns Herr zu werden.
Es kam wie es kommen mußte; nur daß er diesmal eher auf-
gab und bereits nach vier Monaten wieder beim Psychotherapeuten erschien. Jetzt erst war er (zähneknirschend) bereit,
eine analytische Behandlung auf sich zu nehmen. — Das Beispiel sollte die Eigenart des neurotischen oder irreal-bedingten
Leidensgefühls anschaulich machen und eine Vorstellung davon vermitteln, wie wenig dieses Leidensgefühl den Patienten
zu innerer Umstellung und Wandlung geneigt macht.

Eine weitere Fallskizze möge den neurotischen Charakter
dieses Leidens nochmals beleuchten: Eine 40jährige Patientin
kommt zum Psychotherapeuten, weil sie gelegentlich erröte
und vor allem, weil sie häufig Angst habe, erröten zu müssen.
Vor dem Aufsuchen des Fachpsychotherapeuten hatte sie jahrelang die verschiedensten Ärzte konsultiert und es mit allen
möglichen Medikamenten versucht — ohne jeden Erfolg. Dem
Analytiker gegenüber äußert sie unter anderem: „Ich bin re-
gelrecht verzweifelt über mein Rotwerden!" Der Therapeut:
„Was stört Sie denn so daran?" Sie (deutlich empört ob dieser „Verständnislosigkeit"): „Das ist doch *furchtbar* für den
anderen! Der wird doch unwillkürlich denken: „Du hast ihr
doch nichts Unangenehmes gesagt, eine Beleidigung oder
so . . ."

Vielleicht ist folgendes deutlich geworden: Sie leidet nicht
so sehr an ihrer eigenen inneren Unsicherheit und Verlegen-
heit, die sich im äußeren Zeichen des Errötens kundtut, sondern mehr daran, was die anderen Menschen davon halten,
wie *die* darüber denken, wie das Symptom auf diese wirkt.
Nicht Erröten und Errötungsangst als Zeichen einer unsiche-
ren Beziehung zu den Mitmenschen sind ihr so lästig und un-
angenehm, die vermeintliche Prestigeminderung, die Befürchtung, nicht mehr als feinsinnig, rücksichtsvoll und wohlerzo-
gen zu gelten — weil sie durch ihr Rotwerden den anderen auf
einen faux pas aufmerksam gemacht haben könnte —, ist das
Beunruhigende.

Übrigens verrät die Patientin mit dem Inhalt ihrer Befürchtung, der andere könnte meinen, sie beleidigt zu haben, *ein* Motiv ihres Errötens: Sie ist tatsächlich leicht kränkbar, erlebt andere Menschen als grob und rücksichtslos, verglichen mit ihrer eigenen feinsinnigen Art, und macht ihnen deshalb im stillen dauernd Vorwürfe; sie erlebt diese Vorwürfe — sie passen nicht zu ihrem Idealbild eines feinen Menschen — nicht direkt, sondern nur indirekt über die Besorgnis, die anderen könnten meinen, sie signalisiere durch ihr Rotwerden einen Hinweis auf deren nur von ihr empfundenen faux pas. Die Patientin ist extrem schüchtern und zurückhaltend, scheuängstlich und (im Sinne des allgemeinen Sprachgebrauches) gehemmt. Schon in Kleidung und Auftreten macht sie einen gepreßten Eindruck. Einerseits ständig darauf bedacht, es den Menschen recht zu machen, steckt sie auf der anderen Seite voller Ressentiments, weil diese „Grobiane" ihr nicht mit der gleichen Rücksicht und Behutsamkeit begegnen. Diese aus Enttäuschung geborenen Aggressionen drängen unter anderem in ihrem Symptom an.

Eine andere, 25jährige Patientin sucht wegen übergroßer Empfindlichkeit, einem Zwölffingerdarmgeschwür („es kam durch Aufregung und Kummer") und häufiger gesteigerter Erregbarkeit, verknüpft mit Rotwerden des Gesichts, Hilfe beim Psychotherapeuten. Auf die Frage, worunter sie am meisten leide, gibt sie die für ein irreal-bedingtes Leidensgefühl sprechende Antwort: „Daß ich auf solche äußeren Einflüsse überhaupt reagiere, indem ich rot werde. — Das ist doch Blödsinn, in solchen Situationen" (inmitten angeregter Unterhaltung oder wenn sie sich über etwas sehr freut, oder wenn sie einer Kritik ausgesetzt ist oder auch wenn sie allein ins Restaurant geht) „zu erröten" und (stolz): „Ich bin sonst immer sehr streng mit mir. Ich lege großen Wert auf Korrektheit. Wenn ich mich mal gehenlasse, find' ich das unverzeihlich". — Wieder wird deutlich, daß sie weniger die Beschwerden an sich als störend empfindet — das Ulcus duodeni z. B. ist ihr überhaupt nicht so wichtig —, sondern mehr die Kränkung ihres Selbstwertgefühls, die aus den Beschwerden resultiert. Wie peinlich ist diese Art der Reaktion (Erröten) für einen Menschen wie mich, der sonst immer so korrekt ist und sich nicht gehenläßt.

Die Beispiele sollten zeigen, daß durchaus nicht jeder ausgeprägte Leidensdruck prognostisch günstig ist. Die Stärke des Leidensgefühles beim Patienten kann auch Ausdruck seiner Kränkbarkeit sein, ist dann Zeichen seines gestörten Selbstwertgefühls (siehe strukturelle Kriterien). In diesem Falle will der Patient nicht sich ändern, d. h. seine Fehlorientierungen überwinden, sondern bloß die Symptome beseitigt haben, ohne sich zu wandeln.

Grundsätzlich ist zu raten, Patienten mit vorwiegend irrealbedingtem Leidensgefühl dem Fachpsychotherapeuten zu überweisen. Dabei ist in Rechnung zu stellen, daß sich die beiden genannten Arten des Leidensgefühles in der Wirklichkeit oft überlappen; wichtig ist die Feststellung, welche Form überwiegt.

i) Die Auslösung der Symptomatik

Ein weiteres prognostisches Merkmal ist von der Art der symptomauslösenden Situation abzuleiten. Insbesondere S c h u l t z - H e n c k e (1951), A. D ü h r s s e n (1955), S c h w i d d e r (1959) u. a. heben dieses Element der Voraussage hervor. Beim Versuch, die Relation von Dauer der Symptomatik und Schwere der Neurose zu zeigen, habe ich bereits den Begriff der auslösenden Schicksalskonstellation (siehe S. 25) oder der Versuchungs- und Versagungssituation erwähnt:

Kriterium 9: Ist die neurotische Symptomatik durch eine leichte Versuchungs- und Versagungssituation ausgelöst worden, entstand sie bereits unter der Einwirkung leichter, vielleicht sogar ubiquitärer Belastungsmomente, dann handelt es sich um eine schwere Neurose. Hat dagegen erst eine schwere Schicksalskonstellation die Symptomatik hervorrufen können, so liegt meist eine leichtere Neuroseform vor.

Ein paar Vorbemerkungen sind zum Verständnis nötig: Die Kenntnis der auslösenden Situation ist für die Diagnose wie für die Prognose und für die Therapie psychogener Erkrankungen sehr wichtig. Die Diagnose einer neurotischen Erkran-kung stellt der Psychoanalytiker nur, wenn ein neurosen-psychologisch verstehbarer Zusammenhang zwischen der Symptomatik des Patienten und einer ihrer Manifestation vorangegangenen Versuchungs- und Versagungssituation aufzufinden ist; die Feststellung, daß eine Konfliktsituation vorliegt, genügt allein noch nicht. Außerdem muß noch eine vorbereitende neurotische Entwicklung nachzuweisen sein; sie erst gibt der äußeren Konstellation die besondere innere Bedeutung (A. D ü h r s s e n 1955). Ein und dieselbe Krisensituation kann für zehn Menschen zehnmal etwas Ver-schiedenes bedeuten. Für die Diagnose einer seelisch bedingten Erkrankung ist also die spezifische Zuordnung von prämor-bider Charakterstruktur und spezifischer auslösender Situa-tion zu fordern.

Mit dieser Feststellung kann auch einem häufigen Vorurteil begegnet werden, der Meinung nämlich, daß vor allem *drama-tische* äußere Konflikte (Todesfälle, Unfälle, Besitzverluste, soziales Elend und ähnliches) zu neurotischen Erkrankungen führen; in Wirklichkeit geschieht dies nach S c h w i d d e r (1959) nur bei etwa einem Fünftel aller seelisch kranken Pa-tienten. Weniger die großen Schicksalskatastrophen bewirken eine neurotische Erkrankung, sie wird im typischen Fall viel-mehr hervorgerufen durch das Zusammentreffen von innerer neurotischer Struktur des Patienten (Ursache) und spezifischer äußerer Versuchungs- und Versagungssituation (Auslösung).

Der Terminus Versuchungs- und Versagungssituation ist darauf zurückzuführen, daß die auslösende Situation durch Versuchung und Versagung charakterisiert ist. Sie stellt — in etwas vereinfachter Darstellung — entweder eine Versuchung, eine Provokation für unterdrückte, durch Angst- und Schuld-gefühlsreflexe abgeriegelte Impulse und Bedürfnisse des neuro-tischen Menschen dar, oder sie bedeutet eine Versagung in be-zug auf seine bisherigen Befriedigungen und Lebensmöglich-keiten; diese Frustration kann sekundär wieder bis jetzt latent gebliebene Antriebe und Bedürfnisse in ihm wecken und so (sekundär) wie eine Versuchung wirken. Dafür ein Beispiel: Eine 35jährige unverheiratete Frau „führt" im Hause ihrer Eltern — der Vater ist vor Jahren gestorben — ein total behütetes, aber auch völlig eingeengtes, nur von der Mutter bestimmtes Leben. Überraschend stirbt die Mutter. Die Tochter reagiert auf den Tod der Mutter mit schwersten Depressionen. Primär handelt es sich dabei um eine Versagung, um eine Frustration ihrer kindlichen Sehnsüchte nach Geborgenheit und Aufgehobensein bei der Mutter. Sekundär aber — und entscheidend für die Entstehung ihrer Niedergeschlagenheit — bedeutet der Verlust der Mutter eine Versuchung für ihren bisher ungestillten Lebenshunger; das Leben stellt ihr plötzlich die Aufgabe bzw. bietet ihr die Chance: Fang' an, selbst zu leben! Nimm dein Schicksal in deine eigene Hand, lerne das Dasein aktiv gestalten und genießen! Die bisher unterdrückten Impulse und Bedürfnisse drängen in archaischer, ungesteuerter Form an — bislang hatte die Mutter die Steuerung ihres Lebens übernommen —, lösen Angst und Schuldgefühlsreflexe aus und werden deshalb erneut in die Verbannung geschickt. Aus dem Untergrund entfalten sie ihre Wirksamkeit und manifestieren sich in einer seelisch bedingten Symptomatik, eben den Depressionen.

En passant möchte ich erwähnen, daß die Kenntnis der auslösenden Situation für die Behandlung, besonders auch für die Kurztherapie, eine bedeutsame Rolle spielt, wie auch H a g s - p i h l (1954) hervorgehoben hat. Dieses Wissen erlaubt dem Therapeuten (siehe auch S. 254), viel gerichteter auf die aktuelle Problematik des Patienten mit dem Ziel der Aufhebung von Gehemmtheiten zuzusteuern, als es ohne solche Kenntnis möglich wäre. — Freilich gibt es auch Schicksalsschläge, gleichsam Extremsituationen, auf die auch der gesunde, der weitgehend unneurotische Mensch, mit einer psychogenen Symptomatik reagiert. Auch der Gesunde kann nach dem unerwarteten Tod naher Angehöriger, nach großen Geldverlusten, bei real gefährdenden Angriffen auf seinen guten Ruf und sein Prestige in Depressionen verfallen und nicht nur in Trauer. Auch der Gesunde wird wahrscheinlich die Extremsituation eines Konzentrationslagers nicht ohne psychogene Symptome überstehen; aber er wird diese Situation, weil er elastischer ist, im ganzen doch besser bewältigen können. Außerdem klingen seine Beschwerden ab, sobald die unerträglichen Verhältnisse aufgehört haben. — Am besten scheinen stark ideologisierende Menschen den Aufenthalt in einem KZ überstanden zu

haben*); auf diese Problematik kann ich hier nicht näher eingehen. — Dagegen gilt für den neurotischen Menschen: Bereits leichte oder mittelschwere Krisen lösen eine Symptomatik aus; und die Beschwerden halten meist auch über die Zeit
der Belastung hinaus an. Vor allem sind es die sogenannten
Schwellensituationen des Lebens, die ihn krank machen, Situationen, vor welche praktisch jeder Mensch gestellt wird:
Schulbeginn — Examina — die nähere Bekanntschaft mit dem
anderen Geschlecht — der erste Geschlechtsverkehr — Freund-
schaften mit Gleichgeschlechtlichen — Berufswahl — der Eintritt in den Beruf (Kritik von Vorgesetzten, Auseinandersetzungen mit Konkurrenten, Repräsentationspflichten) —
Verlobung und Verheiratung — Alltag der Ehe — Geburt von
Kindern und ihre Erziehung — Heranwachsen und Selbstän-
digwerden der Kinder — Heirat der Kinder — Tod der eigenen
Eltern — Pensionierung — eigenes Altern — Auseinandersetz-
zung mit dem Sterben. Schwellensituationen heißen sie, weil
in ihnen der Mensch vom Leben gleichsam aufgefordert wird,
die Schwelle eines neuen Bereiches zu überschreiten, und das
heißt psychodynamisch: bisher unbenützt oder unterentwik-
kelt gebliebene eigene Kräfte zu verwenden oder zu entfalten.
Dem Gesunden glückt diese Wandlung, er besteht den „Le-
benstest". Der Neurotiker bleibt in der alten Situation stek-
ken, er klebt am süß-vertrauten Zustand des Gewohnten; auf
Grund seiner Gehemmtheit und ihrer schädlichen Folgen kann
er sich nicht in die neue Lage finden, er kann sich an sie nicht
selektiv anpassen (L o r e n z 1965). Der Arzt wird daher
im allgemeinen gut daran tun, solche Patienten, die bereits in
den üblichen Schwellensituationen des Lebens Symptome bekommen, dem Fachpsychotherapeuten zu überweisen; es handelt sich mit größter Wahrscheinlichkeit um einen Fall von
schwerer Neurose. —

Hinzugefügt werden muß noch, daß viele psychogene Symptome unter zweifachem Aspekt zu betrachten sind. Sie sind
einmal im medizinischen Sinne als neurotisch anzusehen, als
individuelle Entgleisung und Anpassungsstörung auf Grund

---

* M a t u s s e k, P. et al.: Die Konzentrationslagerhaft und ihre Folgen.
Springer-Verlag, Berlin 1971.

bestehender Gehemmtheiten, d. h. der Unterentwicklung eigener Fähigkeiten und Potenzen. Sie sind ferner im sozialpsychologischen Sinne als Zeichen eines Protestes gegen widrige soziale Umstände zu verstehen, als Alarmsignale (R i c h - t e r 1970) dafür, daß die äußere Zumutung die Grenzen der inneren Zumutbarkeit überschritten hat. — Ich bin mit M. S e i f f (mündliche Mitteilung) der Meinung, daß der Patient mit einem psychogenen Symptom auch gegen innere und äußere Zwänge protestiert und damit oft „gesünder" ist als der im klinischen Sinn symptomlose Sozialautomat (M i t s c h e r l i c h 1963) oder der Mensch mit sozial geprägtem Defekt (siehe S. 55 f.). —

Allerdings ist das obenerwähnte prognostische Kriterium nicht *einfach* zu ermitteln; die übliche biographische Anamnese reicht dazu meist nicht aus, es muß vielmehr eine gezielte *tiefenpsychologische Anamnese* erhoben werden (S c h w i d - d e r 1958). Ihre Erhebung setzt die Kenntnis der Neurosenpsychologie voraus; nur bei Einsatz dieses Wissens wird es gelingen, die irrationalen Motive des Patienten und seine unbewußten Konflikte zu entdecken und zu verstehen. Ein Fallbeispiel soll diese Anamnesenform veranschaulichen und gleichzeitig eine der Schwellensituationen des Lebens darstellen: Ein 25jähriger Musiker geht zu seinem Hausarzt und berichtet unter anderen Klagen, daß er Angst habe, wegen einer „Todeslinie" seiner rechten Hand in nächster Zukunft sterben zu müssen. Als Todeslinie bezeichnet er seine in der Chirologie sogenannte Lebenslinie deshalb, weil sie bei ihm an einer Stelle auf einen halben Zentimeter Länge unterbrochen ist. Diese Unterbrechung kündige mit Sicherheit seinen baldigen Tod an. Eine gewisse Chance, sein Leben zu verlängern, sieht der Patient in der Wiedervereinigung der beiden getrennten Linienteile; deshalb kratzt er mehrmals täglich mit einer Steck- oder Stricknadel an der Trennungsstelle, um durch Narbenbildung die gespaltene Linie wieder zusammenzufügen. Auf Befragen gibt der Patient an, das Handliniensymptom — er selber sieht es weniger als Krankheitszeichen denn als Prophezeiung an (er war auch vorwiegend wegen anderer Symptome in die Praxis gekommen) — sei unmittelbar nach seinem ersten geschlechtlichen Verkehr (mit 22 Jahren) aufgetreten; damals sei

ihm eine Zeitschrift in die Hände gefallen, in der zu lesen
stand, daß eine unterbrochene Lebenslinie frühen Tod anzeige.

Soviel ist durch die biographische Anamnese zu ermitteln:
Man wird einen Zusammenhang vermuten dürfen zwischen
dem ersten Koitus des Patienten und seiner Beziehungsidee.
Aber erst durch die Erhebung einer tiefenpsychologischen
Anamnese würde der Arzt die Frage klären können, warum
gerade der sexuelle Verkehr auslösend für das Symptom des
Patienten ist, welche irrationalen, unbewußten Motive diese
Beziehungsidee hervorgerufen haben; es handelt sich nicht um
eine Zwangsbefürchtung, da er das Unsinnige seiner Angst
nicht einsieht, vielmehr von der Realität der Todeslinie wirklich überzeugt ist. Erst auf Grund einer genauen Kenntnis der
Neurosenpsychologie wird also der Therapeut gezielte Fragen — gezielt ist nicht mit direkt gleichzusetzen — stellen können, deren Beantwortung die symptomauslösende Konfliktlage
des Patienten erhellt. Geschlechtlicher Verkehr (als Muster in-
timer Beziehungen) bedeutet nämlich *deshalb* für den Patienten eine gefährliche, mit Todesangst verbundene Situation,
weil er auf Grund seiner Erfahrungen in der Kindheit Hingabe
an die Frau und Zugewandtheit zu ihr nur in der Form einer
völligen Aufgabe und Preisgabe seiner selbst, d. h. seiner
Eigengesetzlichkeit kennt. Er ist übertrieben weich und nach-
giebig Frauen gegenüber; sie können nahezu alles von ihm
haben, ihn also faktisch ausnutzen. So droht ihm bei jeder
näheren Beziehung zur Frau die Gefahr, sich an sie zu verlieren; dabei braucht die betreffende Frau gar nicht besonders
anspruchsvoll zu sein, es genügt, wenn sie, im Gegensatz zum
Patienten, Wünsche und Erwartungen erlebt und ausdrückt, da
der Patient sich zu deren Erfüllung auf jeden Fall — auch gegen sein Gefühl — verpflichtet fühlt.

Außerdem ersehnt er sich in kindhafter Weise eine Mutter
statt einer Partnerin; er möchte sich an die Frau anlehnen können und von ihr geführt werden, so wie die Mutter ihn immer
gelenkt und geleitet hat, bis heute. Angst muß beim Patienten
daher in jeder Gefühlsbeziehung zu einer Frau auftauchen,
Angst einmal deswegen, weil er mit der Aufnahme einer solchen Beziehung den bergenden Umkreis der Mutter verlassen
und eigenständiger werden müßte; Angst aber auch, weil ihm

die Gefahr droht, in der Verbindung mit einer Frau zu deren bloßem Anhängsel und Vollzugsorgan zu werden, wie er es bei seiner Mutter ist; sie ist es, die alle einigermaßen wichtigen Entscheidungen für den 25jährigen trifft. Der Mutter gegenüber kann er das unverantwortliche Kind bleiben, das die Geborgenheit genießt. Die andersartige Beziehung zur Frau (Freundschaft oder Ehe) fordert unweigerlich mehr Verantwortung von ihm, die er nicht übernehmen will und kann.

Die beiden eben geschilderten Einstellungen zur Frau zeigten sich bereits in flüchtigen Gedanken, die seine erste Verliebtheit mit fünfzehn Jahren begleiteten: „Du möchtest einen Geschlechtsverkehr haben und dann möchtest du totgehen!" Intime Beziehungen zur Frau bedeuten seinen Tod, bedeuten den Verlust des restlichen, ihm noch verbliebenen eigenen Willens.

Der Geschlechtsverkehr mit einer Frau und das heißt die intimere Beziehung zu ihr steht aber im allgemeinen nicht gerade am Anfang einer Bekanntschaft. Der Mann muß erst um die Frau werben und sie für sich „erobern"; das aber bringt ihn in Rivalität zu Mitbewerbern, tatsächlichen wie potentiellen. Potentiell steht (für den Mann) neben jeder begehrten Frau ein anderer Mann als Rivale, und (für die Frau) neben jedem ersehnten Mann eine andere Frau als Konkurrentin. Der (oder die) Werbende wird immer von der (dem) Umworbenen mit anderen Männern (Frauen) und deren Eigenschaften und Fähigkeiten verglichen. In dieser Situation hat jeder Mensch es stets mit Konkurrenten zu tun, an denen er von der umworbenen Person gemessen und demgemäß beurteilt wird. An dieser Stelle setzte ein neuer (unbewußter) Konflikt beim Patienten ein. Er war auch Männern gegenüber weich und übergefügig und fürchtete die Konkurrenz mit ihnen wie Tod und Teufel. Diese Furcht war ein Grund, warum er, wenn überhaupt, dann nur mit weit älteren Frauen oder mit ganz jungen, minderjährigen Kontakt aufnahm. Die jungen Mädchen hatten noch keine anderen Männer kennengelernt, so daß er damit rechnen konnte, ein „unvergleichlicher" Mann für sie zu sein. Außerhalb der gefürchteten Konkurrenz mit den Männern stand er auch bei den wesentlich älteren Frauen. Sie

konnten nach seinem Empfinden nur dankbar sein, wenn ein
so jugendlicher Mann wie er noch Interesse für sie zeigte.

Als weiteres auslösendes Moment ist die bevorstehende Abschlußprüfung des Patienten auf der Musikschule zu nennen.
Nicht nur hatte er die ihm unvertraute und aus den geschilderten Gründen für ihn gefährliche Situation einer gefühlshaften
und sexuellen Beziehung zur Frau zu bewältigen, er stand auch
vor dem Tor zu einer neuen beruflichen Lebensphase, d. h.
vor dem Aufbau einer selbständigen beruflichen Existenz.
Diese Schwelle zu überschreiten war ihm nicht möglich, da er
noch allzu sehr am Gängelband der Mutter hing. Erschwerend kam für den (späteren) Patienten hinzu, daß die Mutter
um die Zeit seines ersten Verkehrs und seines Examens an
Magenkrebs erkrankte und so als „Steuermann" seines Lebens auszufallen drohte.

Übrigens ist damit noch nicht erklärt, warum es gerade zu
dieser Beziehungsidee gekommen ist. Frühkindliche Kopp-
lungserlebnisse haben zu ihrer Entstehung beigetragen. Die
Mutter hatte schon immer die Handlinien als „etwas" bezeichnet, „woran man glauben müsse" und wies dabei häufig
auf einen Onkel hin, dem ein Handliniendeuter „alles genau
prophezeit" habe. Auch spielte der Patient als Kind oft „Wahr-
sagen aus den Handlinien" mit anderen Jungen. Die Mutter
war selber auf Grund einer bestimmten Handlinienprägung
fest überzeugt, mit 43 Jahren sterben zu müssen — sie wurde
59 Jahre alt. Aberglaube, und das heißt magisches Denken,
waren in der Familie des Patienten ziemlich beherrschend.

Nur skizzieren konnte ich die Hintergründe der Entstehung
dieser Symptomatik. Weniger um die psychodynamische Spe-
zifität der Beziehungsidee ging es, sondern mehr darum, eine
der üblichen Schwellensituationen des Lebens darzustellen und
an ihr die Relation von symptomauslösendem Anlaß und Persönlichkeitsstruktur des Patienten zu zeigen. Diese Beziehung
genauer zu erfassen, ist meist nur mit psychoanalytischen
Kenntnissen möglich. Aber auch ohne dieses Wissen und seine
gezielte Anwendung wird es dem Arzt in vielen Fällen gelingen, die Schwere der symptomauslösenden Versuchungs- und
Versagungssituation abzuschätzen und daraus auf den Grad
der Therapierbarkeit des Patienten zu schließen: Ruft bereits

eine der üblichen Schwellensituationen Symptome hervor, so weist das auf eine schwere Neurose hin. —

Bisher wurden relativ einfache, nahezu lineare Beziehungen zwischen der Symptomatik und der prognostischen Beurteilung gezeigt. Nur die Art des Leidensgefühls und die Schwere der Versuchungs- und Versagungssituation sind schwieriger festzustellen; die vorher genannten sieben prognostischen Merkmale sind verhältnismäßig leicht aus den Klagen des Patienten abzulesen.

4. Prognostische Beurteilung auf Grund der sozialen Situation

a) Die „soziale Bewährung" und der sogenannte Leistungstest

Die Antworten auf die Frage nach der sozialen Situation des Patienten, nach seiner „sozialen Bewährung" (W i e g m a n n 1954/55), werden meist nicht in *einer* Konsultation zu erhalten sein. Erst mehrere der Anamneseerhebung dienende Sitzungen werden den Arzt darüber orientieren, wie es dem Patienten in der Schule, in Lehre und Berufsleben erging, wieweit er zu regelmäßiger Arbeit fähig war, ob er seine Freizeit genießen konnte, ob er seinem Alter, seinen Talenten und seiner sozialen Schicht entsprechend vorangekommen ist (Beruf, Einkommen, Prestige, Ausbildung) und wie es um seine aktuelle Familiensituation (Ehe, Nachkommenschaft) steht.

A l e x a n d e r (1946) faßt den Gesamtkomplex der sozialen Bewährung in dem Begriff „Leistungstest" des Lebens zusammen. Aus der Art, wie der Patient diesen Test bestanden hat, ergibt sich folgendes prognostisches Kennzeichen: Wer typischen, allgemein in einer Gesellschaft vorkommenden Anforderungen nicht gewachsen war, wer an ihnen gescheitert ist — oder sich ihnen weitgehend entzogen hat —, zeigt damit seine mangelnde Anpassungsfähigkeit (autoplastische *und* alloplastische, passive *und* aktive Anpassung ist gemeint) und hat demnach eine schwerere Neurose. Die integrative Funktion des Ichs, seine Fähigkeit, mit inneren und äußeren Reizen und Anforderungen fertig zu werden, ist an dem Grad der Lebensbewältigung des Menschen in der Vergangenheit abzuschätzen.

Es dürfte evident sein, daß der Leistungstest und die Art und Weise, wie ein Mensch ihn bestanden hat, aufs engste mit der früher erörterten Schwere der symptomauslösenden Schicksalskonstellation und der Reaktion des Patienten darauf verwandt sind. Es ging auch dabei (im Falle der schweren Neurose) um typische, kollektiv übliche Situationen; aber diese Schwellensituationen standen im Zusammenhang mit der neurotischen Symptomatik, während der Leistungstest des Lebens im umfassenderen Sinne zu verstehen ist: Auch ohne das Auftreten eigentlicher Symptome hätte jemand ihn nicht bestanden, wenn er den üblichen Anforderungen seiner Sozietät (z. B. Berufs- und Partnerwahl) aus dem Weg gegangen wäre, sich also auf eine schmale Lebensbasis zurückgezogen hätte. A l e x a n d e r hält übrigens die Bewertung der Anpassungsleistung des Patienten auf Grund seiner Lebensgeschichte für den im Bereich der Psychiatrie am besten geeigneten Test zur Beurteilung der integrativen Funktion des Ichs, der „Ich-Stärke". Das Leben in der Gesellschaft fordert den Menschen ständig auf, ja fordert ihn geradezu heraus, mit neuen Situationen fertig zu werden, dabei seine Kräfte zu mobilisieren und an dieser „Zumutung" zu wachsen. Nach dem eben Gesagten wird es nicht verwundern, wenn manche Autoren wie z. B. v a n M e u r s (1962) und Z u i t h o f f (1959) die soziale Situation des Patienten als besonders wichtig für die Indikation zur Psychotherapie ansehen; auch V a e s s e n (1964) weist ausdrücklich auf ihre prognostische Bedeutung hin.

Das folgende kurze Beispiel soll illustrieren, wie ein junger Mann bereits an der ersten größeren „Zumutung" von seiten der Sozietät scheitert. Der 20jährige hatte schon in der Ingenieurschule „keine rechte Lust" zum Arbeiten — ein Gefüge von neurotischen Fehlhaltungen liegt meist diesem Keine-Lust-Haben zugrunde — und fiel wegen seiner äußerst lückenhaften Kenntnisse infolge ungenügender Vorbereitung im Examen durch. Anstatt sich jetzt um eine Korrektur seiner Einstellung zur Arbeit und seiner Arbeitstechnik zu bemühen, fängt er zu diesem Zeitpunkt mit dem Trinken an; er läßt sich von jetzt an mehrmals in der Woche richtig „vollaufen". Auf diese Weise betäubt er etwaige hinsichtlich seiner beruflichen Zukunft aufsteigenden Bedenken.

Erscheinung wie Auftreten des Patienten könnten zu einer günstigeren prognostischen Beurteilung verleiten. Es handelt sich nämlich um den Typus des gutaussehenden Mannes, der lächelnd, gelassen mit dem anderen spricht und keinerlei Zeichen von Niedergeschlagenheit oder auch nur Beunruhigung zu erkennen gibt. Der Eindruck einer „gelassenen Souveränität" wird noch verstärkt durch seine in herablassendem Ton gemachte Bemerkung: „Meine Mutter möchte gerne Klarheit haben, die sorgt sich so um mich, und da tu' ich ihr halt den Gefallen." Man ließe sich durch den Schein blenden, wenn man in diesem Falle an eine leichte Störung dächte, da er doch sein Versagen im Examen so gut verarbeitet habe. Es handelt sich jedoch mit Sicherheit bei diesem jungen Mann um eine schwere neurotische Störung; er hat eine ausgeprägte Arbeitsstörung, er fällt in einem nicht besonders schwierigen Examen durch, er zeigt eine neurotische Verhaltensstörung im Sinne der Süchtigkeit. Auch das Fehlen des Leidensdruckes (er kommt der Mutter zu Gefallen) weist auf eine erschwerte Therapierbarkeit dieser Neurose hin.

An dem Beispiel wird deutlich, daß meist *mehrere* prognostische Kriterien zu der gleichen Beurteilung des Falles führen. Man sollte hinsichtlich der Treffsicherheit der Voraussage immer skeptisch sein, solange nur *ein* prognostisches Merkmal für eine bestimmte Beurteilung aufzufinden ist.

Im eben geschilderten Fall würden mindestens vier Kriterien die erschwerte Therapierbarkeit des jungen Mannes erkennen lassen: Fehlen des Leidensdruckes, Auftreten von Verhaltensstörungen (siehe Kriterium 1), leichte symptomauslösende Situation und Scheitern am „Leistungstest" der Abschlußprüfung einer beruflichen Ausbildung.

b) Der sozial geprägte Defekt

Die Beurteilung des Schweregrades einer Neurose nach der sozialen Bewährung und nach dem Leistungstest kann jedoch auch zu Fehlschlüssen führen: Man könnte versucht sein, sozialen Erfolg mit seelischer Gesundheit gleichzusetzen. Jeder kennt Menschen, die es, was den äußeren Erfolg angeht, sehr weit gebracht haben. Sie haben viel Geld „gemacht", sie haben

Prestige oder Macht in der Sozietät erworben, sie führen mit ihrer vielköpfigen Familie ein großes Haus. Sie haben also Erfolg gehabt, oder, wie es treffend heißt, sie sind ein Erfolg (Gleichsetzung des Menschen mit seinem Erfolg).

Wenn man diese Personen näher kennt, wird man bald gewahr, daß sie bei all ihrem Vorwärtskommen um nichts zufriedener oder lebensfreudiger geworden sind. Trotz des äußeren Gelingens fehlt die innere Befriedigung, an deren Stelle die Genugtuung über ihr Hervorragen tritt. Trotz der zielgerichteten Anstrengungen, die der also Erfolgreiche macht, ist ein so geartetes Streben nach Erfolg fragwürdig. Und wirklich handelt es sich dabei oft, wie vor allem K. H o r n e y (1951) dargestellt hat, um einen überwertigen, neurotischen Ehrgeiz, um eine Sucht nach äußerem Erfolg. Dem Träger eines solchen Ehrgeizes, der gegen gesunde Formen dieser Strebung abzugrenzen ist, geht es nur oder vornehmlich darum, aus den anderen hervorzuragen, die anderen auszustechen, erfolgreicher als jene zu sein. Dieser Drang hat zwanghaften und überkompensatorischen Charakter. Der Betreffende ist von diesem „Bedürfnis" getrieben und besessen; es kommt ihm dabei nicht so sehr darauf an, *was* er tut und ob die Tätigkeit seinen Talenten und Fähigkeiten entspricht, als daß er auf jeden Fall Erfolg hat. Überkompensatorischen Charakter hat dieser Ehrgeiz insofern, als er — dem Träger unbewußt — dazu dient, eine Verarmung in anderen Lebensbereichen, vor allem denen des zwischenmenschlich-gefühlshaften Kontaktes und der Lebensfreude, also die Unterentwicklung von Liebes- und Genußfähigkeit, wettzumachen und auszugleichen. Die gefühlshaften Beziehungen zu den Mitmenschen sind meist dünn, oft werden reine Zweckverbindungen eingegangen; so sind auch Frau und Kind für solche Menschen häufig Mittel zur Erlangung eigenen Prestiges und eigenen Ruhmes, Aushängeschilder (das Äußere der Frau, die Schulleistung des Kindes) des eigenen Ehrgeizes.

Im klinischen Sinne sind diese Ehrgeizigen zunächst meist nicht krank; sie funktionieren — sie funktionieren wirklich wie Maschinen — oft lange Zeit ohne ausgeprägte körperliche oder seelische Symptome. Sie brauchen sich auch nicht irgendwie absonderlich oder isoliert zu fühlen, weil sie in einer Wettbewerbsgesellschaft genügend Zeitgenossen antreffen, mit denen sie das Streben nach äußerem Erfolg als dem höchsten Lebensziel teilen.

Der Soziologe und Psychoanalytiker E r i c h F r o m m (1956) führt in seinem Buch „The Sane Society" den Begriff des Defektes ein, um eine Unterscheidung zwischen manifester Neurose (mit Symptomen) und einer neurotischen Struktur (ohne zunächst sichtbare Symptome) zu treffen. Er spricht von einem sozial geprägten Defekt bei jenen, die zwar sozial funktionieren und oft lange Zeit keine klinischen Symptome aufweisen, aber in wesentlichen Teilen ihres Erlebens verkümmert sind. Die Sozietät bietet ihnen Verhaltensmuster und Ideale an, die es ihnen erlauben, ohne krank zu werden, mit dem Defekt, d. h. der Verkümmerung der Liebes- und Genußfähigkeit zu leben. Solche Ideale oder besser Idole in einer Wettbewerbssozietät sind, wie schon gesagt, Reichtum, Einfluß, Prestige oder Macht als Zeichen des Erfolges und als Basis für das eigene Identitätsgefühl.

Aber wenn diese Ehrgeizigen auch geraume Zeit im klinischen Sinne gesund sind, werden sie doch ab und an von ihnen unerklärlichen Verstimmungen und dysphorischen Gefühlen, von Abgeschlagenheit, Lebensekel oder dem Gefühl der Sinnlosigkeit all ihres Tuns heimgesucht. Dies passiert ihnen meist in den seltenen Mußestunden, an Feiertagen und besonders im Urlaub, in Situationen also, die eine gewisse Beschaulichkeit und Selbstbesinnung nahelegen. Um diesen äußerst unbehaglichen Empfindungen zu entgehen (ohne daß dieses bewußt absichtlich geschähe), suchen solche Menschen auch im Urlaub Betrieb und Zerstreuung; die Zunahme der Vergnügungsindustrie an vielen Urlaubsstätten mag vielleicht die Ausbreitung dieser sozialgeprägten Störung zeigen. Suchen die in der geschilderten Weise Erfolgreichen den Arzt auf, weil „die Pumpe nicht mehr so recht mitmacht", weil sie so oft abgeschlagen und gelegentlich niedergeschlagen sind oder wegen sonstiger, meist unbestimmter Beschwerden, so äußern sie oft den Wunsch, in ein Bad oder Sanatorium verschickt zu werden: „Ich muß mich mal gründlich überholen lassen!"

In ihrer mechanistischen Vorstellung vom Leben und von

sich selbst glauben sie, es genüge, sich quasi in eine Repara-
turwerkstatt zu begeben und sich dort überprüfen und erneu-
ern zu lassen. Wieder zu Hause setzen sie die Hetzjagd nach
dem Erfolg fort und brauchen bald in immer kürzeren Abständen eine solche Überholung. Es wird einleuchten, wenn
F r o m m meint: Diese Patienten sind im Grunde kränker,
haben eine schwerere Neurose als viele Patienten mit ausge-
prägteren klinischen Symptomen. — Nochmals: Soziale Bewährung oder Bestehen des Leistungstests darf nicht in dem
Sinne verstanden werden, als sei sozialer Erfolg unbedingt
mit seelischer Gesundheit identisch.

c) Chronifizierende soziale Faktoren

Zu den meiner Ansicht nach treffsichersten prognostischen
Kriterien der sozialen Situation gehören: die chronifizierenden
sozialen Faktoren und die Modifizierbarkeit der Lebenssituation (A l e x a n d e r 1946). Wer erst einmal, aus vorwiegend neurotischen Motiven heraus, objektive Bindungen
schwer lösbarer Art (z. B. Partner- und Berufswahl) und ein-
klagbare Verpflichtungen eingegangen ist, wird schwierig zu
psychotherapieren sein.

Eine 34jährige Frau hatte in der Pubertät, aus falsch ver-
standener (zwanghafter) Opfer- und Helfereinstellung, den
Schwesternberuf „gewählt" und litt seitdem an (reaktiven)
Depressionen: Ohne es sich noch recht eingestehen zu können,
ist sie todunglücklich in ihrer Tätigkeit. — Ein jetzt 40jähriger
kontaktarmer Mathematiker hatte bereits mit 23 Jahren seine
„Kindheitsliebe" geheiratet, und zwar hauptsächlich deshalb,
weil er bei seiner emotionalen Vermeiderhaltung — er mied
instinktiv den Kontakt besonders zu Frauen — keine anderen
Frauen kennenlernte und weil er möglichst früh ein geordne-
tes und geregeltes Zuhause haben wollte; gegenseitiges Verständnis, sexuell-erotische Anziehung, Gemeinsamkeit der geistigen Interessen spielten bei der „Wahl" der Ehepartnerin
nahezu keine Rolle. Er sucht jetzt den Arzt auf, weil es in der
Ehe zu einem bloßen Nebeneinanderher-Leben gekommen ist
und er andererseits dadurch schwer beunruhigt ist, daß ihn
andere Frauen — er führt jetzt ein etwas geselligeres Leben —
in heftige erotische Versuchung stürzen. — In beiden Fällen

kämen die Patienten in einer psychoanalytischen Behandlung, also im Zuge einer emotionalen Neuorientierung, an einen Punkt, wo sie die Richtigkeit ihrer Berufs- bzw. Partnerwahl in Frage stellen würden; sie müßten erkennen, daß sie seinerzeit gar keine Wahl getroffen hatten, weil sie in Wirklichkeit noch keinen eigenen Willen hatten — wählen und wollen sind etymologisch urverwandt. Diese In-Frage-Stellen einer früheren „Entscheidung" und die Auseinandersetzung mit den daraus erwachsenen Verpflichtungen ist schmerzlich; Patienten — und nicht nur sie — meiden sie so lange wie irgend möglich.

So ist es im Hinblick auf die Prognose ratsam sich zu fragen, wieweit der Patient seine Lebenssituation wird ändern können. Ändern ist dabei nicht gleichzusetzen mit einem Wechsel des Partners oder des Berufes, obwohl auch dies gelegentlich notwendig sein kann. Man darf nicht vergessen, daß der Patient, will er gesund werden, eine zweifache Anpassung vornehmen muß: eine innere autoplastische, bei der er *sich* wandelt, d. h. seine Fehlverhaltensweisen modifiziert, und eine äußere alloplastische, bei der er seine *Lebenssituation* (Beziehung zum Ehepartner, Familiensituation, Berufskonstellation) anders gestaltet. Sind die Umstände kaum zu verbessern (chronisch verfahrene Ehe, zerrüttete finanzielle Verhältnisse, verfehlte Berufswahl, Belastung durch unerwünschte Kinder), so ist das ein erschwerendes Faktum für eine analytische Behandlung. Freilich erfordert es Erfahrung zu beurteilen, inwieweit die Lebensumstände des Patienten modifizierbar sind oder nicht.

d) Die Persönlichkeit des Ehepartners

Mehr und mehr schält sich auch heraus, wie sehr die Artung des Ehepartners eines Patienten die Prognose der analytischen Behandlung beeinflußt. Bekannt ist — wie zum Beispiel A. D ü h r s s e n (1964) ausgeführt hat —, daß die Prognose bei der analytischen Psychotherapie von Kindern und (in geringerem Maße) von Jugendlichen entscheidend von der Einstellung der Beziehungspersonen — vor allem der Eltern — abhängt. A. D ü h r s s e n macht es sich zur Regel, im Gespräch mit den Eltern, besonders den Müttern, deren innere Verfassung zu ergründen, um einigermaßen vorhersagen zu können, welche Schwierigkeiten sie der Therapie ihrer Kinder in den Weg legen werden; sie versucht herauszubekommen, ob diese Schwierigkeiten möglicherweise so groß sind, daß sie den therapeutischen Erfolg überhaupt in Frage stellen. Etwas Ähnliches, d. h. also ein anamnestisches Gespräch mit dem Ehepartner des Patienten *vor* seiner Behandlung, um die wahrscheinlichen Widerstände von seiten des Ehepartners zu erkunden, wird in der Psychotherapie von Erwachsenen bis jetzt nur selten versucht.

Nur G r o t j a h n (1960) hat sich m. W. eingehend mit diesem Problem befaßt. Nach den Prinzipien der Analyse in ihrer klassischen Form soll der Analytiker die Übertragungsatmosphäre von vornherein möglichst „frei von Verunreinigungen" halten und sollte daher z. B. ein Gespräch mit dem Ehepartner tunlichst unterlassen. G r o t j a h n empfiehlt demgegenüber, bei der Erhebung einer diagnostischen und prognostischen Anamnese auch gerade die spezifische Familiensituation (z. B. die Wiederholung der Kind-Eltern-Situation in der Ehe) des Patienten ausfindig zu machen. Zu diesem Zweck bittet G r o t j a h n zumeist auch den Ehepartner zu sich und versucht im Gespräch mit diesem insbesondere zu eruieren, ob die zwischen Eheleuten so häufigen komplementären neurotischen Reaktionen vorliegen und wie diese aus-
.sehen. M i t t e l m a n n (1948) vertritt die Auffassung, daß eine solche komplementäre Beziehung zwischen Ehepartnern — die beiderseitigen Neurosen passen zusammen wie Schloß und Schlüssel — oft jeder analytischen Bemühung trotzt. Ähnliches gilt, worauf K ö h l e r (1965) hingewiesen hat, für die Reaktion der Umgebung des Patienten auf dessen besondere Art, seine Symptome darzustellen; auch hieran ist oft das Netzwerk der Familienbeziehungen gut zu erkennen (siehe dazu auch R i c h t e r 1970).

Ich möchte aus meiner persönlichen Erfahrung nur hinzufügen, daß ich mir manches allzu optimistische Urteil bei der Behandlung von Patienten erspart hätte, wenn ich vor Beginn der Therapie auch den Ehepartner gesprochen hätte und mir über dessen wahrscheinliche Widerstände gegen die Therapie klargeworden wäre. So kann z. B. der dominierende Partner eines Patienten bereits auf dessen erste Verselbständigungsschritte mit größter Beunruhigung reagieren und alles versuchen, bis hin zu unbewußter Erpressung durch eigenes Krankwerden, um den in Analyse befindlichen Partner nicht erstarken zu lassen; dominierend kann auch der objektiv Schwächere sein dadurch, daß er mit Hilfe seiner Schwäche den faktisch Stärkeren erpresserisch unter ständigen Verpflichtungsdruck setzt. Die dominierende Einstellung des einen und die unterwürfige Haltung des anderen verhalten sich komplementär zueinander und „garantieren" den Bestand dieser Beziehung. Will der bisher Schwächere stärker und eigenwilliger werden, so erlebt der andere dies wie einen Treuebruch, wie einen Verrat an der ehelichen Gemeinschaft: „So hab' ich dich nicht geheiratet!" Es scheint dem bisher Dominierenden die Existenz der Ehe auf dem Spiel zu stehen, und er wehrt sich mit allen Mitteln gegen eine Verhaltensänderung des anderen. Zum eigenen Widerstand des Patienten gegen seine Gesundung — gegen die Aufdeckung unbewußter irrationaler Motive und verpönter Triebregungen — tritt in einem solchen Falle noch der Abwehrkampf des Ehepartners gegen die Therapie. Diese Gegeneinstellung des Ehepartners eines Patienten kann den Gang der analytischen Behandlung empfindlich stören. Die Bedeutung, die von der allgemeinen sozialen Erfahrung her dem Einfluß des Ehepartners beigemessen wird, erhellt auch daraus: Es gibt manche Clubs, die sich *vor* der eventuellen Aufnahme eines neuen Mitgliedes dessen Ehefrau ansehen, um auch seine andere Hälfte — außen wie innen gemeint — kennenzulernen; nur wenn auch *sie* zum Geist des Clubs paßt, wird *er* aufgenommen.

5. Prognostische Beurteilung auf Grund der biologischen Gegebenheiten

Es geht darum, prognostische Kriterien zur Unterscheidung von leichten und schweren Neurosen zu finden, um die Indikation zu einer psychotherapeutischen Behandlung stellen zu können. Zu diesem Zweck bin ich zunächst von den Symptomen des Patienten ausgegangen. Dann wurden die soziale Situation des Patienten und der sogenannte Leistungstest auf ihre prognostische Ergiebigkeit untersucht. Im folgenden sollen die biologischen Gegebenheiten des seelisch Kranken erfaßt werden, soweit sie für die Frage nach Prognose und Indikation in der Psychotherapie relevant sind.

a) Das Alter des Patienten

Das günstigste Alter für eine analytisch-psychotherapeutische Behandlung liegt im allgemeinen zwischen 20 und 40 Jahren. Auch W i e g m a n n (1954/55), V a e s s e n (1964) und K ö h l e r (1965) vertreten, mit kleinen Abweichungen, die gleiche Ansicht. Mit zunehmendem Alter verschlechtern sich die Erfolgschancen einer analytischen Psychotherapie vor allem aus drei Gründen: Einmal werden die meisten Menschen im Alter starrer, unelastischer und unplastischer. Sie haben oft nicht mehr die für eine Analyse notwendige Bereitschaft und Fähigkeit zur Wandlung. Jede Neurose bedeutet aber Fixierung (im weitesten Wortsinn) alter, eingefahrener Erlebnis- und Verhaltensweisen. Je älter ein Mensch ist, desto unwilliger gibt er die ihm urvertrauten, zur zweiten Natur gewordenen Formen seiner Lebensbewältigung auf.

Damit eng verwandt ist, als ein weiterer Grund für die Verschlechterung der Prognose im Alter, folgendes: Man kann einem älteren neurotischen Menschen im allgemeinen viel weniger an Wahrheit im Sinne der Desillusionierung zumuten als einem jüngeren, was mit anderen Worten heißt: der Ältere wird zäher an seiner Form der Lebensbewältigung, auch an einer „Lebenslüge" festhalten als der Jüngere. Kaum ein Patient im Alter von 60 Jahren ertrüge die Erkenntnis, daß er ein Leben lang, seinem Idealbild von sich selbst als einem Gönner der Menschheit entgegengesetzt, die Mitmenschen nur verachtet hat! Kaum jemand in dem Alter vertrüge „die Stunde der Wahrheit", die ihm die Einsicht brächte: Ich bin so einsam, weil ich so wenig liebenswürdig und nicht willens und fähig bin, eine Gefühlsbrücke zu den anderen zu schlagen und nicht — wie ich bisher glaubte —, weil die anderen so egoistisch, unfreundlich und verschlossen sind!

In diesem Zusammenhang sei an Ibsens „Wildente" erinnert, an Rellings Bemerkung: „Nehmen Sie einem Durchschnittsmenschen die Lebenslüge, und Sie nehmen ihm zu gleicher Zeit das Glück." Daß dieses „Glück" auf Selbsttäuschung beruhen kann, darf nicht die therapeutische Vorüberlegung verhindern: Wieviel Selbsterkenntnis ist diesem Menschen in diesem Alter noch zuzumuten? Man muß, worauf auch A l e x a n d e r (1946) hinweist, daran denken, daß eine Neurose manchmal die einzige „Lösung" der Lebensschwierigkeiten eines Menschen sein kann.

Das führt zu einer weiteren Überlegung, die es verständlich macht, warum mit steigendem Alter des Patienten im allgemeinen die Therapierbarkeit abnimmt: Die prospektiven Möglichkeiten werden mit zunehmendem Alter immer begrenzter; liegt vor dem 20jährigen noch das Leben als ein weites Feld von Chancen, so steht dagegen der 50jährige mit seiner geringeren Lebenserwartung vor einem viel kleineren Angebot an Möglichkeiten.

Wenn es im allgemeinen so ist, daß proportional dem zunehmenden Alter die Therapierbarkeit abnimmt, kann es im Einzelfall auch ganz anders aussehen. So kann sich die größere Lebenserfahrung des Älteren in der analytischen Behandlung sehr günstig auswirken. Auch C a r u s o (1964) weist auf diesen Punkt hin und erklärt die Schwierigkeiten der Psychotherapie bei Jugendlichen unter anderem mit deren relativ armer Lebensgeschichte. Skeptischer geworden durch seine Lebenserfahrung, glaubt der ältere Mensch nicht mehr daran, daß alle seine Blütenträume Früchte tragen werden; er ist eher bereit, manche Hoffnungen und Sehnsüchte als illusionär zu erkennen, da wo der Jüngere zunächst felsenfest davon überzeugt ist, seine Erwartungen und Ansprüche an das Leben, an die Menschen seien real begründet und voll berechtigt. Wenn auch der Mensch, jeder Mensch im gewissen Umfang, ein illusionsverhaftetes Lebewesen ist, ein Wesen, das sich wieder und wieder überspannten Erwartungen an sich und die Mitmenschen hingibt, so ist gelegentlich der ältere Mann, die ältere Frau weiser, illusionsloser (nicht hoffnungsloser) geworden und weiß Vorsatz und Können besser einander anzupassen. Außerdem kann die Konfrontation mit der Kürze der Lebenserwartung dazu beitragen, daß sich der Patient ernstlich um Einsicht bemüht. Höheres Alter ist also keine absolute Kontraindikation zur analytischen Psychotherapie. A l e x a n d e r und F r e n c h (1946) haben an mehreren Fallbeispielen gezeigt, daß eine seelische Behandlung auch bei älteren Patienten, zum Teil sogar 60jährigen, zum Erfolg führen kann. Es kommt eben entscheidend auf die Schwere der neurotischen Struktur an und auf das Ziel, das man mit seiner Therapie verfolgt: Bloße Symptomheilung (mit der Gefahr des Rezidives) ist leichter zu erreichen als eine strukturelle Wandlung des Patienten, d. h. als seine charakterliche Veränderung; so sind nach K ö h l e r (1954) bei solchen Patienten mit Gehemmtheitsstruktur, die sich keine irreversiblen einklagbaren Beziehungen geschaffen haben, oft noch erstaunliche Symptomheilungen zu erzielen.

Im großen und ganzen bleibt die Gültigkeit des zuvor über die prognostische Bedeutung des Alters Gesagten bestehen; jedoch sind die Psychoanalytiker heute nicht mehr ganz so skeptisch hinsichtlich der Erfolge einer analytischen Behandlung von älteren Patienten — vor allem auch bei Anwendung der analytischen Gruppenpsychotherapie.

Bei alledem bleibt aber die prognostische Beurteilung des Alters problematisch. Schon die Frage „Was ist Alter?" wird von Nichtfachleuten und Fachleuten verschieden beantwortet, worauf besonders C h . B ü h l e r (1959) in Anlehnung an H a v i n g h u r s t (1953) hingewiesen hat. Die Antworten reichen von „Ein Mann ist so alt wie sein Handeln" über „Ein Mann ist so alt, für wie alt man ihn hält" und „Ein Mann ist so alt, wie er sich fühlt" bis zu „Ein Mann ist so alt wie seine Arterien". Das Gemeinsame dieser Antworten mit Ausnahme der letzten könnte in der Wandlungs- und Lernfähigkeit des Betreffenden — die beiden gehören zusammen — zu sehen sein. C h . B ü h l e r berichtet auf Grund eigener Beobachtungen und denen anderer von Frauen, die *nach* dem Klimakterium in ihre reifsten, produktivsten und ungestörtesten Schaffensjahre kamen. Zweifelsohne spielen dabei auch charakterspezifische Faktoren eine Rolle: Wieweit hat ein Mensch die sogenannte produktive Orientierung erreicht, oder wie tief ist er in einer unproduktiven Orientierung steckengeblieben? Produktive und unproduktive Orientierung sind zentrale Begriffe in der humanistischen Psychoanalyse E. F r o m m s (1950).

Nur gestreift sei die Frage, wie es bei Kindern und Jugendlichen mit der Prognose steht. Der Interessierte sei vor allem auf die Arbeiten von A. D ü h r s s e n (1960), A. F r e u d (z. B. 1949), M. K l e i n (1932) und Z u l l i g e r (z. B. 1957) zu diesem Thema verwiesen. Schwierig für die therapeutische Beeinflussung ist nach allgemeiner Ansicht das Alter von 14 bis 20 Jahren. Es umfaßt einen Lebensabschnitt, der vom körperlich-seelischen Reifungsprozeß der Pubertät beherrscht wird, wo beim Jugendlichen alles offen und im Fluß ist. Therapeutisch günstiger ist das Alter unter 14 Jahren — die Grenze ist nicht scharf zu bestimmen —, wobei allerdings meist eine zusätzliche Behandlung oder mindestens Beratung der Eltern oder eines Elternteiles notwendig sein wird.

b) Die Intelligenz des Patienten

Die Intelligenz des Patienten stellt ein weiteres prognostisches Kriterium dar. Im allgemeinen erleichtert eine hohe Intelligenz die analytisch-psychotherapeutische Behandlung, weil sie die Fähigkeit zum Verbalisieren der eigenen Innenbefindlichkeit (C a r u s o 1964) — dieses Verbalisieren ist bekanntlich ein Grundprinzip der Psychoanalyse — und zur Introspektion verbessert. „Ein Analysand mit einem geringen Ausdrucksvermögen bedeutet eine große Schwierigkeit für die Analyse" (C a r u s o) ; es ist offengelassen, wieweit es sich dabei nicht nur um eine geringe Fähigkeit zur Verbalisation, sondern auch um eine stärkere (anal-retentive) Abwehr, also eine geringe Bereitschaft zum Verbalisieren handelt. In diesem Zusammenhang ist nicht unbedingt an die Ermittlung des Intelligenzquotienten gedacht, sondern mehr an eine aus dem anamnestischen Gespräch erwachsende Schätzung des Intelligenzniveaus eines Patienten; dies genügt nach allen Erfahrungen für die prognostischen Zwecke des praktischen Arztes und Facharztes. Außerdem sei nochmals darauf hingewiesen, daß man sich nie bloß nach *einem* prognostischen Merkmal orientieren sollte.

In manchen Fällen wird eine hohe Intelligenz vom Patienten in den Dienst der Neurose gestellt. Sie dient dann z. B. der
Rationalisierung und der rechthaberischen oder spitzfindigen
Argumentation und stellt in diesem Falle eine zusätzliche
Schwierigkeit für die Therapie dar, wie auch V a e s s e n
(1964) hervorhebt. Diese Erschwerung ist aber eigentlich nicht
der Intelligenz, sondern der Stärke der neurotischen Fehlhaltungen, die die Intelligenz ins Schlepptau nehmen und sich
ihrer zusätzlich bedienen, anzulasten. In jedem Falle ist eine
gute Intelligenz ein prognostisch günstiges Zeichen. Bei manchen schizoid-strukturierten Patienten ist der Intelligenzgrad
geradezu das Zünglein an der Waage des therapeutischen Erfolges oder Mißerfolges: Der Intellekt dient zunächst als einzige Brücke zu den Menschen und ist prognostisch entsprechend einzuschätzen.

Klinisch ist eine konstitutionell niedrige Intelligenz von
einer emotional bedingten intellektuellen Blockade (A l e -
x a n d e r 1946) zu unterscheiden. Extrem schwere aggressive
Gehemmtheiten z. B. bei zwangsneurotischen Patienten können geradezu das Bild einer Debilität bieten: Wer auf Grund
seiner motorisch-aggressiven Gehemmtheit, seiner Handlungs-
unfähigkeit fürchten muß, bereits beim Denken dauernd an-
zuecken, also an Tabus zu stoßen und damit Schuld- und Pein-
lichkeitsgefühle heraufzubeschwören, der wird schließlich auch
die Denktätigkeit einschränken. Denken ist — unter *einem* Gesichtswinkel — Probehandeln (F r e u d) , ist die Mikroform
von Aggression in ihrer Grundbedeutung von ad-gredi an
Dinge und Menschen. Schwere Gehemmtheiten der ad-gressiven Strebungen behindern immer auch die intellektuelle Tätigkeit und führen im Extremfalle zu dieser Pseudodebilität.
Auch schwer schizoide Patienten wirken oft extrem unintelli-
gent, weil sie Menschen und Dinge zu unscharf sehen, weil sie
zu ungenau beobachten, um sich präzise ausdrücken zu können. Zwar ist eine erworbene intellektuelle Blockade prinzipiell durch eine analytische Behandlung aufzuheben — im Gegensatz zur konstitutionellen Intelligenzschwäche —, aber sie
deutet eben gleichzeitig auf eine schwere neurotische Störung
hin. —
Abzuheben von einer niedrigen Intelligenz wäre die Primi-

tivität, d. h. die geistig-seelische Unterentwickeltheit. Einfache Menschen sind manchmal in einer psychotherapeutischen Behandlung in ihrer (emotionalen) Erlebnisfähigkeit leichter ansprechbar, weil sie weniger vom Intellekt blockiert sind. Dabei scheint oft eine heilsame Rolle zu spielen, daß der Betreffende dankbar erlebt: Ein Gebildeter nimmt mich ernst.

c) Talente und Begabungen

Streng genommen wäre auch die Intelligenz hier einzuordnen; wegen ihrer Sonderbedeutung wurde sie extra behandelt. Selten sind Begabungen und Talente von *größerer* prognostischer Bedeutung, soweit es die Indikation zur analytischen Behandlung angeht. Sie scheinen mir dann von einiger Wichtigkeit zu sein, wenn der psychotherapeutisch orientierte praktische Arzt Patienten mit leichteren Neuroseformen selbst behandeln will. Er sollte dann die Begabungen des Kranken bestätigen und ihn zu ihrer Pflege und Förderung anregen. Damit ist in manchen Fällen ein Ausgleich in einem sonst infolge neurotischer Fehlhaltungen unerfülltem Leben zu bewerkstelligen. Dem Patienten kann es eventuell auf dem Wege über die Ausübung seines Talentes (Malen, Dichten, Musizieren usw.) gelingen, ein Mehr an Funktionslust, an Kontakt mit anderen Menschen und an Geltung unter ihnen zu gewinnen. Wichtig ist die Erfassung der Talente und Begabungen des Patienten auch bei der prognostischen Frage eines eventuell notwendigen Berufswechsels. Man sollte nur wissen, daß auf diese Weise zwar eventuell eine Kompensation herbeizuführen, aber kein neurotischer Konflikt zu beheben ist.

Um die Bedeutung der Kompensation einer Neurose durch Talente und Begabungen zu veranschaulichen, sei nochmals an den in anderem Zusammenhang erwähnten Fall des Musikers mit dem Handliniensymptom (siehe S. 49) erinnert. Er stand in analytischer Behandlung und verlor seine Symptomatik in einem Zeitraum, der, verglichen mit der Schwere seiner Neurose (leichte symptomauslösende Situation, Chronizität der Beschwerden, Fixierung auf die Vorstellung einer Organogenese), überraschend kurz war (ca. 150 Sitzungen). Einige der die Symptomatik unterhaltenden Probleme und Konflikte waren aber von ihm noch nicht wirklich gelöst worden. So konnte er noch nicht recht um Frauen werben. Er fürchtete sich noch, mit den anderen Männern um eine Frau zu rivalisieren, fühlte sich auch deshalb ihnen unterlegen und versuchte, dieses Unvermögen dadurch auszugleichen, daß er mit den Konkurrenten an Gebebereitschaft und Willfährigkeit der Frau gegenüber wetteiferte; damit geriet er aber in Gefahr, sich zu sehr von der Frau ausnutzen zu lassen, ihr gleichsam mehr zu geben, als er hatte.

Diese eben geschilderten Unfähigkeiten ließen sich nun in ihren Auswirkungen durch sein Talent einigermaßen kompensieren. Er war musikalisch anscheinend hochbegabt und hatte außerdem das „Glück", weit und breit (in einem Landkreis) der einzige Klavierlehrer zu sein. Die Frauen, vor allem ein Teil seiner Schülerinnen, umschwärmten ihn geradezu, was wohl auch auf seine „vielversprechende" Weichheit zurückzuführen war; er brauchte gar nicht um sie zu werben, sie bemühten sich im Gegenteil um ihn, und so stach er andere Männer von vornherein aus. Diese „Siege" verdankte er aber nicht seinen Qualitäten als homo eroticus, sondern der Anziehung, die auf seinem musikalischen Talent und seinem Seltenheitswert als Musiklehrer beruhten.

Wäre der Patient in eine Großstadt gezogen, wo er nicht mehr der unumstrittene König unter den Musikern gewesen wäre, so hätte dieser Schritt mit großer Wahrscheinlichkeit zu einem erneuten Auftreten seiner Symptome geführt; „wohlweislich" hatte er mehrere günstige Angebote aus Großstädten abgeschlagen. Die Brüchigkeit seines (unbewußten) Kompensationsversuches wurde auch — nach Beendigung der Analyse — in den Augenblicken sichtbar, da ihn seine jeweilige Freundin zur Heirat drängte. Dies geschah zweimal, und prompt reagierte er darauf mit dem Neuauftreten des Handliniensymptoms. Er „rettete" sich, indem er mit dem Hinweis, er sei noch nicht ganz gesund, der Freundin den Laufpaß gab.

S c h u l t z - H e n c k e (1951) spricht in diesem Zusammenhang davon, daß ein solcher Mensch „wie vom Korken dieser Talente in der Schwebe gehalten und am Untergehen gehindert", einen Symptomausbruch oft lange vermeiden könne. Der genannte Patient hatte zwar einen wichtigen

Fortschritt erzielt, d. h. sich zum Teil in seiner Persönlichkeit gewandelt (Symptomheilung nach partieller Strukturänderung), zum Teil aber seine neurotischen Unfähigkeiten mit Hilfe seines musikalischen Talents bloß kompensiert und somit verdeckt (Symptomheilung durch Kompensation mittels Begabung).

d) Genotypische und angeborene Faktoren

Vielleicht wird es verwundern, diese Faktoren an den Schluß dieses Kapitels gerückt zu sehen. Eine solche Placierung hat ihren guten Grund: Von Ausnahmefällen abgesehen, spielen bei Neurosen Erbanlagen und angeborene Anomalien für die prognostische Beurteilung der Indikation zur Psychotherapie nur eine zweitrangige Rolle.

α) Organische Defekte

Es ist dabei an angeborene körperliche Defekte, Mißbildungen oder Organminderwertigkeiten zu denken. Selbstverständlich sind solche meist unmodifizierbaren Faktoren (Blindheit, Hasenscharte, Wolfsrachen, Schielen, Häßlichkeit) von Bedeutung für die Frage der Indikation zur Psychotherapie, wie auch A l e x a n d e r (1946) und C a r u s o (1964) meinen. Aber im allgemeinen wird ihre prognostische Wichtigkeit bei Neurosen eher über- als unterschätzt (S c h u l t z - H e n c k e 1951). Zur Illustration dieser These diene das Beispiel einer 25jährigen Patientin mit einem ausgeprägten Turmschädel. Sie ist wirklich keine Schönheit, ja man muß sie geradezu als häßlich bezeichnen. Sie kam vorwiegend wegen schwerer Minderwertigkeitsgefühle, dysphorischer Verstimmungen und körperlicher wie geistiger Erschöpfbarkeit zur Behandlung. Für diese Beschwerden machte sie zunächst ihren Turmschädel verantwortlich. Von früh an habe sie sich deshalb ausgeschlossen und isoliert gefühlt; soweit sie zurückdenken könne, habe sie sich den anderen Mädchen gegenüber als unterlegen und minderwertig erlebt. Ihre wiederholten, resigniert-vorwurfsvollen Klagen hatten zum Inhalt: Wozu leben, wenn doch niemand sie gerne ansähe! Wofür studieren, wenn doch später sie niemand einstellte! So wie sie aussähe, könnte sie keine Sympathie erwecken und würde kein Mann sie je lieben.

Sie mußte jedoch in der Analyse allmählich einsehen, daß ihre Kontakt- und Liebesfähigkeit schwer gestört war, und dies nicht infolge ihres Turmschädels: Sie hatte bei einer depressiven, lebensängstlichen Mutter und einem mürrischen, frauenfeindlichen Vater ihre Hingabe-, Zärtlichkeits- und sexuellen Regungen nicht entfalten können. Als Kind bezog sie die mangelnde Zuwendung ihrer Eltern auf ihre Häßlichkeit; sie konnte die gestörte Zuwendungsfähigkeit ihrer Eltern nicht als solche erkennen. Sie mußte in der Analyse erst ihre eigenen, bisher versteckten Ressentiments und ihren Enttäuschungshaß erleben, d. h. den Haß infolge der Enttäuschung ihrer (illusionären) emotionalen Erwartung, daß man ihr nämlich von außen und ohne ihr Zutun, ohne daß sie sich liebenswürdig zeigte, mehr Liebe entgegenbringen müsse. Die einfache Wahrheit: Man wird in eben dem Maße geliebt und hat genauso viel Kontakt als man liebes- und kontaktfähig ist, also selbst lieben und bei anderen Liebe erwecken kann (F r o m m 1956), mußte ihr erst nach und nach aufgehen.

Sicherlich wurden ihre in der frühen Kindheit erworbenen, d. h. neurotischen Gehemmtheiten im Liebesbereich durch die Mißbildung *stabilisiert*. Aber der Defekt war trotz seiner starken Ausprägung kein neuroseverursachendes Element und war auch prognostisch nicht nur ungünstig zu bewerten. Die Mißbildung verstärkte den Leidensdruck der Patientin und mobilisierte damit ihren Gesundungswillen. Hatte sie *vor* der Analyse ihre extrem hohe Stirn in einer Art trotzig-masochistischem Exhibitionismus durch eine zurückliegende Frisur eher noch betont, so litt sie *jetzt* an ihrem unvorteilhaften Aussehen und fand langsam — mit dem Abbau ihres Enttäuschungshasses — Freude daran, mit der Frisur zu experimentieren; sie verstand es letztlich sogar, ihrem Gesicht durch tief in die Stirn hereinhängende Ponyfransen eine aparte, manche Männer reizende Note zu geben.

Wichtiger noch war, daß sie im Verlauf der Therapie kontaktfreudiger und hingabebereiter wurde. So fand sie auch bald einen Partner.

Auf das Problem von Schönheit und Häßlichkeit geht

A. D ü h r s s e n (1955), im Zusammenhang der „Präformie-
rung zur hysterischen Struktur", noch näher ein: „Es ist kein
Zweifel darüber, daß hübsche Kinder von ihrer Umwelt spontan mehr anerkannt, bewundert oder auch geliebt werden als
weniger hübsche oder gar dürftige, entstellte, häßliche Kinder.
Die Menschheit ist ästhetischen Bedürfnissen aufs tiefste verhaftet, und von formaler Schönheit der Person geht eine un-
widerstehliche Anziehungskraft aus. Nicht nur Erwachsene reagieren lebhaft auf das ansprechende Äußere eines Kindes, sondern auch Kinder untereinander machen den Schönheitsmaß-
stab in hohem Grade zum Ausgangspunkt ihrer Zuwendung.
Eine Umfrage in Schulklassen hat ergeben, daß der überwie-
gende Teil der hübschen Kinder von ihren Schulkameraden
auch als die beliebtesten bezeichnet werden, und wir haben daher allen Grund, einmal darüber nachzudenken, welche Rolle
bei einem kleinen Kind die Feststellung spielen muß, daß
Eigentümlichkeiten seiner Person, die völlig außerhalb der
möglichen Einflußnahme durch eigene Anstrengungen und
Bemühungen liegen, so bedeutungsvolle Konsequenzen haben. Nach zwei Richtungen hin lassen sich die Entwicklungs-
linien verfolgen, die ernsthafte Gefahrenquellen für die Per-
sönlichkeitsentwicklung mit sich bringen. Auf der Hand liegt
die Tatsache, daß ein sehr verunstaltetes Kind, sei es durch
Hasenscharte, auffällige Schielstellung der Augen, defor-
mierte Kopfform oder ähnliches in einem Ausmaß Ablehnung
erfährt, das nicht immer ertragen und verarbeitet werden
kann und das besonders deshalb so tragisch empfunden wird,
weil es nicht aktiv zu verändern ist. Doch möchten wir fast
glauben, daß die sich hier ergebenden Schwierigkeiten unter
Umständen noch geringer sind als die Komplikationen, die die
entgegengesetzte Situation hervorruft. Ungewöhnlich anzie-
hendes Äußeres kann für die Entwicklung eines Menschen
schwerere Krisen mit sich bringen als das Gegenteil. Die
Gründe sind hierfür an sich nicht schwer zu sehen. „Das häßliche Entlein" hat als Bewältigungsmöglichkeit für seine Zu-
rücksetzungserlebnisse immerhin die Chance, entweder durch
sachliche Leistung oder durch die Entwicklung und Betonung
von gemüthaften Eigenschaften seine Umwelt zu gewinnen.
Die Lebensplanung bekommt damit, auf lange Frist gesehen,

ein immer noch verhältnismäßig solides Fundament. Das sehr reizvolle Kind hat von der Natur ein Geschenk mitbekommen, dessen tiefe Gefahr darin liegt, daß aktive Leistung, Anstrengung und Bemühung für den Lebenserfolg lange Zeit überflüssig sind."

Die Neigung, Lebensschwierigkeiten auf angeborene Defekte zurückzuführen, ist bei vielen Patienten groß, und zwar vor allem bei solchen mit ausgeprägten Beeinträchtigungen des Selbstwertgefühls und bei hypochondrischen Patienten. In jedem einzelnen Falle ist zu prüfen, ob nicht neurotische Fehlhaltungen mehr dafür verantwortlich zu machen sind.

β) Die Psychopathie

Ein heikles und noch zu wenig erforschtes Problem — wie auch A. D ü h r s s e n (1955) meint — ist die sogenannte psychopathische Anlage und ihr Gewichtsverhältnis zur Neurose. Unter Psychopathen versteht man bekanntlich nach K u r t S c h n e i d e r (1943) Menschen mit angeborenen seelischen Abartigkeiten, die an sich selbst leiden oder andere leiden lassen. Das Thema der Psychopathie tauchte bereits bei der Aufzählung der verschiedenen Formen der Verwahrlosung (siehe S. 19) auf. Man war früher mit der Diagnose Psychopathie schneller bei der Hand als heute (G e r s o n 1954). Jetzt sind gerade Jugendpsychiater, wie z. B. G e r s o n (1964), vorsichtiger mit dieser Feststellung geworden; G e r s o n spricht von *vorwiegend* psychopathischer oder *vorwiegend* neurotischer Verwahrlosung. Er hält (nach mündlicher Mitteilung) nur mehr einen Teil der „Gemütlosen" und der „Dysphorischen" (also der Stimmungslabilen) und einen kleinen Prozentsatz der „Haltlosen" (d. h. der Willenlosen) für Psychopathen. Nach einer im Landesjugendheim Göttingen durchgeführten Untersuchung (P i e c h a 1959) zeigen vor allem die Mißmutig-Depressiven, die Gemütsarmen und die Haltlosen im Adoleszenten- und Erwachsenenalter einen negativen sozialen Verlauf in Form von Kriminalität und lassen nach G e r s o n auf das Vorliegen einer Psychopathie schließen. — Übrigens spricht auch S c h n e i d e r (1961) in bezug auf die Psychopathen später weniger von Anlage als von Vorgege-

benem überhaupt und sagt: „Nicht alles Vorgegebene ist be-
einflußbar, und nicht alles Erlebnisreaktive ist behebbar."

S c h u l t z - H e n c k e (1951) hat sich ausgiebig mit der
Frage des Gewichtsverhältnisses von Psychopathie und Neurose auseinandergesetzt. Er ordnet die zehn von S c h n e i -
d e r angegebenen Psychopathengruppen nach der (von ihm
geschätzten) Beteiligung genotypischer bzw. peristatischer
Faktoren und entwirft folgendes Diagramm:

genotypisch   peristatisch
100   100
  0   0
asthenisch
        hyperthym
        depressiv
        dysphorisch (stimmungslabil)
                        ängstlich
              stumpf
                      explosibel
                                    propulsiv (geltungssüchtig)
                                    „paranoid" (fanatisch)
                                    willenlos

A. D ü h r s s e n (1949) knüpft an dieses Diagramm an
und faßt folgende Gruppen zusammen:

Hyperthymische Depressive Stimmungslabile	Schwankungen im endothymen Grund (also der Affektivität); sehr wesent- liche konstitutionelle Anteile.
Selbstunsichere Gemütlose Explosible	Erhebliche disponierende Anlage- momente mit regelhafter sekundärer neurotischer Verarbeitung.
Geltungsbedürftige Fanatische Willenlose	Wesentlich reaktive Momente; besser unter funktionellen neuroti- schen Gesichtspunkten zu betrachten.

Ohne eine genaue tiefenpsychologische Anamnese dürfte
die Diagnose Psychopathie eigentlich beim heutigen Stand der
Neurosenpsychologie nicht mehr gestellt werden; eine neurotische Entwicklung muß mit Sicherheit ausgeschlossen werden.

Für die hier interessierende praktische Frage der Indikation zur Psychotherapie ist die Feststellung: Psychopathie oder Neurose — von untergeordneter Bedeutung. Eine psychopathische Veranlagung wird wohl immer eine umweltbedingte (neurotische) Fehlentwicklung begünstigen. Wer z. B. auf Grund einer angeborenen Hypersensibilität zu Stimmungsschwankungen (oder nach K. S c h n e i d e r zu Stimmungslabilität) disponiert ist, wird eher eine schizoide (oder schizoid-depressive) Charakterstruktur entwickeln als sein weniger empfindsames Geschwister. Für den neurotischen Anteil dieser schizoiden Struktur würden aber die bisher erwähnten Kriterien der Indikation zur psychoanalytischen Behandlung gelten. So ist G e r s o n (1964) zuzustimmen, wenn er meint: In der Praxis spielt die Erörterung über das Mischungsverhältnis von psychopathischer Anlage und erworbener Neurose eine relativ untergeordnete Rolle, da es letztlich um die Frage geht, ob der Betreffende formbar oder nicht mehr formbar ist, ob er — sei es neurotisch oder anlagemäßig — so festgelegt ist, daß ihm kein Pädagoge, Psychologe oder Psychoanalytiker mehr helfen kann.

Eben war von Hypersensibilität die Rede. S c h u l t z - H e n c k e (1951) bezeichnet sie als eine der genotypischen Anlagen, die einen neurosebegünstigenden Effekt haben. A. D ü h r s s e n (1955) rechnet sie zu den gefährdenden Anlagen, die ihren Träger wegen seiner übergroßen Ansprechbarkeit auf Umweltreize dazu disponieren, bereits auf eine Umwelt von mittlerer Härte mit der Entstehung einer Neurose zu reagieren. S c h u l t z - H e n c k e nennt ferner Hypermotorik und Hypersexualität als neurosebegünstigende Anlagefaktoren. Es ist jedoch sehr strittig geworden, ob es sich dabei wirklich um eine anlagemäßige Triebvariante und nicht vielmehr um eine überkompensatorische, erworbene Verhaltensstörung handelt. M. S e i f f (mündliche Mitteilung) hat darauf im Arbeitskreis S c h u l t z - H e n c k e s als erste hingewiesen. Außerdem ist diese Unterscheidung für die Klärung der Indikation praktisch nicht so wichtig. Die Anlage ist nur neurose*begünstigend*, und die einmal entstandene Neurose ist nach den angegebenen prognostischen Kriterien zu beurteilen.

A. D ü h r s s e n (1955) führt noch einige andere anlagemäßige Eigentümlichkeiten des Menschen vor allem hinsichtlich der Verarbeitung von Umwelteinflüssen an. Sie betont
dabei gleichzeitig den hypothetischen Charakter ihrer Ausführungen. Es gibt wahrscheinlich „Valenzenbewahrer", d. h.
Menschen, die ein gutes Vorstellungs- und Affektgedächtnis
haben, negative Einflüsse sehr nachhaltig bewahren und deshalb stark unter deren Folgen leiden. — Die K r e t s c h m e r -
schen Unterscheidungsmerkmale der Konstitution (heute nicht
mehr gleichzusetzen mit Erbkonstitution) gehören ebenfalls
in diesen Zusammenhang. In den Diskussionen mit erfahrenen Psychoanalytikern ist wiederholt die Beobachtung mitgeteilt worden, daß der pyknische Zwangsneurotiker prognostisch günstiger zu beurteilen sei als der asthenische. Doch
läßt sich daraus kein sicheres prognostisches Kriterium der
Art ableiten, daß eine pyknische Konstitution ein prognostisch günstiges, eine asthenische ein ungünstiges Zeichen sei.
Man weiß zwar, daß Pykniker und Astheniker sich hinsichtlich der affektiven Erregung, des psychischen Tempos, der
Psychomotilität und anderer Eigenschaften unterscheiden;
aber sichere prognostische Kriterien zur Indikation für die
psychotherapeutische Behandlung ergeben sich daraus nicht.
Zur Beurteilung der Therapierbarkeit von psychisch Kranken ist die Charakterstruktur heranzuziehen und weniger das
Temperament. Der Titel „Körperbau und Charakter" ist übrigens — worauf bereits F r o m m (1950) hingewiesen hat —
nicht ganz präzis; es müßte heißen: Körperbau und Temperament.

Ferner spricht A. D ü h r s s e n von den unterschiedlichen
angeborenen Gefühlsvalenzen, Varianten also der gefühlshaften Ansprechbarkeit auf die Welt und ihre Reize. So beobachtete sie einen Säugling, der von Geburt an gesüßte Nahrung
intensiv ablehnte, was mit Wahrscheinlichkeit zu Schwierigkeiten in der Pflege eines solchen Kindes führt. L e r s c h
(1964) stellt außerdem Eigentümlichkeiten der menschlichen
Gedächtnisleistung heraus. Es gäbe „Gedächtnisoptimisten",
die negative Gefühlseindrücke der Vergangenheit leichter verlieren und vergessen, und „Gedächtnispessimisten", die unan-
genehme Eindrücke länger und besser bewahren als die posi-

tiven. Wieder muß darauf hingewiesen werden, daß es bis
heute unmöglich erscheint, die Mischungsanteile von Anlage-
und Umweltfaktoren gerade auch bei den zuletzt genannten
Eigentümlichkeiten des Gedächtnisses korrekt zu bestimmen.

γ) Die Vitalität

Die gleiche Unsicherheit gilt für einen weiteren vielfach verwandten Begriff: die Vitalität. Auch von der „Substanz" hört
man in diesem Zusammenhang oft reden. Es sind dies Termini,
die einen intuitiven Eindruck vom anderen Menschen wieder-
geben. Sie beziehen sich auf einen Gesamteindruck, sind das
Ergebnis einer sogenannten Wesensschau. B l a s i u s
(1963/64) stellt der naturwissenschaftlichen Ursachenfor-
schung die naturphilosophische Gestalt- oder Wesensforschung
gegenüber. Ersterer geht es bei ihrem Gegenstand um Einhei-
ten und Elemente; zu ihrer Erfassung dienen Begriff und Kau-
salschluß. Letztere zielt auf die Ganzheiten der Erscheinungen
und Gestalten; sie werden erkannt mittels Wesenswahrneh-
mung (also Intuition) und Analogieschluß. Um ein solches
naturphilosophisches Bild handelt es sich bei dem Ausdruck
„Vitalität" oder „Substanz". Mit Hilfe der Intuition erfaßt
man oft blitzartig den Elan vital, die Vitalität eines Menschen,
sein hinter der sichtbaren Gestalt verborgenes Wesen. Es besteht aber immer die Gefahr eines Irrtums in der Beurteilung,
wenn der Therapeut dem intuitiven Ersteindruck vom Patienten nicht die detaillierte Erfassung seiner Persönlichkeitsele-
mente folgen läßt.

Auch C h. B ü h l e r (1959) setzt sich mit dem Faktor
Vitalität auseinander und bezeichnet ihn mit B r o d y
(1945) als „so etwas wie" Lebenskraft, betrachtet ihn als zu-
sammenfassenden Namen für eine Resultante aus vielen Komponenten. A l l p o r t (1938) hält diese Determinante der aktuellen Entwicklung einer Person für ebenso obskur wie wichtig.

e) Körperliche Krankheiten

Zu den biologischen Faktoren, die die Therapierbarkeit psychogener Erkrankungen mitbestimmen, gehören auch gleichzeitig vorliegende somatische Krankheiten und deren Schwere-

grad, worauf auch A l e x a n d e r (1946) hinweist. Chronische körperliche Erkrankungen wie Tuberkulose, multiple Sklerose, Herz-Kreislauf-Schäden und andere — die Frage der Beteiligung psychogener Faktoren bei diesen Leiden soll in diesem Zusammenhang nicht interessieren — verschlechtern im allgemeinen die psychotherapeutischen Erfolgsaussichten. Aber im Einzelfall kann es auch einmal ganz anders aussehen: Ein 35jähriger Kaufmann mit einem Herzvitium nach chronischer Endokarditis suchte wegen Eheschwierigkeiten und Arbeitsstörungen den Analytiker auf. Grund zu diesem Entschluß war der Herzklappenfehler und seine Folgen; er setzte die körperliche Leistungsfähigkeit des Patienten herab, verlangte Schonung seiner Kräfte von ihm und engte sein bisher expansives Leben ein. Die somatische Erkrankung mutete ihm eine Umstellung seines Lebensstils zu, und er reagierte darauf unter anderem mit dem Wunsch, eine bessere Ehe zu führen; *vor* dem Auftreten des Herzvitiums waren ihm die ehelichen Schwierigkeiten als quantité négligeable erschienen. — Ein 43jähriger Volksschullehrer mit einer multiplen Sklerose unterzieht sich einer psychoanalytischen Behandlung, einmal um seine Depressionen und seine Arbeitsstörungen zu beseitigen, zum zweiten aber, um mit seinem Schicksal besser fertig zu werden. Die schwere somatische Erkrankung gab ihm den Anstoß, eine emotionale Neuorientierung seines Lebens — A l e x a n d e r s Charakterisierung des Zieles der Psychoanalyse — zu versuchen und die Befreiung von Depression und Arbeitsstörung anzustreben. *Vor* dem Auftreten der multiplen Sklerose hatte er sich mit seinen seelischen Beschwerden abgefunden. Die Einengung seines Lebensspielraumes durch die körperliche Erkrankung verstärkte den Leidensdruck des Patienten bzw. rief erst echtes Leidensgefühl (siehe S. 40) bei ihm hervor.

Im *allgemeinen* verschlechtern chronische somatische Krankheiten die Therapierbarkeit seelisch kranker Patienten, weil sie deren prospektive expansive Möglichkeiten einschränken. Im *besonderen* können sie auch einmal den Leidensdruck verstärken, echtes Leidensgefühl erzeugen, die Einsicht in seelische Zusammenhänge fördern und damit die psychotherapeutische Prognose verbessern.

6. Die Vorbereitung des Patienten auf die analytisch-psychotherapeutische Behandlung

Zum Schluß dieses Kapitels noch ein paar Worte zur Überweisung des Patienten an den Fachpsychotherapeuten. Nachdem die Indikation zur Psychotherapie gestellt ist, kann der praktische Arzt oder Facharzt den Patienten vor allem in dreierlei Hinsicht auf diese Therapie vorbereiten; hinsichtlich der Psychogenese der Symptomatik, der Mitarbeit des Patienten bei einer psychotherapeutischen Behandlung und bezüglich der Dauer einer solchen Therapie.

Der überweisende Arzt teilt dem Patienten mit, seine Symptome seien vorwiegend durch seelische Probleme und Konflikte bedingt; es sei die Eigenart dieser inneren Schwierigkeiten, daß sie einem nicht oder kaum bewußt sind. Er möge sich zunächst mit dem Gedanken vertraut machen, daß sein Leiden seelische Ursachen habe. Auch körperliche Symptome könnten durch innere Konflikte hervorgerufen werden. Dabei kann der Arzt auf die vielen Zusammenhänge zwischen Seelischem und Körperlichem hinweisen, die sich in der Sprache kundtun: jemandem *läuft die Galle über* oder *eine Laus über die Leber*, dieses Problem *bereitet einem Kopfschmerzen*, man *könnte aus der Haut fahren*, das *ging ihm an die Nieren* und viele andere mehr. Etwaige Zweifel möge er mit dem Psychotherapeuten besprechen.

Der Arzt kann ferner den Patienten auf dessen „Rolle" bei einer psychotherapeutischen Behandlung vorbereiten: Er dürfe nicht eine Behandlung wie beim Zahnarzt erwarten, wobei er selbst mehr oder weniger passiv bleibe; es gehe vielmehr um eine Partnerschaft zwischen Patient und Arzt. Der gesunde Persönlichkeitsanteil des Kranken und der Therapeut arbeiten zusammen, um die Gesundung des Patienten und d. h. die Aufdeckung seiner unbewußten Probleme und ihre Lösung zu bewerkstelligen. Dadurch wird der Patient von vornherein dazu angeregt, die Ursachen seiner Erkrankung auch bei sich zu suchen, in seinen erworbenen Fehleinstellungen und Fehlverhaltensweisen.

Ferner kann der Arzt den Kranken vor der Enttäuschung utopischer Erwartungen bewahren, wenn er ihn über die meist längere Dauer einer solchen Therapie informiert. Der Prozeß dieser emotionalen Neuorientierung nehme je nach Schwere des Krankheitsbildes und der Chronizität der Symptome Monate oder Jahre in Anspruch. Der Mensch wolle und könne sich nicht schnell ändern; schon die Änderung eines falschen Fingersatzes beim Klavierspiel dauere mindestens ein halbes Jahr.

Hinweisen darf ich noch darauf, daß von der Art der Überweisung viel für den Patienten abhängt. Wenn der Überweisende die (unabsichtliche oder auch absichtliche) eventuell lächelnde Bemerkung macht: es ist „nur" seelisch, oder wenn er gar von einer „eingebildeten" Krankheit spricht, so wird der Patient den Psychotherapeuten — wenn überhaupt — mit dem Empfinden aufsuchen, daß sein seelisches Leiden eigentlich nicht ganz ernst zu nehmen sei. Er geht zum Psychoanalytiker mit dem nun von einer Autorität bekräftigten Gefühl, mit seiner Krankheit ein Mensch zweiter oder dritter Klasse zu sein. Umgekehrt kann der überweisende Arzt dem Patienten das Gefühl vermitteln, daß er sich seiner (seelischen) Erkrankung nicht zu schämen brauche, und so bereits ein erstes korrigierendes emotionales Erleben bei ihm einleiten. —

Daß der Überweisung des Patienten an den Psychotherapeuten durch Arzt oder Facharzt meist schon eine Vorselektion vorangeht, soll im Kapitel über die impliziten prognostischen Kriterien dargestellt werden.

Es wurde nur angedeutet, wie man den Patienten auf eine eventuelle psychotherapeutische Behandlung vorbereiten kann. Die Art dieser Vorinformierung des Patienten durch den überweisenden Arzt wird sich nach dem Auffassungsvermögen des Kranken und nach der speziellen Erfahrung des Arztes richten.

7. Zusammenfassung der phänomenalen Kriterien zur Beurteilung des Schweregrades von Neurosen

— je länger eine neurotische Symptomatik besteht, desto schwerer ist sie zu therapieren;

— wer sich mit Hilfe seiner Symptomatik bereits materielle oder
  immaterielle Vorteile verschafft hat, ist schwerer zu therapieren;
— wer mehr an der subjektiven Bedeutung seines Symptoms
  leidet und weniger an den damit verknüpften realen Behinderungen und objektiven Folgen, ist Träger einer schweren
  Neurose;
— Fixierung auf die Somatogenese zeigt schwerere Neurose an;
— Verhaltensstörungen wie Sucht, Dissozialität und Perversion
  sind Ausdruck einer schweren Neurose;
— die Auslösung der Symptomatik durch eine leichte Ver-
  suchungs- und Versagungssituation weist auf eine schwere
  Neurose hin;
— der „Leistungstest des Lebens" d. h. die Stabilität des Patienten gegenüber bisherigen Versuchungen und Versagungen in seinem Leben ist ein Indikator für seine Ich-Stärke;
— die biologischen Gegebenheiten des Patienten wie Alter,
  Intelligenz, Talente, organische Defekte, Vitalität und körperliche Krankheiten sind öfters neurosestabilisierende Faktoren.

ZWEITES KAPITEL

Die strukturellen prognostischen Kriterien

Bisher ging es um die äußeren prognostischen Kennzeichen, und zwar um die prognostische Beurteilung der Neurosen vom Symptom, von der sozialen Situation und von den biologischen Gegebenheiten des Patienten her. Die Auswertung dieser Merkmale ermöglicht eine erste, für die Zwecke des praktischen Arztes und Facharztes ausreichende Unterscheidung in schwerere und leichtere Neurosen. Für den Fachpsychotherapeuten und Psychoanalytiker genügen diese Merkmale allein nicht, er braucht die Kenntnis der *strukturellen* Kriterien (H e i g l 1964), um die Voraussage genauer treffen und damit die Indikation zu einer *bestimmten* Psychotherapieform stellen zu können. Dem praktischen Arzt können diese Merkmale zu einer vertieften Einsicht in psychodynamische Zusammenhänge und damit zu einer sichereren Prognosestellung verhelfen.

1. Was heißt strukturell?

Es stellt sich die Frage, was unter dem Ausdruck „strukturell" zu verstehen ist. Der Terminus bezeichnet solche Kriterien, die aus der Charakterstruktur eines Patienten abzulesen sind, die also spezifisch für die Struktur einer bestimmten Persönlichkeit sind.

Diese Kriterien sind deshalb besonders relevant, weil sie sich auf relativ permanente Einstellung- und Verhaltensweisen des Patienten beziehen. Der Strukturbegriff ist nach R a p a - p o r t (1959) vor allem durch zwei Beobachtungen notwendig geworden: Einmal erwiesen sich Verhalten und auch Symptombildung nicht eindeutig durch Triebe bestimmt oder mit anderen Worten: Die Triebe determinieren das Verhalten nicht in einem Eins-zu-eins-Verhältnis.

Außerdem beobachtete man Determinanten von Verhalten und Symptom, die im Gegensatz zum paroxysmalen Ablauf von Triebvorgängen relativ unveränderlich oder zumindest von langsamerer Verlaufsgeschwindigkeit sind. Strukturelle Determinanten sind im Gegensatz zu motivierenden Determinanten relativ dauerhaft, ihr Veränderungstempo ist relativ langsam (s. H e i g l 1969). Die Benennung Struktur impliziert eine gewisse Zeitstabilität (Struktur contra Prozeß), worauf auch A. E. M e y e r (1969) hingewiesen hat. Die strukturellen prognostischen Kriterien beziehen sich demnach auf die relativ stabilen Verhaltensweisen des Patienten und sind hinsichtlich der Vorhersage der Psychotherapierbarkeit besonders ergiebig.

Über diesen Begriff von Struktur als etwas Festgelegtem, Dauerhaftem dürfen wir nur nicht vergessen — darauf hat A. D ü h r s s e n (1969) hingewiesen —, daß wir es im seelischen Geschehen immer mit Funktionen zu tun haben, mit dynamischen Prozessen.

Die jeweilige Struktur des Patienten, sein Charakter im Sinne des Eingeprägten bedeutet also mit A. D ü h r s s e n habituell auftauchende oder habituell wiederkehrende Funktionen; sie beeinflussen den Gang der Analyse wegen ihrer Starrheit, ihrer relativen Stabilität entscheidend, worauf auch W a l d h o r n (1960) hingewiesen hat.

2. *Unterscheidung von manifester Neurose und neurotischer Struktur*

Es ist jetzt an der Zeit, eine weitere Differenzierung vorzunehmen. Ich sprach bisher nur von Neurose und gebrauchte den Begriff unterschiedslos sowohl für die manifeste Neurose (mit Symptomen) wie auch für die latente neurotische Struktur (eines z. Z. symptomfreien Menschen). In diesem Abschnitt, bei der Darstellung der *strukturellen* prognostischen Kriterien in Abhebung von den phänomenalen, müssen beide Begriffe gebraucht werden. Es war kein grober Fehler, in erster Annäherung an das Thema der prognostischen Faktoren nur von Neurose gesprochen zu haben; wir gingen immer vom symptombehafteten Patienten, also von seiner manifesten Neurose aus. Aber schon wenn von Schwere einer Neurose die Rede war, so war immer die Schwere der neurotischen Struktur, also des inneren Gefüges der Neurose, implizit mit gemeint.

3. *Darstellung und Vergleich der prognostischen Kriterien bei F. ALEXANDER und H. SCHULTZ-HENCKE*

Vor allem A l e x a n d e r (1946) und S c h u l t z - H e n c k e (1951) haben sich eingehend mit diesem Thema beschäftigt und sind, weitgehend unabhängig voneinander, auf Grund ihrer klinischen Erfahrungen zu sehr ähnlichen Ergebnissen hinsichtlich der prognostischen Merkmale gekommen. Ich stelle im folgenden die von ihnen empirisch gefundenen Kriterien einander gegenüber (H e i g l 1958).

Vergleich der prognostischen Kriterien bei SCHULTZ-HENCKE und ALEXANDER

Schultz=Hencke	Alexander
Leidensdruck	
Schwere der auslösenden Versuchungs= und Versagungssituation	Schwere der aktuellen Situation
Ideologien	
Persistierende Primordialsymptomatik	
Dauer der Symptomatik	Dauer der Symptomatik
chronifizierende exogene Faktoren	Möglichkeit der Veränderung der Lebenssituation
Alter, Mechanisierung	Alter
Freizeitgestaltung	innere Hilfsquellen
Grad des Intellekts	Intelligenz
Talente	Fähigkeiten und Talente
Organminderwertigkeiten, genotypische Anlagen	körperliche Defekte „Leistungstest"
	Grad der Gesundheit in den Pausen
	Versuchsinterpretation

Diese Zusammenstellungen der beiden Autoren enthalten ein Gemisch aus phänomenalen und strukturellen Kriterien. Ein Teil der Faktoren wurde schon bei der Darstellung der äußeren prognostischen Merkmale behandelt. Erinnert sei an die prognostische Beurteilung vom Symptom her: Leidensdruck, Schwere der auslösenden bzw. aktuellen Situation, persistierende Primordialsymptomatik, Dauer der Symptomatik, Mechanisierung; an die prognostische Beurteilung von der sozialen Situation her: chronifizierende exogene Faktoren bzw. Möglichkeit der Veränderung der Lebenssituation, Leistungstest — und an die prognostische Beurteilung von den biologischen Gegebenheiten her: Alter, Grad des Intellekts, Talente, Organminderwertigkeiten bzw. körperliche Defekte, genotypische Anlagen.

Die in der Tabelle von den beiden Autoren aufgeführten *strukturellen* Kriterien werden im Verlauf dieses Kapitels eingehender behandelt.

4. Die strukturellen prognostischen Kriterien bei S. FREUD

Die erste prognostische Studie Freuds wurde eingangs (siehe S. 15) schon erwähnt. In ihr hat F r e u d die einzelnen prognostischen Faktoren lose aneinander gereiht — noch ohne jeden Bezug auf ein Strukturmodell (siehe H e i g l 1964). Nur der Leidensdruck erscheint schon in dieser 1905 erschienenen Arbeit. In den von 1912 bis 1924 veröffentlichten technischen Schriften berührte F r e u d das Thema der Prognose nur selten. Neu in prognostischer Hinsicht führte er 1918 in seiner Schrift „Wege der psychoanalytischen Therapie" die Ersatzbefriedigung (Bd. XII, S. 183—194) ein und erwähnt in derselben Schrift außerdem als prognostisch negatives Zeichen bei allen schwer agoraphoben Patienten deren Weigerung, trotz Angst auf die Straße zu gehen und sich dieser Angst zu stellen.

Unausgesprochen nimmt F r e u d auf strukturelle prognostische Merkmale Bezug, wenn er in seiner 1915 veröffentlichten Schrift „Einige Charaktertypen aus der psychoanalytischen Arbeit" (Bd. X, S. 364—391) auf die therapeutische

Bedeutung der Charakterwiderstände von Patienten hinweist. In dem Kapitel über die „Ausnahmen" erwähnt er den
Entschädigungsanspruch, den Patienten mit einer frühzeitigen Kränkung ihres Narzißmus an die Mitwelt richten. Die
Berechtigung für ihre Ansprüche auf Vorrechte und besondere Behandlung basiert auf der stets wachgehaltenen Erinnerung an früher erlittenes Unrecht. F r e u d spricht von der
fehlenden Bereitschaft dieser Patienten, in der Analyse Leiden oder unliebsame Notwendigkeiten auf sich zu nehmen,
und weist damit indirekt auf ihre sehr schwierige Analysierbarkeit hin. — In dem Abschnitt über „Die am Erfolge scheitern" erwähnt F r e u d die strafenden Tendenzen des Gewissens, die einen Menschen gerade zu dem Zeitpunkt erkranken
lassen, wo er äußeren Erfolg hat. Damit ist ebenfalls ein (impliziter) prognostischer Hinweis auf eine schwere Charakterneurose gegeben. Der dritte von F r e u d geschilderte Charaktertyp „Die Verbrecher aus Schuldbewußtsein" (N i e t z -
s c h e s „bleicher Verbrecher") dient als Beispiel für die Bedeutung der Schuldgefühle, ohne daß F r e u d allerdings auch
nur indirekt prognostische Schlüsse gezogen hätte.

Noch ausführlicher geht F r e u d auf die Therapiechancen
in seiner vorletzten, 1937 erschienenen technischen Schrift
„Die endliche und die unendliche Analyse" (Bd. XVI, S. 59
bis 99) ein. Als maßgebende prognostische Faktoren zählt er
auf: 1. die konstitutionelle Triebstärke, also einen Anlage-
faktor, 2. die Ich-Veränderung, d. h. ein strukturelles Element, 3. den Einfluß von Traumen als eine schicksalshafte
Gegebenheit und 4. die Eigenart des Analytikers.

Hier interessiert nur der strukturelle Faktor der Ich-Veränderung. F r e u d ging es dabei vor allem um die Beantwortung der Frage, wie stark die Widerstände des Patienten
gegen die Analyse und damit gegen die Heilung sind. Als besonders schwerwiegende Ich-Verschiedenheiten (F r e u d s
Ausdruck) mit entsprechend starkem Widerstand nennt
F r e u d die — eng miteinander zusammenhängenden — Phänomene des Schuldbewußtseins, des Strafbedürfnisses, des im-
manenten Masochismus und der negativen therapeutischen
Reaktion. Er verbaut sich allerdings selbst den Zugang zum
prognostischen Wert dieser Faktoren, wenn er sie als Äuße-

rungsformen des m. E. völlig hypothetischen Todestriebes bezeichnet und sie damit ihrer strukturellen Valenz wieder beraubt. Außerdem scheinen mir die genannten Begriffe etwas zu komplex, zu wenig differenziert, um prognostisch valent zu sein.

Als prognostisch besonders ungünstig stellt F r e u d dann noch — seine Äußerungen sind deutlich resigniert — den sogenannten Penisneid der Frau und den sogenannten Weiblichkeitskomplex des Mannes heraus. Beide gehörten zu den stärksten Übertragungswiderständen überhaupt.

In der obenerwähnten technischen Schrift betrachtet F r e u d die Prognosestellung mehr als bisher unter strukturellem Gesichtswinkel, wenn es ihm auch wohl weniger darum ging, (strukturelle) prognostische Kriterien für die Indikation zur analytischen Behandlung aufzustellen, als mehr darum, die (damaligen) Grenzen für die analytische Therapie zu ziehen.

5. Die Nachfolger FREUDs

Unter den Nachfolgern F r e u d s , die sich mit dem Thema der Indikation und Prognose in der Psychoanalyse beschäftigt haben, wurden A l e x a n d e r und S c h u l t z - H e n c k e entsprechend ihrer einschlägigen Sonderbedeutung bereits genannt. Ohne den Anspruch der vollständigen Aufzählung erwähne ich im folgenden weitere Analytiker, die sich mit diesem Gegenstand befaßt haben.

A. F r e u d (1946) erwartet analytischen Erfolg bei allen Fällen von Triebabwehr aus Überich-Angst. Auch bei der Abwehr aus Realangst wie in der infantilen Neurose bestehe eine günstige Prognose. Nur Abwehrvorgänge, die auf der Angst vor der Triebgröße beruhen, reagierten schlecht auf die analytische Bemühung. Diese etwas summarischen Urteile — aber der Autorin geht es in besagter Arbeit (Das Ich und die Abwehrmechanismen) auch nicht primär um die Darstellung prognostischer Kriterien — würden uns heute zur Klärung der Prognose und damit zur Indikationsstellung nicht mehr genügen.

N u n b e r g (1959) nennt unter anderen die Krankheitseinsicht des Ichs und den Leidensdruck als Voraussetzungen für die Therapierbarkeit von Patienten. Der Mangel an Leiden und an Krankheitseinsicht mache die Analyse von charakterneurotischen Patienten (und von Kandidaten der Psychoanalyse) so ungemein schwierig. Erst beide Faktoren zusammen bewirkten den für die analytische Therapie notwendigen Genesungswunsch des Patienten. In einer weiteren Arbeit (1948) nennt N u n b e r g folgende prognostische Faktoren: 1. den Leidensdruck, dessen Fehlen z. B. Charakterneurosen für eine analytische Therapie ungünstig erscheinen läßt; 2. die Art des Widerstandes auf seiten des Patienten, von der Erfolg oder Mißerfolg der Behandlung abhängt. Damit knüpft N u n b e r g an A. F r e u d an, ohne jedoch genauere Angaben über die Eigenart des therapieresistenten Widerstandes zu machen. Er bringt das Beispiel eines depressiven Mannes, der seine latenten homosexuellen Tendenzen in der Analyse stark abriegelte, weshalb es für den Analytiker unmöglich gewesen sei, tiefer zu dringen.

Allerdings möchte ich hinzufügen, daß mir dieser „unüberwindliche" Widerstand zumindest *auch* durch die zu frühzeitige und ungenügende Interpretation des Therapeuten bedingt zu sein scheint. N u n b e r g schildert, wie er den Patienten — nach S c h u l t z - H e n c k e ein Patient mit Übergefügigkeitsstruktur, bei dem es im Extremfall zu einer homosexuellen Beziehung kommen kann — bald nach Behandlungsbeginn (!) darauf aufmerksam gemacht habe, daß dessen latente Homosexualität in zahlreichen Träumen Auslaß suche. Dieses Vorgehen scheint mir unzweckmäßig: Nur in Ausnahmefällen (beabsichtigte Reizdeutung) wird man einen Patienten bereits zu Anfang der Behandlung auf stärker tabuierte latente Tendenzen ansprechen, schon gar nicht auf die verpönte Homosexualität; außerdem scheint es uns heute nicht mehr zutreffend, von latenter Homosexualität zu sprechen. Es ist S a l z m a n (1962) zuzustimmen, wenn er sagt, der Begriff „latente Homosexualität" sei eine allumfassende und d. h. völlig vage Erklärung für alle möglichen, auch nichtsexuellen Verhaltens und Erlebnisweisen. — Ferner signalisieren „latente homosexuelle" Tendenzen z. B. in Träumen oft keimhafte Wünsche nach Intimität und Gefühlswärme in der Beziehung zu anderen Männern bei einem bisher kühldistanzierten Mann.

Ich bin deshalb auf eine meiner Ansicht nach unzweckmäßige psychoanalytische Technik kurz eingegangen, um anzudeuten, daß prognostische Urteile auch von solchen Gegebenheiten beeinflußt sein und dann tradiert werden können. Die prognostische Beurteilung steht im Interdependenz-Verhältnis zur technisch-therapeutischen Konzeption.

N u n b e r g nennt als weiteres (3.) prognostisches Kriterium die Übertragungsbereitschaft des Patienten. Das Fehlen der Fähigkeit zur Übertragung, wie bei extremen Narzißten und Psychotikern, mache die Analyse sehr schwierig oder gar unmöglich. Ferner (4.) nennt der Autor die Stärke oder die Schwäche des Ichs in diesem Zusammenhang. Als Zeichen der Ich-Schwäche erwähnt er die herabgesetzte Fähigkeit des Ichs, psychische Prozesse zu harmonisieren, d. h. zwischen den Forderungen der Realität, der Triebe und der moralischen Standards zu vermitteln. Man vermißt eine Angabe darüber, woran man diese mangelnde Fähigkeit der Harmonisierung ermessen könne; ich komme auf den Begriff der Ich-Stärke noch zurück. Zu der letzten Kategorie gehören Charakterneurosen und alle Eigenheiten des Charakters, die immer einen besonders starken Widerstand böten.

Noch schwerwiegender seien (5.) die Widerstände von seiten der moralischen Ideale, also des Gewissens oder besser des Überichs. Das Vorliegen stärkerer Schuldgefühle deute oft auf eine ungünstige Prognose. Außerdem wird (6.) das Bedürfnis zu leiden (need to suffer) als prognostisch ungünstig erwähnt, wobei sich das Ich willig von den Kräften der Selbstzerstörung überwältigen lasse. — Wir würden heute nicht mehr von einem (originären) Bedürfnis zu leiden sprechen. Es handelt sich vielmehr um einen neurotischen Leidensdrang, mit dem schlimmeres Leid, nämlich der totale Liebesverlust, und d. h. gleichsam die eigene Vernichtung, abgewehrt werden soll. — Und schließlich (7.) wird noch die Homosexualität als oft therapieresistent angeführt.

Der gemeinsame Nenner dieser prognostischen Faktoren ist für N u n b e r g ihr Bezug zur Ich-Stärke bzw. Ich-Schwäche. Der Erfolg der psychoanalytischen Therapie hänge von der Möglichkeit der Ich-Stärkung ab.

G l o v e r (1955) teilt die Patienten in „zugängliche

Fälle", „mäßig zugängliche Fälle" und „unbehandelbare (intractable) Fälle" ein. Er gebraucht dazu teilweise eine unseres Erachtens nicht ganz befriedigende Nosologie der Psychoanalyse und rechnet zu den „zugänglichen Fällen" Psychoneurosen wie die Angsthysterie und gemischte Fälle von Hysterie und Zwangsneurose, psychosexuelle Gehemmtheiten, fakultative Bisexualität, Eheprobleme, soziale und Arbeitshemmungen, reaktive Depressionen und milde Krisen. Unter die „mäßig zugänglichen Fälle" werden Zwangsneurosen, Fetischismus, Alkoholismus und Drogensüchtigkeit, chronische Fehlanpassung (maladjustment) und die psychopathische Verwahrlosung eingereiht. Bei den „unbehandelbaren Fällen" werden Depressionen und manisch-depressive Zustände, die Schizophrenie, die Paranoia und andere psychotische und schwer psychopathische Charakterstörungen aufgeführt. Mit dieser prognostischen Beurteilung kann man nicht recht einverstanden sein. G l o v e r stellt es so dar, als ob die Therapierbarkeit innerhalb einer Krankheitskategorie gleich wäre, als ob z. B. die Hysterie immer prognostisch günstig und die Depression immer prognostisch ungünstig sei; das stimmt mit unseren heutigen Erfahrungen nicht überein. Eine prognostische Beurteilung nach nosologischen Gesichtspunkten scheint uns unzureichend.

F e n i c h e l (1955) versucht in einem einschlägigen Kapitel zunächst eine Indikationsstellung nach den jeweiligen Libido-Fixierungsstufen und damit nach der Tiefe der Regression. Allerdings stellt er die prognostische Beurteilung nach diesen Aspekten gleich selbst wieder in Frage und weist darauf hin, daß viele Umstände — also nicht nur die Fixierungsstufen der Libido — die Prognose beeinflussen: Die dynamische Beziehung zwischen Widerstand und Heilungswunsch, der sekundäre Krankheitsgewinn, die allgemeine Flexibilität der Persönlichkeit, die Chronizität der Symptomatik und das Ausmaß der Ich-Fremdheit der Neurose.

Im Abschnitt über die Kontraindikation zur psychoanalytischen Behandlung nennt F e n i c h e l folgende Faktoren, die aber nicht absolut zu nehmen seien: Höheres Alter, Schwachsinn, ungünstige Lebenssituationen, Trivialität der Neurose, Dringlichkeit der schnellen Beseitigung eines neurotischen Symptoms, ausgeprägte Sprechstörungen, Fehlen eines vernünftigen und kooperativen Ichs (sei sehr schwer festzustellen), gewisse sekundäre Krankheitsgewinne z. B. bei bestimmten Künstlern, schizoide Persönlichkeiten und ferner Schwierigkeiten in bezug auf den Analytiker wie Widerstand von seiten des Patienten gegen einen bestimmten Analytiker (z. B. des Geschlechts oder des Alters wegen) und Gegenübertragungswiderstand des Analytikers gegen einen bestimmten Patienten. — Eine endgültige Entscheidung darüber, ob der Patient eine vollständige Psychoanalyse (a complete psychoanalysis) benötige, könne erst nach mehrwöchiger Versuchsbehandlung getroffen werden.

Es fällt auf, wie lose die prognostischen Kriterien, ohne einen Ordnungsgesichtspunkt und ohne Bezug auf ein Strukturmodell, aneinandergereiht werden.

W a e l d e r (1963) führt folgende Kriterien als entscheidend für die Indikationsstellung an: a) die Form der Krankheit, d. h. die Frage, ob es sich bei ihr um das Ergebnis einer Verdrängung oder verwandter Mechanismen handelt; b) die Zugänglichkeit des Patienten für eine Lösung oder mit anderen Worten: Sind die inneren Kosten für die Lösung der Konflikte tragbar; und c) wieweit kann der Patient die psychoanalytische Methode verstehen und ist er zur Mitarbeit fähig?

Zu a) die Form der Krankheit: Die Psychoanalyse sei die kausale Behandlung der Psychoneurosen. Die sogenannte Gebietserweiterung der psychoanalytischen Therapie, d. h. ihre Anwendung bei Perversionen, Verwahrlosung und Kriminalität, bei Psychosen und sogenannten Grenzfällen hält der Autor für wenig glücklich. Schließlich führt er eine Äußerung F r e u ds aus dem Jahre 1933 (Bd. XV, S. 167) an, wonach nur Übertragungsneurosen (Phobien, Hysterien, Zwangsneurosen) und Abnormitäten des Charakters, die sich anstelle solcher Erkrankungen entwickelt haben, psychoanalytisch angehbar seien. Nach einem Vierteljahrhundert Psychoanalyse seien ihre Grenzen gleich geblieben. Als unüberwindliches Hindernis bei den an und für sich analysierbaren Psychoneurosen sei zu Zeiten der sekundäre Krankheitsgewinn anzusehen.

Zu b) die Zugänglichkeit für eine Lösung: Nicht alle Konflikte lassen eine Lösung zu. Manchmal ist die Neurose, wie F r e u d (Bd. VIII, S. 114) sich ausgedrückt hat, der mildeste Ausgang eines Konfliktes. Es komme für die psychoanalytische Heilung entscheidend auf die Toleranz des Patienten gegenüber Angst und Versagungen an; diese Toleranz mache die Ich-Stärke aus. Als günstige Bedingungen führt W a e l - d e r die Beweglichkeit der Libido, das Ausmaß der Begabungen, die Reichweite der Interessen und die Fähigkeit zur Sublimierung an.

Diese Faktoren habe ich zum großen Teil schon im Abschnitt über die phänomenalen prognostischen Kriterien erwähnt, ebenso wie den folgenden der Veränderbarkeit der Lebenssituation des Patienten. Das prognostische Merkmal des Alters bringt W a e l d e r in Relation zur Modifizierbarkeit der Lebenssituation: Nicht das Alter an sich sei prognostisch so relevant, sondern die Beziehung Alter—Modifizierbarkeit der Lebenssituation, wieweit also in dem gegebenen Alter die äußere Realität änderbar sei; ich halte das für eine wichtige Differenzierung.

Zu c) die Analysierbarkeit des Patienten. Der Autor erwähnt dabei dessen Fähigkeit zur Mitarbeit. Der Patient müsse bereit sein, pünktlich oder leidlich pünktlich zu den vereinbarten Stunden zu erscheinen. Er müsse willens und fähig sein, der analytischen Grundregel zu folgen; nachdenklich fügt W a e l d e r hinzu, das sei wahrscheinlich nicht immer genau möglich, aber der Patient müsse mit einigem Erfolg darum kämpfen können. Und der Patient muß nach W a e l - d e r willens und fähig sein, den Dingen, wie sie sich in der analytischen Arbeit herauskristallisieren, ins Gesicht zu sehen. Wenn der Autor dann noch eine über dem Durchschnitt liegende Intelligenz des Patienten als Voraussetzung für eine erfolgreiche Analyse hinstellt, dann entbehren diese Aussagen trotz der vom Autor selbst schon gemachten Einschränkungen nicht der sanften Komik, und man verstünde bei diesen Forderungen, wenn sich der Anwendungsbereich der Psychoanalyse nicht vergrößert hätte; die psychoanalytische Methode beschränkte sich auf eine „Elite" übergefügiger Intellektueller.

Im weiteren stellt W a e l d e r dem Wunsch des Patien-

ten nach Heilung die Kosten der Analyse gegenüber: Kosten
an Zeit, Geld und anderen Opfern wie z. B. denen der Selbst-
entblößung. Eine ausreichende Motivation zur Analyse fehle
im allgemeinen bei all denen, die nicht aus eigener Initiative
die Analyse wählen, wie oft bei Kindern und Jugendlichen.

In den Fällen von Neurosekranken mit geringer Toleranz
gegenüber Versagungen müsse die Psychoanalyse der Neurose
eventuell mit erzieherischer Psychotherapie des unreifen Ichs
gemischt werden. Solche Intoleranz gegenüber Versagungen
entstehe z. B. auf Grund von Verwöhnung in der Kindheit, die
W a e l d e r entsprechend seiner Definition*) als nicht
neurotisch bezeichnet. Die Verwöhnung führe zu einem unreifen Ich. — Wir würden nach einem Wort von M. S e i f f
(mündliche Mitteilung) das Wesentliche einer verwöhnenden
Erziehung in der Lähmung der Selbsthilfe, der Aktivität des
Kindes sehen und in diesem Sinne von einer neurotisierenden
Verwöhnung sprechen. Gelungene Erziehung ist ebenso wie
die psychoanalytische Therapie Hilfe zur Selbsthilfe; bei der
Verwöhnung nehmen die Eltern dem Kind die Initiative und
Aktivität ab.

Echte Psychotiker seien nicht analysierbar. Grenzfälle im
Sinne der „Distanz-Beziehung" oder von Pseudo-Halluzina-
tionen sind nach W a e l d e r therapeutisch vielversprechend.
Die Psychoanalyse sei in solchen Fällen therapeutisch wirksam, nicht weil sie tatsächlich die Krankheit heilt, sondern weil
sie den Widerstand der Restpersönlichkeit stärkt; Interpretationen seien Waffen im Kampf gegen den inneren Feind.

Die von W i e g m a n n (1955) dargestellten prognostischen Kriterien wurden bereits im Abschnitt über die äußeren
Merkmale, und zwar bei der prognostischen Beurteilung unter den Aspekten der sozialen Situation und der biologischen
Gegebenheiten angeführt. Als neurosestrukturelle Merkmale
nennt der Autor: Die Frühbedingungen der Neurose — also
die Frage nach der Schwere der neurotisierenden Milieuwir-
kungen —, ferner die auslösende Schicksalssituation, die schon
früher (siehe S. 45) erwähnt wurde.

---

* Neurose bedeutet im engeren Sinne Ichfremdheit von Affekten, Antrieben, Gedanken, Handlungen oder körperlichem Ausdruck.

Frieda Fromm-Reichmann (1950) nennt keine objektiven prognostischen Merkmale, gibt aber ein interessantes subjektives Kriterium an. Der Analytiker solle sich während der Anamneseerhebung fragen, ob eine empathische Qualität zwischen ihm und dem Patienten bestehe. Das heißt mit anderen Worten: Der Therapeut müsse sich in den Patienten einfühlen und mit ihm fühlen können, um ihn analysieren zu können. Beherzigenswert finde ich auch den Vorschlag der Autorin, sich klarzumachen, ob man dem Patienten gewachsen sei oder nicht. Es ist eben nicht selbstverständlich, daß der Therapeut für alle Patienten gleiches Verständnis hat, daß er mit allen Patienten gleich „gut kann". Wer sich einem Patienten nicht gewachsen fühlt — es gehört allerdings eine gewisse innere Freiheit dazu, sich das einzugestehen —, sollte ihn lieber an einen anderen Analytiker überweisen. F. Fromm-Reichmann empfiehlt ferner, den Patienten ausdrücklich zu fragen, ob er gerade von dem konsultierten Therapeuten behandelt werden wolle. Sie fügt gleich selbst einschränkend hinzu, daß die Patienten fast immer bejahend antworten — aus Furcht, anderenfalls den Arzt zu verletzen; aus dem Hang, einer Empfehlung, die sie zu diesem Arzt führte, zu folgen, und aus Bequemlichkeit, um nicht mit einem anderen Analytiker von neuem Kontakt aufnehmen zu müssen.

Einen umfassenden Überblick über die Einschätzung der Analysierbarkeit von Patienten gibt Waldhorn (1960), der sich dabei an die Ergebnisse einer Forschungsgruppe des New Yorker Psychoanalytischen Instituts anlehnt. Nach einer breiten Auseinandersetzung mit Freud und seinen Nachfolgern — bisher gäbe es trotz vereinzelter instruktiver Beiträge zur Prognose kein System brauchbarer prognostischer Kriterien — bezeichnet der Autor als überhaupt für eine Analyse in Frage kommend Neurosen, Charakterstörungen, milde Perversionen und Impulshandlungen, Störungen sexueller Funktionen in einer sonst zufriedenstellenden Charakterstruktur und einige Grenzfälle (zur Psychose).

Waldhorn teilt dann die Elemente der prognostischen Beurteilung nach ihrer Rangordnung in Ich-, Überich- und Es-Faktoren ein, in Faktoren der äußeren Realität und solche, die mit der Persönlichkeit und der Erfahrung des Therapeuten zusammenhängen.

Zur Einschätzung der *Ich-Funktionen* diene vor allem die Feststellung der Frustrationstoleranz: Die Unfähigkeit des Patienten am Telefon oder im Konsultationsraum zu warten, seine Neigung, Entspannung im Alkohol, im Essen oder im Einnehmen von Drogen zu suchen, oder anderes zwanghaftes Verhalten deutet auf eine niedrige Frustrationstoleranz hin. Auch Rachetendenzen weisen in diese Richtung (darüber später mehr). Der Autor führt dann noch den Widerstand mancher Patienten gegen die liegende Position während der analytischen Stunde als Zeichen einer niedrigen Frustrationstoleranz an; dagegen möchte ich einwenden, daß umgekehrt Patienten, die sich in der ersten Analysenstunde *bereitwilligst* hinlegen und keinerlei „Widerstand" bieten, mit einiger Sicherheit als schwerer gestört anzusehen sind (Genuß der passiven Abhängigkeit). Die Fähigkeit des Patienten, Frustrationen zu ertragen, zeigt sich auch bereits in der Geschichte seiner Objektbeziehungen, d. h. am Reichtum oder an der Armut seiner mitmenschlichen Kontakte. Die Vorgeschichte rebellischer Haltungen gegenüber Autoritäten kann eine Gegeneinstellung gegen alle Regeln bedeuten und damit auf eine voraussichtliche Rebellion gegen die Grundregel, das regelmäßige Erscheinen zur Analyse, die pünktliche Bezahlung des Honorars und überhaupt gegen jede Vereinbarung hinweisen.

Wie der Patient mit angstgeladenen Situationen und Beziehungen umgeht, gebe einen weiteren Anhaltspunkt für die Stärke oder Schwäche seines Ichs. Darüber unterrichten einen die Vergangenheit des Patienten wie auch die zum Arztbesuch führenden Umstände. Da auch die Sprache eine Ich-Funktion ist, gehören ihre Störungen ebenfalls hierher. Schwere Sprechstörungen sind oft ein unüberwindliches Hindernis für eine Analyse.

Selbstverständlich könne auch die Art der Realitätsprüfung (z. B. magisches Denken) der prognostischen Beurteilung dienen; sie sei jedoch bei nichtpsychotischen Patienten schwer zu bestimmen. Wir werden sehen, daß der Grad der Fehlerwartungen des Patienten besonders gegenüber dem Analytiker einen guten Hinweis auf die Art der Realitätsprüfung gibt.

Zu den Ich-Funktionen rechnet der Autor auch Anlagefaktoren, wohl im Sinne angeborener Ich-Apparate primärer Autonomie nach H a r t m a n n (1960) und R a p a p o r t (1959). W a l d h o r n zählt bei den Anlagefaktoren die Erziehbarkeit des Patienten, seine Intelligenz, seine Fähigkeit zur Introspektion, zur Selbstbeobachtung und zur Selbsteinschätzung auf. Der mit diesen Begriffen erfaßte Sachverhalt läßt sich in dem Terminus „Einsichtsfähigkeit" zusammenfassen; sie ist zweifelsohne ein wesentliches prognostisches Merkmal. So ist z. B. die Einsicht eines Patienten in die Schwere seiner Gestörtheit ein prognostisch positives Zeichen.

Über die Anpassungsfähigkeit — wohl autoplastisch *und* alloplastisch verstanden — des Patienten gibt seine Vorgeschichte und das Verhalten gegenüber größeren Ereignissen in seinem Leben Aufschluß. Dieser Faktor korrespondiert mit dem prognostischen Merkmal der Schwere der symptomauslösenden Schicksalssituation (siehe S. 45).

Eine conditio sine qua non der Analysierbarkeit von Patienten sei ihre Fähigkeit, Übertragungsbeziehungen zu entwickkeln. Diese Auffassung entspricht der psychoanalytischen Einteilung in Übertragungs- und in narzißtische Neurosen; letztere, also schwerer depressiv- und schizoid-strukturierte Patienten, seien analytisch nicht zu behandeln. Das ist nach heutigen Erfahrungen nicht mehr zutreffend (K o h u t 1969). Überhaupt scheint mir die Unterscheidung von Übertragungsneurosen und narzißtischen Neurosen in *prognostischer* Hinsicht nicht sehr relevant; sie beruht auf dem Übertragungsbegriff der Psychoanalyse, den z. B. R i c h t e r (1963) in folgender Weise gegen die narzißtische Projektion abgrenzt: Im Falle der Übertragung wird eine Person aus der infantilen Vergangenheit durch einen aktuellen Partner ersetzt; im Falle der narzißtischen Projektion verwechselt der Patient den Therapeuten nicht mit einer ehemaligen Beziehungsperson, sondern mit sich selbst; er projiziert Merkmale oder Tendenzen von sich selbst auf den Analytiker.

Eine ähnliche Abgrenzung findet sich auch in F r e u d s (1914) Differenzierung („Zur Einführung des Narzißmus" Bd. X, S. 138—170) der Objektwahl, deren eine nach dem Anlehnungstyp, deren andere nach dem narzißtischen Typ er-

folgt; es wird einmal ein „Partner" gesucht nach dem Vorbild der schützenden und nährenden Elternfiguren, im anderen Fall ein Beziehungsobjekt, das Teile des eigenen Selbstes
zu verkörpern scheint.

Nach diesem Konzept wären nun, so W a l d h o r n ,
Patienten des Anlehnungstyps therapierbar, solche des narzißtischen Typs nicht. Dieses, wie ich meine, Vor-Urteil hängt
vielleicht, wie R a d o (1956) in anderem Zusammenhang darstellt, damit zusammen, daß die von Freud (Bd. XI, S. 463)
angegebene klassische Technik möglichst mit positiver Übertragung als dem angeblich stärksten (neben dem Leidensdruck) Heilungsfaktor arbeitet; der Patient des Anlehnungstyps zeigt aber eher eine positive Übertragung als der des
narzißtischen Typs.

Auch rein begrifflich scheint es mir nicht ganz zutreffend zu
sein, „Übertragung" und „narzißtische Projektion" einander
gegenüberzustellen; der Patient des narzißtischen Typs überträgt ebenfalls alte infantile Einstellungen und Verhaltensweisen auf den Analytiker. Der Unterschied der beiden Objekt-
wahl-Typen betrifft nicht das Maß der Übertragung auf den
Therapeuten, sondern das Ausmaß der Egozentrizität ihres
Inhalts: die Übertragung des narzißtischen Typs ist egozen-
trischer, magischer (s. S. 120), illusionärer (s. auch K o h u t
1969).

So läßt sich m. E. prognostisch nicht sagen, oder nur sehr
cum grano salis sagen, schizoid- und depressiv-strukturierte
Patienten (also narzißtische Neurosen) seien eo ipso schwieriger zu analysieren als zwangsneurotisch- und hysterisch-
strukturierte (d. h. Übertragungsneurosen); wie zu zeigen sein
wird, hängt die Therapierbarkeit von einer Mehrzahl und
z. T. noch nicht genannter Faktoren ab.

Die von W a l d h o r n erwähnte Bestimmung des Angst-
typus als eines prognostischen Kriteriums wurde schon bei der
Besprechung der von A. F r e u d angeführten Merkmale genannt. Die bewußte und die unbewußte Motivation zur Behandlung stellen eine weitere Beurteilungsmöglichkeit dar. Zu
den unbewußten Behandlungsmotiven rechnet der Autor den
sekundären Krankheitsgewinn, also den Vorteil, den ein Patient mittels seiner Krankheit in der Analyse (S. 28) findet. Um-

gekehrt muß man sagen, der sekundäre Krankheitsgewinn ist ein unbewußter Gegengrund, gesund zu werden. Prognostisch wichtig sei auch, sich Klarheit darüber zu verschaffen, ob der Patient aus eigenem Antrieb Hilfe sucht, ob er überredet oder bloß geschickt wurde oder sogar mehr oder weniger gezwungen in die Sprechstunde kam. Jeder Analytiker weiß, daß die eben angegebene Reihenfolge: aus eigenem Antrieb — überredet — geschickt — gezwungen, zugleich eine Rangordnung hinsichtlich der Mitarbeitsbereitschaft des Patienten darstellt. Auch C a r u s o (1964) legt auf die Freiwilligkeit der Hilfesuche des Patienten prognostischen Wert.

Als spezielle Abwehrmechanismen, deren Hypertrophie die Analyse blockieren könne, nennt W a l d h o r n die Verleugnung, die Intellektualisierung und die Isolierung. Mancher Widerstand, der sich später als unüberwindbar herausstellt, sei schon zu Beginn der Behandlung daran erkennbar, daß der Patient die Analyse mit Vorbehalten (reservation) und Beschränkungen (limitation) beginnen wollte. Der Autor gibt leider nicht an, was er unter solchen Vorbehalten und Beschränkungen konkret versteht. (Der Patient will sich nicht hinlegen? Der Patient will erst ein paar Wochen nach Erhebung der Anamnese mit der Analyse beginnen?)

Fetischistische und perverse Syndrome seien immer schwierig zu behandeln. Außerordentlich starke positive oder negative Übertragungen machten den Patienten oft therapieresistent, manchmal allerdings nur bei einem bestimmten Analytiker (je nach Geschlecht und Persönlichkeitsstruktur), während die Analyse bei einem anderen Therapeuten erfolgreich sein könne.

W a l d h o r n zählt dann von den *Überich-Faktoren* als prognostisch relevant die folgenden auf: Das Strafbedürfnis, Mitleid, Scherzen (zur Abwehr von Bestrafung), religiöse Haltungen und Selbstanklagen als Zeichen von Schuldgefühlen, wie sie beim Masochismus, bei der Depression, bei Zügen von Verwahrlosung und Kriminalität, beim Lügen und bei der Unfallneigung vorkämen. Er beschäftigt sich dann noch mit der sogenannten negativen therapeutischen Reaktion, wie sie F r e u d 1923 in „Das Ich und das Es" (Bd.XIII, S. 278) beschrieben hat; Signale dafür könnten vorausgegangene De-

pressionen sein, ebenso wie Mitteilungen der Patienten, sie
hätten sich gerade nach einer äußerlich erfolgreichen Leistung
meist unwert gefühlt.

Bei den *Es-Faktoren* komme es u. a. darauf an, die Intensität
der Antriebe abzuschätzen. Dazu diene das Studium der sexuellen Entwicklung mit der Frage nach Onanie, nach sexueller Hyperaktivität oder nach Hemmungen und ähnlichem.
Auch das Fehlen von Sublimierungen gebe über die Intensität
der Triebe Auskunft. W a l d h o r n schließt diesen Abschnitt
mit der Bemerkung, daß es äußerst schwierig sei, die Triebstärke von anderen prognostischen Faktoren zu isolieren und
sie zu definieren.

Anschließend werden kurz die prognostischen Faktoren der
äußeren Realität besprochen: Muß der Patient mit neurotischen
oder psychotischen Familienmitgliedern zusammenleben? Hat
er schon schlechte Erfahrungen mit einer Behandlung gemacht? Ist die Analyse bei *dem* Alter, *der* Vergangenheit und
den Lebensaussichten Zeit, Mühe und Geld wert?

Und natürlich beeinflussen auch die Interessen, Vorurteile,
Energien, also die *Persönlichkeit* ebenso wie die klinische *Erfahrung des Analytikers* den Gang der Analyse und damit indirekt die Analysierbarkeit von Patienten.

Ich bin so breit auf diese Arbeit W a l d h o r n s eingegangen, weil sie meines Wissens eine der umfassendsten und
detailliertesten klinischen Studien über prognostische Faktoren
in der Psychoanalyse ist. W a l d h o r n selbst ist sich durchaus klar über die funktionale Zusammengehörigkeit aller Phänomene, die er in seiner Studie notgedrungen isoliert dargestellt hat; trotzdem wünscht man sich auch bei ihm eine en-
gere Verknüpfung der prognostischen Kriterien mit einem
Strukturmodell. Er spricht eingangs von den Schwierigkeiten
der Indikations- und Prognosestellung, wie sie bei den Auf-
nahmeteams von Behandlungszentren und psychoanalytischen Kliniken mit der vermehrten Nachfrage nach analytischer
Therapie auftraten. Man kann ihm nur warm zustimmen,
wenn er eine weitere Diskussion des Problems — Einschätzung
der Analysierbarkeit von Patienten — durch viele Analytiker-
gruppen für notwendig hält. Solche Arbeiten wie die W a l d -
h o r n s wirken anregend und stellen einen besonders wert-

vollen Beitrag zur Indikations- und Prognosestellung in der Psychoanalyse dar.

6. Das Strukturmodell

Nach einem Überblick über die von F r e u d und seinen Nachfolgern dargestellten prognostischen Kriterien möchte ich im folgenden versuchen, prognostische Merkmale unmittelbar aus dem Persönlichkeitsmodell abzuleiten, um so eine genauere Prognosestellung zu ermöglichen. Ich erinnere an die allen psychoanalytischen Schulen gemeinsame Auffassung (siehe auch W a l d h o r n 1960), daß die Persönlichkeitsartung des Patienten mit seinen Konflikten, Fehlerlebnis- und Fehlverhaltensweisen und mit seinen Abwehrmechanismen wesentlich die Heilungsaussichten einer analytischen Therapie bestimmt.

Ich beziehe mich vornehmlich auf das Strukturmodell von S c h u l t z - H e n c k e (1949, 1951) und von K. H o r - n e y (1951) und versuche im folgenden eine Synthese (H e i g l 1964) der beiden Konzeptionen mit einigen von mir vorgenommenen Modifikationen.

S c h u l t z - H e n c k e geht in seiner Neurosentheorie, ganz ähnlich wie F r o m m (1950), von der condition humaine, von den historischen (kulturbedingten) und den existentiellen (für alle Menschen geltenden) Antinomien (S c h u l t z - H e n c k e) oder Dichotomien (F r o m m) des Menschen aus. S c h u l t z - H e n c k e (1949) unterscheidet eine *innerseelische* Antinomik — z. B. die drängende Heftigkeit animalischer Antriebe gegenüber der Stetigkeit und Dauer der geistigen Bedürfnisse oder die liebevollen Bedürfnisse nach Selbsthingabe und Verbundenheit gegenüber den aggressiven Impulsen der Selbstbehauptung — von den *zwischenmenschlichen* Dichotomien — treffend gekennzeichnet durch den Satz: „Wat dem einen sin Uhl, ist dem annern sin Nachtigall." Solche Dichotomien stellen sich vor allem in den Antriebsbereichen von Besitz, Geltung und Liebe dar. Lösungsversuche dafür haben z. B. in den sogenannten apostolischen Räten der Armut, des Gehorsams und der Keuschheit ihren Niederschlag gefunden. Er unterscheidet ferner eine *existentielle* Antinomik, bestehend in dem konflikthaften Erleben zwischen dem Willen zum Leben und der Unumgänglichkeit des Todes oder in der Tatsache, daß der Mensch in seinem Dasein Subjekt und Objekt zugleich ist.

Der Mensch, jeder Mensch muß diese Widersprüchlichkeiten seines Daseins so oder so lösen, ob er will oder nicht. Er hat dazu mehrere Bewältigungsformen zur Verfügung:

1. Die Nacheinander-Befriedigung miteinander konkurrierender Bedürfnisse;
2. den vorläufigen Aufschub der Wunscherfüllung in Form von exaktem Ausphantasieren und wirklichkeitsgerechtem Planen;
3. die sogenannte Sublimierung, d. h. die Verschiebung der Triebrichtung auf ein anderes, sozial erlaubtes „höherstehendes" Ziel;
4. den Verzicht auf die Befriedigung eines Wunsches um eines anderen Bedürfnisses willen;
5. die Steuerung durch Vernunft und Selbst auf Grund einer inneren eigengesetzlichen Wertordnung, wozu die Respektierung der Bedürfnisse anderer Menschen gehört; eingeschlossen sind hier auch die unter 1. bis 4. genannten Bewältigungsformen;
6. die Hemmung, d. h. die Form der Lösung, bei der Antriebe und Bedürfnisse durch Abwehrvorgänge ausgeschaltet werden.

Auch die Hemmung ist insofern zu den „normalen" Anpassungs- und Bewältigungsformen des Menschen zu rechnen, als jeder Mensch in der Kindheit Gehemmtheiten und Dressate erwirbt. Jedes Kind paßt sich an seine Umwelt an. Die Lebensumstände des Kindes werden weitgehend bestimmt durch die Eigenart der Erziehungspersonen, die ihrerseits wieder durch die Verhaltensmuster, die Normen der jeweiligen Gesellschaft geprägt sind. Diese (mehr) autoplastische Anpassung des Kindes an sein Milieu führt wegen des zunächst bestehenden Mangels an Vernunft, an exakter vorwegnehmender Phantasie, an Verzichts- und Sublimierungsmöglichkeiten immer auch zur Ausbildung von Gehemmtheiten. Ohne solche Anpassungs- und Lernvorgänge träten für das

Kind unerträgliche Widersprüche immer dann auf, wenn die Betätigung seiner Antriebe nicht mit den bewußten und unbewußten Erwartungen der Eltern übereinstimmt (R i c h t e r 1963).

So zeigt jeder Erwachsene Gehemmtheiten; nur ist deren Art und Ausmaß von Person zu Person — und von Gesellschaft zu Gesellschaft — verschieden.

Nun zum (genetisch-dynamischen) Modell der neurotischen Struktur, das ich hier nur flüchtig zeichnen kann: Im Laufe der kindlichen Entwicklung drängen expansive Antriebe und Bedürfnisse an und streben nach Betätigung und Befriedigung. Begegnet das Kind dabei (vor allem in den ersten 5 bis 6 Lebensjahren) einer Umwelt von Härte — im Sinne von Lieblosigkeit und Unverständnis von seiten der Eltern — oder von Verwöhnung — im Sinne von Lähmung der Eigeninitiative des Kindes — oder von einem Wechsel zwischen beiden, so können sich seine Antriebe und Bedürfnisse nicht genügend entfalten. Es muß hinzugefügt werden, daß die Begriffe Härte und Verwöhnung zu global sind, um das Entscheidende eines neurotisierenden Milieus präzise zu erfassen; für den vorliegenden Zweck mögen sie als Oberbegriffe genügen. — R i c h t e r (1963) hat gezeigt, daß unter Härte bes. auch die Dauereinwirkung unbewußter elterlicher Erwartungen zu verstehen ist: Sie pressen das Kind in eine Rolle, die ihm genau vorschreibt, was es tun soll und was es nicht tun darf. Das Kind gerät in einen Zwiespalt zwischen dem lebenswichtigen Bedürfnis, das Wohlwollen der Eltern zu erlangen und ja nicht zu verlieren, und seinen expansiven Trieben, soweit diese von den Eltern abgelehnt werden oder zumindest ihren Erwartungen nicht entsprechen. — S c h w i d d e r (1967) sieht die Interaktion zwischen Kind und elterlichen Rollenerwartungen noch etwas anders. Die dem Kind zugedachte Rolle entstamme oft einem ambivalent erlebten Gefühlsproblem der Eltern selbst. Das Kind soll einerseits die angebotene Rolle übernehmen, andererseits verhindern die Eltern selbst die Verwirklichung ihrer Rollenerwartung durch das Kind, so daß ihm die Orientierung noch schwerer fällt.

So oder so gerät das Kind mit seinen elementaren Bedürfnissen in eine gefährliche Situation, und es tritt Angst als Ge-

fahrensignal auf, Todesangst, gemessen an seiner Hilflosigkeit; diese schleift sich allmählich zum Angstreflex ein; immer
wenn eine solche Zwangslage entsteht, d. h. von den Eltern
tabuierte kindliche Impulse dennoch zur Befriedigung drängen, so bewirken die Angstreflexe deren teilweise oder vollständige Ausschaltung. Es entsteht die Gehemmtheit als Ergebnis der Hemmung. Die Gehemmtheit bedeutet eine Abdrosselung der Triebkräfte, der Vitalenergien des Menschen.
Von der Sicht der Erlebnisfähigkeit aus stellt die Gehemmtheit eine Erlebnislücke dar: In Situationen, in denen der Un-
gehemmte ein Bedürfnis oder einen Wunsch spürt, ist beim
Gehemmten ein Teilerleben blockiert, fällt für das Bewußtsein aus. Dem gehemmten Menschen fehlen also bestimmte
Kräfte, um damit sein Leben zu gestalten und zu genießen. Er
ist in manchen Bereichen verkümmert; das Repertoire seiner
Möglichkeiten ist wegen Einengung der Vitalenergien kleiner
geworden.

Gleichzeitig mit der Gehemmtheit erfolgt eine Störung des
Selbstwertgefühls. Das Wertgefühl, der gesunde Stolz, beruht
auf der Entfaltung eigener Antriebe und Bedürfnisse und ihrer
Ausbildung zu Fähigkeiten. Der Mechanismus der Hemmung,
d. h. also der Triebabwehr bewirkt nicht nur die Gehemmtheit,
sondern auch eine Minderung des Selbstwertgefühls, des Stol-
zes (R a d o 1956), des Selbstrespektes (K. H o r n e y 1951).
Der primäre Narzißmus im Sinne F r e u d s (Bd. X, S. 154)
wird verletzt.

Außerdem entsteht bei der Hemmung die von S c h u l t z -
H e n c k e (1951) sogenannte Haltung. Darunter ist zu verstehen, daß sich die gehemmten Antriebe in Spuren und Resten
„dennoch durchsetzen", daß sie in verzerrter Form als Restimpulse dennoch wirksam bleiben. Vor allem als (illusionäre)
Erwartungen und Ansprüche kehren die unterdrückten Antriebe wieder — F r e u d s Wiederkehr des Verdrängten — und
zeigen sich in Träumen und Tagträumereien, in Fehlleistungen, in den freien Einfällen während der Analyse, aber auch
im Verhalten, ja im gesamten Lebensstil. So wird z. B. aus
dem kaptativen Impuls „ich möchte haben" allmählich die
passive Erwartungshaltung „ihr sollt mir geben" oder die
Anspruchshaltung „das steht mir zu".

Diese Haltungen oder Antriebsresiduen sind dem Träger meist nicht bewußt; sie sind das Ergebnis der Triebabwehr, Überbleibsel ehemals vollständiger Antriebe, und steuern das Leben des Menschen, ganz im Sinne der Leitlinie A d l e r s , oft sehr weitgehend; in ihnen steckt ein unentwickelter, nicht an der Realität geschliffener, archaischer Impuls; archaisch deshalb, weil der in der Kindheit unterdrückte, aus dem Bewußtsein verdrängte Antrieb von der weiteren Reifung der Persönlichkeit ausgeschaltet war und deshalb auf kindlicher Stufe stehenblieb.

Die sozusagen primären Folgeerscheinungen der Hemmung, also der Triebabwehr durch Angstreflexe, sind demnach die Gehemmtheit, die Störung des Selbstwertgefühls und die Haltung. Man könnte den Mechanismus der Hemmung als einer Bewältigungsform menschlicher Konflikte im folgenden einfachen Bild veranschaulichen: Das strömende Wasser eines Flusses wird durch ein Hindernis aufgehalten und dadurch gestaut. Unterhalb der Barriere fließt nun kein Wasser mehr im Flußbett (Gehemmtheit oder Erlebnislücke), aber die gestauten Wassermassen überschwemmen und durchtränken das umliegende Land (Dennoch-Durchsetzung in Form der Haltung). Es ist in dem Bild nur der ökonomische, quantitative Aspekt der Energieverteilung erfaßt und nicht genügend die qualitative Veränderung im Charakter, die infolge der Hemmung zur Störung des Selbstwertgefühls und zu einer verzerrten Wertkategorie in Form von neurotischen Idealen und Ideologien führt.

Als sekundäre und tertiäre Folgen der Hemmung sind zu nennen: die von S c h u l t z - H e n c k e so benannte Bequemlichkeit, die im Sinne einer Lahmheit und Initiativelosigkeit zu verstehen ist. Sie leitet sich aus der Gehemmtheit, also der Abdrosselung von Antriebsenergie ab. Diese Lahmheit ist wieder *eine* Ursache für Arbeitsstörungen und Fehler in der Arbeitstechnik, für mangelnde Kenntnisse im allgemeinen und auf dem besonderen Fachgebiet des Betreffenden, für lückenhafte Menschenkenntnis und für eine unbefriedigende Freizeitgestaltung.

Da Gehemmtheit und Haltung stets gemeinsam vorkommen, entsteht damit ein Gegensatzpaar und im Neurosekranken eine Ambivalenz zwischen zwei Tendenzen, d. h. eine Zwiespältigkeit, bei der mindestens eine der Komponenten, die Haltung oder die Gehemmtheit, unbewußt bleibt.

Ich verwende den von B l e u l e r eingeführten und von F r e u d (Bd. V, S. 99) wohl zum erstenmal 1905 gebrauchten Terminus Ambivalenz in einem speziellen Sinne. F r e u d benutzt ihn im Rahmen der Libido-Theorie zur Bezeichnung des Triebgegensatzpaares von Liebe und Haß gegenüber derselben Person. Ich möchte darunter eine sozusagen primäre und zu jeder Neurosestruktur gehörige Ambivalenz verstehen, die deshalb auftritt, weil jede Gehemmtheit von der entsprechenden Haltung begleitet ist. Damit entsteht eine Zwiespältigkeit zwischen der Gehemmtheit eines Impulses einerseits und der Dennoch-Durchsetzung dieses Impulses andererseits; sie trägt entscheidend dazu bei, daß der neurotische Mensch im Krieg mit sich selbst steht, wie K. H o r n e y (1951) das ausdrückt. B r o d y (1956) weist übrigens auf die vielfältige Anwendung des Begriffes Ambivalenz in der Psychoanalyse hin; dies rührt wohl daher, daß der Terminus ursprünglich nicht im Rahmen der psychoanalytischen Theorie geprägt wurde, und daß er bei der Verwendung in verschiedenen psychoanalytischen Schulen jeweils eine andere Nuancierung annimmt. Die (neurotische) Ambivalenz ist übrigens von der (gesunden) Zwiespältigkeit zu unterscheiden, bei der *beide* Motive dem Betreffenden bewußt sind.

Zu den Fehlerwartungen und neurotischen Ansprüchen gehört immer eine Enttäuschtheitsstimmung und eine Vorwurfseinstellung; Vorwürfe, d. h. reaktive Aggressionen, treten dann auf, wenn die (illusionären) Erwartungen enttäuscht werden: „Wie komme ich dazu zu bitten; das ist unter meiner Würde. Ich denke, du liebst mich, wieso errätst du meine Wünsche nicht!" — Auch die Überkompensation, d. h. der überschießende Ausgleich solcher auf Grund von Gehemmtheiten bestehender Mängel und Unfähigkeiten, nimmt ihre Antriebsenergie zum großen Teil aus den Restimpulsen. Ebenso speisen sich die Ersatzbefriedigungen aus den illusionären Erwartungen und Ansprüchen.

Die Störung des Selbstwertgefühls führt ebenfalls zu weiteren neurosenpsychologisch bedeutsamen Folgeerscheinungen. Ohne Selbstwertgefühl könnte schon das Kleinkind nicht leben; Eltern, die das Selbstwertgefühl des Kindes neurotisierend einengen, bieten gleichzeitig einen „Ersatz" dafür: Wenn es auf die Betätigung dieser oder jener Antriebe „verzichtet", wird es damit zum guten, wertvollen Kind. An die Stelle eines auf der Entfaltung eigener Kräfte gründenden Selbstwertgefühls tritt allmählich unter der Dauereinwirkung antriebsfeindlicher elterlicher Erwartungen ein Stolz auf die eigenen „Verzichte" bzw. die Verzichtsbereitschaft. Aus der Not des: Ich darf diese oder jene Bedürfnisse nicht befriedigen, wird die Tugend des: Ich bin (moralisch) besser, weil ich auf die Befriedigung verzichte. Auf diese Weise entwikkelt sich eine pervertierte Wertwelt, und es entstehen falsche Ideale und Ideologien. Dieser von K. H o r n e y (1951) als Selbstidealisierung beschriebene Vorgang führt notwendigerweise zu einer weiteren Folge, dem Selbsthaß, der als Selbstüberforderung, -anklage, -verachtung, -frustration, -quälerei und Selbstzerstörung auftreten kann. Der Mensch haßt oder verachtet jetzt alle Antriebe und Bedürfnisse, deren Befriedigung seinen neurotischen Idealen widerspricht. — Verzicht ist hier in einem besonderen Sinn zu verstehen: Verzicht in engerem Sinne setzt die Verfügbarkeit dessen, worauf verzichtet wird, voraus, in unserem Fall ein volles Erleben von Antrieben und Bedürfnissen. Das Kind hat aber nach dem Gebot der Eltern erlebt: ich darf diese Bedürfnisse nicht haben, und: ich werde geliebt, wenn ich sie nicht habe (Lob der neurotischen „Tugend"). Es blieb dem Kind nichts anderes übrig, als die tabuierten Bedürfnisse vom Bewußtsein auszuschalten; es hatte keine andere Wahl. So müßte man angemessener von einer Lücke des Erlebens sprechen und nicht von einer Fähigkeit oder Bereitschaft zu verzichten. Um der mitmenschlichen Verbundenheit willen auf einen Impuls verzichten kann man nur, wenn man ihn voll erlebt.

Ferner wird ein in seinem Wertgefühl unsicherer Mensch immer besonders empfindlich und verletzlich sein; er wird sich leicht getroffen fühlen. Diese Kränkbarkeit führt regelmäßig zu vermehrten Kränkungen und zur Ausbildung von Rachegefühlen als einer besonderen Form reaktiver Aggressionen; der Vollzug der Rache am anderen dient dazu, das durch die

Kränkung erniedrigte Selbstwertgefühl wieder aufzurichten; Rache gibt Genugtuung (Rache ist süß). Ich brauche kaum hinzuzufügen, daß die Rachetendenzen und ganz besonders der Selbsthaß im allgemeinen dem Träger solcher Regungen nicht bewußt sind, sondern sich meist nur in verkleideter Form durchsetzen.

Das anliegende Strichbild des Strukturmodells darf nicht nur einlinig und in einer Richtung gelesen werden, so als ob z. B. die Arbeitsstörungen nur die Folge von Lahmheit und

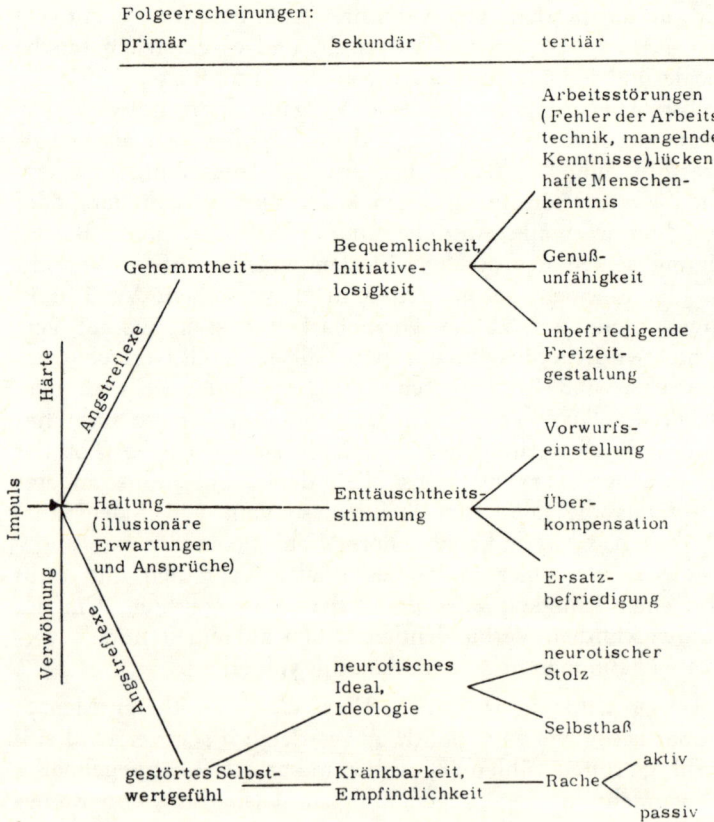

Gehemmtheit und nur Folge und nicht auch Grund wären. In Wirklichkeit handelt es sich bei einer Neurose um eine Gestalt, eine Struktur, in der jeder Teil zu jedem anderen in wechselseitiger Abhängigkeit steht. Die Folgeerscheinungen der Hemmung beeinflussen und verstärken sich gegenseitig, so daß z. B. die (einmal vorhandenen) Arbeitsstörungen (H e i g l 1969) umgekehrt wieder die Lahmheit und die Gehemmtheit verstärken; außerdem sind Arbeitsschwierigkeiten natürlich auch Folge der illusionären Erwartungen und der Störung des Selbstwertgefühls ebenso wie Ersatzbefriedigung und Überkompensation zu ihrer Entstehung beitragen können. — Genetisch betrachtet entwickelt sich die neurotische Struktur etwa in der geschilderten Folge; einmal ausgebildet, ist mehr die Interdependenz aller Bestandteile und ihre jeweilige Bedeutung im sozialen Kontext (adaptiver und psychosozialer Gesichtspunkt, H e i g l 1969) zu betonen. —

Ich bin mir bewußt, daß es sich bei diesem Strukturmodell um ein abstraktes, individualistisches Schema handelt. Es wird abstrahiert von der Wechselwirkung von Individuum und Gesellschaft und bes. von der zwingenden Einwirkung gesellschaftlicher patterns, d. h. durch die herrschenden Produktionsverhältnisse und die Inthronisation eines (bestimmten) Konkurrenzprinzips, durch den Sozialcharakter und durch die Vermittlung von Normen über Klassen- und Schichtzugehörigkeit. Individualistisch ist das Modell insofern, als von einer Entwicklung kindlicher Antriebe und Bedürfnisse und deren Hemmungen in der Primärgruppe der Familie gesprochen wird, so als ob am Anfang das Individuum in seiner Einmaligkeit und Einzigartigkeit stünde, das nur leider im Zuge seiner Sozialisation immer mehr gehemmt und entindividualisiert werde. In Wirklichkeit ist der Mensch Mitmensch, lange bevor er auch Individuum ist; „er ist ein Moment der Verhältnisse, in denen er lebt, ehe er sich vielleicht einmal selbst bestimmen kann" (A d o r n o und D i r k s 1956).

So ist dieses Modell cum grano salis zu lesen, mit dem Wissen um die an diesem Ort nötige Abstraktion und um seinen überspitzt individualistischen Charakter.

7. Ableitung der prognostischen Kriterien aus der neurotischen Struktur des Patienten

Aus dieser Darstellung des Strukturmodells dürfte es sich verstehen, daß vor allem die primären Folgeerscheinungen der Hemmung im konkreten Fall wertvolle Kriterien für die Prognose sind. Bildlich gesprochen repräsentieren Gehemmtheit, Störung des Selbstwertgefühls und Haltung (Fehlerwartungen) die Wurzeln der neurotischen Struktur.

Sehen wir uns die *Gehemmtheit* auf ihre prognostische Wertigkeit an. Das *Ausmaß* der Gehemmtheit ist nur schwer zu bestimmen, weil nahezu jeder Mensch seine durch sie bedingten Behinderungen zu kompensieren versucht. Nur in den Fällen, wo die Gehemmtheit bereits deutlich sichtbare Formen angenommen hat — also zur Gehemmtheit oder „Hemmung" im populären Sinne geworden ist —, ist sie von prognostischer Valenz: Ein Patient, der sich kaum zur Tür im Praxiszimmer hereintraut, der beim Eintreten an der Wand entlangschleicht, der mit dünner oder piepsiger Stimme spricht und keinerlei Fragen stellt, der betont brav und artig auf der vordersten Stuhlkante sitzt, zeigt schon durch dieses Verhalten seinen Mangel an Vitalität, an Durchsetzungskraft. Daraus wird man auf eine schwere Neurose mit allen dazugehörigen Folgeerscheinungen schließen können, falls andere prognostische Kriterien in dieselbe Richtung weisen.

Ein valenteres prognostisches Merkmal als das Ausmaß der Gehemmtheit läßt sich aus dem *Verhältnis* von Gehemmtheit und Haltung ablesen. S c h w i d d e r (1959) unterscheidet eine Gehemmtheits- und eine Haltungsstruktur, je nachdem die Gehemmtheit, also die Ausschaltung der Antriebsenergie, oder die Haltung, d. h. die Dennoch-Durchsetzung der unterdrückten Antriebe z. B. in Form von (illusionären) Erwartungen und Ansprüchen dominiert; immer kommen ja Gehemmtheit und Haltung gemeinsam vor, jedoch überwiegt jeweils eine von beiden.

Die Gehemmtheitsstruktur entspräche dabei etwa K. H o r n e y s (1951) Lösung des Sich-selbst-Auslöschens (self-effacing solution), die Haltungsstruktur der von ihr sogenannten expansiven Lösung.

Die Feststellung einer Gehemmtheits- oder Haltungsstruktur gibt zugleich den prognostischen Hinweis auf ein echtes oder auf ein neurotisches Leidensgefühl, eine Differenzierung, die schon bei den phänomenalen Kriterien erwähnt wurde. Der Patient mit einer Gehemmtheitsstruktur leidet im allgemeinen mehr an seinen Gehemmtheiten als der mit einer Haltungsstruktur; der Leidensdruck ist größer; er spürt seine innere Behinderung und seine Unfähigkeit stärker; vor allem aber ist sein Leidensgefühl mehr real bedingt, d. h. bezogen auf tatsächliche Behinderungen.

Als Beispiel für ein solches echtes Leidensgefühl sei ein 35jähriger Lehrer erwähnt, der nach dem Bericht seiner vielfältigen Störungen (Atembeschwerden, Herzjagen, Gedankenabreißen besonders bei öffentlichem Auftreten, allgemeine Hemmungen, Schwächeanfälle, Einschlafstörungen) den Analytiker fragte: „Glauben Sie, Herr Doktor, daß die Schwierigkeiten, Hemmungen und Spannungen, von denen ich Ihnen berichtet habe, durch eine psychotherapeutische Behandlung angegangen werden können?" Den Patienten interessiert also mehr die Therapierbarkeit seiner „Ich-näheren" Schwierigkeiten als die seiner „Ich-ferneren" Symptome. Er zeigt somit die Einsicht, daß die Probleme *in ihm* liegen; er strebt nicht bloß eine Beseitigung der durch die Symptomatik bedingten äußeren Behinderung an.

Patienten, die bei der Anamneseerhebung vorwiegend von ihren eigenen Schwierigkeiten reden, sind meist prognostisch günstiger zu beurteilen als solche, die ihre Symptomatik in den Vordergrund ihres Berichtes stellen und eigene Probleme nur ganz am Rande erwähnen. Dies gilt allerdings nicht für jene Patienten, die ihre Behinderung sekundär finalisiert (siehe S. 30 f.), also damit einen Vorteil im Auge haben — z. B. eigene Hilflosigkeit und Unfähigkeit als Mittel, den Therapeuten zu vermehrter Bemühung anzustacheln.

Die Haltungsstruktur bewirkt eher ein *neurotisches* Leidensgefühl. Der Betreffende leidet nicht so sehr daran, daß er das Leben nicht gestalten und genießen kann, an seinen eigenen Schwierigkeiten oder wenigstens an der Behinderung durch die Symptomatik; ihn stört, oder genauer, ihn kränkt vielmehr, daß er mit seinem (neurotischen) System der Weltbewältigung (i. e. dem Gefüge seiner Haltungen) keinen Erfolg hat. Solche Patienten setzen von vornherein dem Bestreben des Therapeuten, ihnen ihre Fehlerlebnis- und Fehlverhaltensweisen nahezubringen, größten Widerstand entgegen; sie erleben die Aufdeckung von Erlebnislücken als beschämend. Als Beispiel dienten der Patient mit dem Händezittern und die 40jährige Frau mit der Erythrophobie (siehe S. 41 u. 43).

Wegen der Wichtigkeit, die meines Erachtens der Unterscheidung in echtes und neurotisches Leidensgefühl zukommt — wie oft hört man von Ärzten und auch Psychotherapeuten, der Patient zeige als positives prognostisches Kriterium einen starken Leidensdruck, wobei es sich dann jedoch um ein vorwiegend neurotisches Leidensgefühl handelt —, sei noch eine weitere Fallskizze gebracht: Eine 45jährige Frau erzählt sehr ausführlich, daß ihr Mann sich wenig um sie kümmere, nicht auf sie eingehe und einfach kein Gefühl für sie habe. Nur nebenbei berichtet sie von ihren verschiedenen körperlichen Symptomen und einem stundenlang anhaltenden Zwangsweinen. Leidenschaftlich erregt endet sie: „Herr Doktor, es geht so nicht mehr weiter; Sie müssen mir unbedingt helfen!" Da die schweren Vorwürfe gegen ihren Mann unverkennbar waren, frage ich die Patientin, ob ich mehr ihr oder ihrem Mann helfen müsse. Darauf sie glückstrahlend: „Ja, genau, Herr Doktor, meinem Mann müssen Sie helfen; der braucht es eigentlich. Ich könnte das Weinen auch sein lassen, wenn er nur nicht mehr so egoistisch wäre."

Diese Patientin leidet also nicht an ihren Gehemmtheiten oder deren Auswirkungen, auch nicht einmal in erster Linie an der Störung durch die Symptome; sie leidet vielmehr daran, daß sie mit ihrem System (orale Haltungen) scheitert, daß nicht einmal ihr Weinen den Mann dazu bewegen kann, seinen „Egoismus" aufzugeben. Ihre Art des Leidens hat eine Funktion bekommen; sie will damit das Mitleid und die Hilfsbereitschaft der anderen (nicht nur des Therapeuten) erregen; sie will mit ihrer Vorwurfshaltung Erfolg haben und hat gerade durch sie Mißerfolg. Ihre vorwurfsvolle Einstellung bewirkt Abwehr beim Partner, und dadurch entsteht ein Circulus vitiosus, indem sie daraus den Schluß zieht, man dürfe eben seine Wünsche (in Wirklichkeit Ansprüche) nicht ausdrücken. Die Äußerung ihres Leidensgefühls ist Ausdruck ihrer aus Enttäuschung von Fehlerwartungen geborenen Vorwürfe gegen ihren Mann und stellt den Versuch dar, das jeweilige Gegenüber zur Empörung über ihren Mann anzustacheln. Dieses Leidensgefühl ist *kein* Motor, die Ursachen der Beschwerden zu ergründen. Für solche Patienten gilt, daß sie nur geringen oder gar keinen Zugang zu ihren eigentlichen Behinderungen und die darum zentrierten Konflikte haben; ihre Haltungen und die sekundären und tertiären Verarbeitungen der Gehemmtheit wie Überkompensation, Passivität und Bequemlichkeit, fehlerhafte Arbeitstechnik versperren ihnen den Weg dazu.

Warum eigentlich ist der Leidensdruck, den ich, wie gesagt, noch durch ein so oder so geartetes Leidensgefühl ergänzen möchte, in allen psychoanalytischen Schulen eines der wichtigsten prognostischen Kriterien? Vornehmlich drei Gründe sind anzuführen:

1. Der Leidensdruck und das echte Leidensgefühl veranlassen den Patienten, sich um die Aufklärung der Ursachen seiner Symptome zu bemühen, die dabei auftretende Unlust zu ertragen, also die Unlustschranke oder Schmerzbarriere (R a d o 1956) zu überwinden. Mit anderen Worten: Der Leidensdruck steigert die Frustrationstoleranz des Patienten, d. h. seine Bereitschaft und Fähigkeit, Unlust und Leiden zu ertragen. Oder wie ein Mystiker es ausgedrückt hat: Leiden ist das schnellste Tier, das uns zur Vollkommenheit trägt.

2. Nur wenn das Leiden an den eigenen Behinderungen oder an der Symptomatik größer ist als der Gewinn aus der Krankheit, wird es für den Patienten notwendig, sich zu ändern und deshalb in der Analyse mitzuarbeiten. Die Notwendigkeit ist der beste Ratgeber, sagt Goethe in den Annalen.

3. Ohne Leidensdruck und echtes Leidensgefühl gibt es im allgemeinen keine sogenannte Krankheitseinsicht, d. h. Einsicht in die durch Gehemmtheiten bewirkten wahren Behinderungen.

So gilt auch heute noch, was F r e u d 1913 in seiner Schrift „Zur Einleitung der Behandlung" (Bd. VIII, S. 477) sagte: „Der nächste Motor der Therapie ist das Leiden des Patienten und sein daraus entspringender Heilungswunsch. Von der Größe dieser Triebkraft zieht sich mancherlei ab, was erst im Laufe der Analyse aufgedeckt wird, vor allem der sekundäre Krankheitsgewinn, aber die Triebkraft selbst muß bis zum Ende der Behandlung erhalten bleiben; jede Besserung ruft eine Verringerung derselben hervor."

Als weitere primäre Folgeerscheinung wurde die *Störung des Selbstwertgefühls* genannt; Art und Intensität dieser Störung liefern einen meiner Ansicht nach besonders wichtigen prognostischen Hinweis. Das gestörte Selbstwertgefühl ist nicht unmittelbar abzuschätzen, sondern nur mittelbar aus seinen Folgeerscheinungen zu erschließen.

Wie schon kurz erwähnt, sind vor allem vier Folgen anzuführen: die (neurotische) Idealbildung, die Verletzlichkeit oder Kränkbarkeit, der Selbsthaß und die Rache.

Überwiegt beim Patienten ein (neurotisches) *Ideal* oder aber eine *Ideologie*, ist die erste Frage. Beide haben die Funktion, das gesunde Selbstwertgefühl zu „ersetzen" und aus der Not, aus dem Unvermögen der Gehemmtheit, die Tugend, das Ertragen-Können der Antriebseinbuße, zu machen. Was nach A. E. M e y e r (1969) bei allen Abwehrvorgängen zu beobachten ist, der narzißtische Gewinn des Selbstbetruges, ist bei neurotischer Ideal- und Ideologiebildung im verstärkten Maße anzutreffen. Unter Ideologie verstand S c h u l t z - H e n c k e * eine *systematisierte* neurotische Idealbildung. Mit der Ideologie wird eine persönliche Gehemmtheit (z. B. Bescheidenheit) einer allgemein-menschlichen Tugend gleichgesetzt; das neurotische Ideal wird noch zusätzlich gestützt und ins Allgemeingültige erhoben durch Anlehnung an die Normen von Institutionen oder an berühmte Gestalten der Weltgeschichte.

Wenn ein aus neurotischen Gründen homosexueller Patient mehr oder minder stolz darauf hinweist, daß die Griechen, Leonardo da Vinci, Friedrich der Große und der junge

---

* Mündliche Mitteilung.

Goethe auch homosexuell gewesen seien, so gibt er damit seiner erworbenen Störung eine spezielle Berechtigung, ja, er verherrlicht sie auch noch und macht sich damit gleichzeitig zu einem Besonderen und Auserwählten. — Ein solcher Patient wird ohnehin den Psychotherapeuten meist nur dann aufsuchen, wenn er (etwa im Fall einer Pädophilie) gerichtlich belangt wird und sich durch Nachweis einer psychotherapeutischen Behandlung eine mildere Beurteilung durch den Richter erhofft. — Es dürfte einleuchten, daß eine Ideologie fast immer das Zeichen einer schweren Neurose ist, zeigt doch ihr Träger damit die innere Notwendigkeit, sein eigenes (unsicheres) Wertgefühl etwa an genialen Gestalten der Weltgeschichte abzustützen, um sich in der Gleichsetzung mit diesen aufzuwerten. Und wie soll man als durchschnittlicher Analytiker gegen solche genialen Bundesgenossen des Patienten ankommen! Denn das passiert in der Analyse eines ideologisch fixierten Patienten: Der Patient verschanzt sich hinter seinen berühmten Vorbildern und kämpft „erbittert" um den Bestand seiner die Neurose stabilisierende Ideologie.

So geschah es auch bei einem 20jährigen an Enuresis leidenden Patienten, der seine antriebsfeindlichen Werte und Ideale auf eine Institution, in seinem Falle die katholische Kirche stützte. Immer, wenn es in der Analyse um sein Nicht-nein-sagen-Können ging, versuchte er seine uferlose (zwanghafte) Gebebereitschaft und seine Unfähigkeit, sich gegen Ansprüche und Forderungen anderer abzugrenzen, mit der Lehre der katholischen Kirche — so wie er sie verstand — zu erklären und zu verherrlichen: Christus und Franziskus von Assisi hätten doch auch alles verschenkt und Gebebereitschaft gepredigt; ob ich sagen wolle, sie seien beide Neurotiker.

Das technische Problem des Umgangs mit solchen Widerständen interessiert in diesem Zusammenhang nicht; hier geht es darum festzustellen, daß Ideologien eine Neurose immer stabilisieren und chronifizieren. Die neurotisch pervertierte Wertordnung wird durch eine Ideologie in viel stärkerer Weise verteidigt als durch ein Ideal. Fast unnötig hinzuzufügen, daß es einiger Erfahrung bedarf, um Ideologien und deren Ausmaß mit Hilfe einer tiefenpsychologischen Anamnese zu ermitteln.

Als einen weiteren Hinweis auf ein gestörtes Selbstwertgefühl nannte ich die *Verletzlichkeit* und *Überempfindlichkeit* von Patienten. Menschen, die leicht gekränkt und beleidigt sind, die sich bei jeder Gelegenheit persönlich getroffen fühlen, zeigen damit, wie schnell sie aus dem seelischen Gleichgewicht geraten; sie sind in ihrem Wertgefühl weitgehend auf die Bestätigung durch andere angewiesen. Die Antwort des Patienten auf die anamnestische Frage: Wie reagieren Sie, wenn andere Sie kritisieren?, gibt einem Auskunft über die Festigkeit oder Anfälligkeit des Selbstwertgefühls. Ich frage regelmäßig bei der Anamneseserhebung den Patienten, an welchem Punkt er empfindlich sei; fast alle Menschen hätten doch ihre wunden Stellen. Wer darauf antwortet: „Ich komme mir immer dumm und ungebildet vor, wenn jemand intelligenter ist als ich" oder „ich verstehe den anderen leicht falsch, ich bin sehr leicht beleidigt" oder „ich bin immer ganz fertig, wenn mich einer irgendwie kritisiert" oder „wenn man an meiner Leistung herummeckert, dann bin ich sofort gekränkt, wenn ich es auch äußerlich nicht zeige", signalisiert anschaulich seine mindere Selbsteinschätzung (hinsichtlich bestimmter Fähigkeiten) beim Vergleich mit anderen; in dieser Weise würden vor allem mehr depressiv strukturierte Patienten reagieren. Außerdem kann sich die Überempfindlichkeit gegen Kritik — und damit indirekt der (sekundäre) Narzißmus des Patienten (F r o m m 1964) — auch darin ausdrücken, daß der Patient Kritik anderer nicht ernst nimmt und sie von vornherein als ungerechtfertigt abtut; das wäre die Reaktion mancher zwangsneurotischer und schizoider Patienten. Oder aber, und das leitet über zur nächsten Folge eines gestörten Selbstwertgefühls, der Kritisierte geht zum Gegenangriff über, er rächt sich.

So sehe ich als einen besonders feinen Indikator für Art und Umfang des gestörten Wertgefühls die Art und das Ausmaß der *Rachetendenzen* bei Patienten an. Vor allem K. H o r n e y (1951) hat die Rache als ein im menschlichen Verhalten häufig verwandtes Mittel beschrieben, das dazu dient, ein geknicktes Selbstwertgefühl wieder aufzurichten. A. H e i g l - E v e r s (1968) hat an Fallbeispielen ebenfalls die Rolle der Rache als Gekränktheitsaggression hervorgehoben. F r o m m (1964) stellt die Rache, die individuelle wie die nationale, als sehr häufige Reaktion auf verwundeten Narzißmus hin und erklärt sie mit der Notwendigkeit des Rächers, die Wunde dadurch zu „heilen", daß der Kränkende physisch oder moralisch vernichtet wird.

Ich habe an anderer Stelle (1962) zwischen aktiver und passiver Rache unterschieden. Bei der aktiven Form wendet sich der Betreffende in feindseliger — nicht nur in aggressiver — Absicht gegen den anderen. Unter passiver Rache — etwa synonym mit K. H o r n e y s (1951) Begriff des masochistischen Triumphes — ist die (zwanghafte) Tendenz eines Menschen zu verstehen, durch eigenes Leiden, durch Wendung der Gekränktheitsaggression gegen sich selbst, über den anderen moralisch zu triumphieren.

Das Ausmaß der Rachetendenzen ist ein ziemlich genauer Maßstab für die Intensität der Störung des Selbstwertgefühls. Sind stärkere Rachetendenzen vorhanden oder handelt es sich gar um den Charaktertyp des arroganten Rächers (H o r n e y 1951), so weist dies auf eine stärkere Kränkbarkeit des Patienten und damit auf eine schwerere neurotische Struktur hin. In geringerem Umfang hat wohl jeder Mensch gelegentlich die Neigung, sich für erlittene Unbill zu rächen; aber der Gesunde wird lieber seine Kräfte für konstruktive Ziele einsetzen als für destruktive Rache. F r o m m (1964) drückt das so aus: „Auf der anderen Seite hat der produktiv lebende Mensch kein — oder kaum ein — solches Bedürfnis (sc. nach Rache). Selbst wenn er verletzt oder beleidigt worden ist, läßt ihn gerade der Prozeß des produktiven Lebens das Unrecht der Vergangenheit vergessen. Die Fähigkeit zu produzieren erweist sich als stärker als der Wunsch nach Rache" (eigene Übersetzung).

Ein Beispiel für aktive Rache (H e i g l 1962): Ein 18jähriger dissozialer Jugendlicher war wegen mehrfachen Stehlens von weiblicher Unterwäsche in einem geschlossenen Heim für Schwererziehbare untergebracht worden. Wegen guter Führung wurde er nach ein paar Wochen Heimaufenthalt Freigänger, d. h. er konnte in der Stadt nach Stundenlohn arbeiten; er wurde zusammen mit einem anderen Heiminsassen damit beschäftigt, auf dem Bahnhof Kohlen aus einem Eisenbahnwaggon herauszuschaufeln. Er arbeitete (ohne äußere Notwendigkeit) wie ein Pferd. Gegen Mittag begann es in Strömen zu regnen, und der Vorarbeiter erlaubte den beiden Jungen, sich im nahen Güterschuppen unterzustellen. Ausgerechnet jetzt kam der Chef der Kohlenhandlung vorbei — er hatte noch nicht gesehen, wieviel Kohlen sie bereits entladen hatten — und fuhr die beiden an: „Na, ihr macht's euch ja auch leicht, ihr habt wohl nichts mehr zu tun?" Zunächst verschlug es ihnen die Sprache ob solcher Ungeheuerlichkeit. Als der Chef verschwunden war, tauchten Racheimpulse bei den beiden auf. Tödlich beleidigt, wollten sie trotz des strömenden Regens die schon ausgeladenen Kohlen wieder in den Waggon zurückschaufeln. „Und wenn ich bis Mitternacht hätte schaufeln müssen —, es wäre mir eine ungeheure Genugtuung gewesen! Dann wären wir wieder quitt." Das Ungeschehenmachen des Erfolges der Arbeit rechtfertigt sozusagen den Tadel der Faulheit: „Wenn er mir schon solche Vorwürfe macht, dann soll er wenigstens recht haben". Hier fehlt das Gefühl der Gleichberechtigung, aus dem heraus der Jugendliche den Tadler auf sein Unrecht aufmerksam machen könnte.

Wenn in diesem Fall auch, wie bei jeder Rache, eine selbstschädigende Komponente (er macht sich ja dadurch nur zusätzliche Arbeit und handelt sich eine Beschwerde des Chefs ein) im Spiele ist, so ist diese doch nur eine Begleiterscheinung im Vollzug der (aktiven) Rache, die primär auf Schädigung des anderen ausgerichtet ist. Anders steht es mit der passiven Rache oder dem masochistischen Triumph. Dieser Reaktionsform ist eigen, daß sich der Betreffende am anderen rächt, ihn moralisch zu vernichten sucht, indem er sich selbst schädigt oder (unbewußt-absichtlich) schädigen läßt.

Als Beispiel für passive Rache sei von einem 17jährigen Dissozialen (H e i g l 1962 und 1964) — Stehlen, Unterschlagung, Weglaufen — berichtet, der sich in analytischer Gruppentherapie befand. Es war gerade das Thema Durchsetzung und Selbstbehauptung gegenüber anderen Heiminsassen in der Gruppe akut, und die Frage erhob sich, wie man sich gegen Angriffe und Übergriffe der anderen Jungen zur Wehr setzen könne. Der asthenische 17jährige meinte dazu: „Wenn man mir einen Tritt versetzt, dann warte ich nur auf den zweiten. Ja, ich bin eigentlich enttäuscht, wenn der nicht kommt. Ich sage dann meist auch: ‚Nun, ist das alles?'" Er gibt dann später auf Befragen eines anderen Gruppenmitglieds zu, daß er auf diese Methode besonders stolz sei, weil er sich so dem Übeltäter moralisch überlegen fühlen könne. Die tatsächliche vitale Unterlegenheit in einer aggressiven Auseinandersetzung wird in eine moralische Überlegenheit umgemünzt.

Im allgemeinen ist die passive Form der Rache prognostisch ungünstiger als die aktive, und zwar vor allem aus zwei Gründen:

1. Die passive Rache oder der masochistische Triumph signalisiert den Zusammenbruch der Lustkontrolle (R a d o 1956). Die primitivste und umfassendste Funktion des Organismus, Lust zu suchen und Unlust zu meiden, ist bei diesem Mechanismus, wo der Betreffende mittels eigenen Leidens seine Rache am anderen sucht, aufgehoben. So ist der masochistische Triumph das Zeichen einer vitalen Störung.

2. Diese passive Rache ist die wohl häufigste Ursache für die zuerst (1923) von F r e u d (Bd. XIII, S. 278—279) beschriebene negative therapeutische Reaktion des Patienten. F r e u d bezeichnet diese als das größte Hindernis für die Heilung, größer als die narzißtische Unzugänglichkeit des Patienten, seine negative Einstellung gegen den Arzt und sein Haften am Krankheitsgewinn. Unter negativer therapeutischer Reaktion ist bekanntlich die Tendenz mancher Patienten zu verstehen, auf jede Besserung in der Analyse, ja auch schon auf die bloße Vorstellung eines eigenen Fortschrittes, mit einer Verschlechterung des Allgemeinbefindens oder der Symptomatik zu reagieren. Der Betreffende erlebt anstelle von Erfreutheitsgefühlen Verpflichtungsgefühle: Ich muß dankbar sein, ich muß jetzt noch mehr beweisen, daß ich diese Besserung wirklich wert bin. — Es sind dies Folgen einer früher erlebten „bedingten Liebe", gegen die der Patient in der Form des masochistischen Triumphes protestiert.

Ich sagte vorher, im *allgemeinen* ist die passive Rache prognostisch ungünstiger als die aktive. Ist nämlich die aktive

Rache nicht bloß *eine* wenn auch stärker ausgeprägte Tendenz
in einer Persönlichkeit, sondern das vorherrschende Charakter-
merkmal, dann ist sie prognostisch genauso fragwürdig wie die
passive Form der Rache. Dies gilt für den arroganten Rächertyp, wie ihn K. H o r n e y (1951) detailliert beschrieben
hat. Bei diesen Menschen ist (aktive) Rache zur Leitlinie
und Hauptbewältigungsform des Lebens geworden, und alle
mitmenschlichen Gefühlsbedürfnisse (z. B. dem anderen zu gefallen), die einen so starken Anreiz für den Gesundungswillen
darstellen, sind nahezu erloschen.

Außerdem — und das schränkt die vorherige prognostische
Aussage über die aktive und passive Form der Rache nochmals ein — gibt es Patienten mit passiver Rache, bei denen in
diesem Mechanismus gleichzeitig der Appell an das Mitgefühl
der anderen steckt. Am Beispiel eines Patienten mit endoge-
nem Ekzem hat A. H e i g l - E v e r s (1966) dargestellt, daß
der Patient bei Kränkungen die aktiven Racheimpulse verdrängt und stattdessen in Form der passiven Rache den anderen beschämen, moralisch demütigen will; damit aber appel-
liert der Patient gleichzeitig an die mitmenschlichen Gefühle
des anderen und möchte im Grunde den Nächsten rühren und
berühren. Der Patient signalisiert, daß er auf Verbundenheit
noch nicht völlig verzichtet hat, was der arrogante Rächertyp
(Richard III.) dagegen oft weitgehend tut.

Als vierte Folgeerscheinung der Störung des Selbstwertgefühls nannte ich den *Selbsthaß* in seinen verschiedenen Formen. Stärke des Selbsthasses, Höhe des Ideals und Ausmaß
des gestörten Selbstwertgefühls liegen auf derselben Linie
oder mit anderen Worten: Je höher, je unmenschlicher das
Ideal im Sinne des idealisierten Bildes von sich selbst (K. H o r -
n e y 1951), desto stärker ist der Selbsthaß bei Nichterfül-
lung der Idealforderung, und desto schwerer ist das Selbstwertgefühl gestört.

Der Selbsthaß und seine Wirksamkeit ist aber nur schwer
beim Patienten festzustellen. Er wird auch vom Patienten selbst
nur sehr selten wahrgenommen oder in seiner Wertigkeit
richtig eingeschätzt; der Patient bewahrt sich vor dem Selbsthaß durch Abwehr- und Schutzmechanismen; sie dienen immer
gleichzeitig der Abwehr verpönter Antriebe wie dem Schutz

vor dem Selbsthaß. Technisch-therapeutisch ist es wichtig, jeweils mehr das eine oder das andere anzusprechen. Selten kann man bei der Anamnesenerhebung Genaueres über Art und Ausmaß des Selbsthasses erfahren, es sei denn aus Träumen — aber es mag sein, daß wir nur noch nicht gelernt haben, unter diesem Aspekt genau genug zu beobachten.

Selbsthaß eignet sich demnach als prognostisches Merkmal im allgemeinen nicht. Eine Ausnahme bilden nur masochistische Charaktere, wie K. H o r n e y s (1951) Lösung des Sich-selbst-Auslöschens (self-effacing solution), S c h u l t z - H e n c k e s depressive Strukturen. Diese Patienten äußern offen ihre Selbstvorwürfe, Schuldgefühle oder ihre Tendenzen, sich selbst herabzusetzen und zu verachten, oder sie demonstrieren den Selbsthaß geradezu durch ihr entschuldigendes und sich selbst auslöschendes Verhalten. In solchen Fällen ist Selbsthaß ein prognostisches Zeichen. Wenn ein (depressiver) Patient sich selbst als ganz kleines Würstchen bezeichnet, oder wenn sich eine agoraphobe Patientin bei der ersten Anamnesenerhebung hinsetzt und mit der Bemerkung beginnt „ich bin das Opfer", dann sind das Hinweise auf stärkeren Selbsthaß in Form von Selbstverachtung und Selbsterniedrigung, Hinweise gleichzeitig auf ein schwerer gestörtes Selbstwertgefühl und damit auf eine schwerere neurotische Struktur. Es ist klar, daß solche Äußerungen nicht nur Ausdruck von Selbsthaß sind, sondern außerdem häufig eine sekundäre Finalisierung anzeigen: Der andere soll auf dem Wege des Mitleids zu einer vermehrten Hilfeleistung moralisch gezwungen werden.

Nochmals: Selbsthaß ist im Rahmen eines diagnostischen Interviews schwierig festzustellen und daher prognostisch von untergeordneter Bedeutung. Tritt er — wie bei depressiven Strukturen — offen zutage, so zeigt er im Falle eines stärkeren Ausmaßes eine schwere neurotische Struktur an; seine Mitwirkung bei den psycho-somatischen Störungen ist noch unklar (siehe S. 22). Im allgemeinen sind Art und Umfang des Selbsthasses leichter aus Art und Umfang der Ideal- bzw. der Ideologiebildung zu erschließen.

Bisher wurden prognostische Kriterien aus der Art der Grundstruktur (Gehemmtheits- oder Haltungsstruktur) und

aus Art und Umfang der Störung des Selbstwertgefühls samt
deren Folgeerscheinungen abgeleitet. Zu den primären Folgen
der Hemmung gehört auch noch die Haltung oder der Restimpuls, insbesondere in Form der Riesen- und Fehlerwartungen. Auch aus ihrer Stärke sind prognostische Merkmale abzulesen. Dabei korrespondiert der S c h u l t z - H e n c k e -
sche Begriff der Erwartungshaltung mit K. H o r n e y s
(1951) „neurotic claims" und mit R a d o s „verschiedenen
Ebenen des Behandlungsverhaltens" auf seiten des Patienten. R a d o (1956) unterscheidet vier Ebenen des Behandlungsverhaltens, vier Einstellungen von Patienten, die deren
vorherrschende Übertragungsbereitschaft und damit die Art
der Zusammenarbeit mit dem Analytiker anzeigen — wobei
die Art der Mitarbeit des Patienten natürlich nicht *nur* aus
seiner Übertragung resultiert (H e i g l 1966).

Die verschiedenen Ebenen des Behandlungsverhaltens des
Patienten (nach R a d o , etwas modifiziert):

Die dominanten Übertragungsbereitschaften des Patienten und entspre=
chenden Arten der Zusammenarbeit mit dem Psychotherapeuten:

erwachsen, realistisch:

die *strebende* Einstellung: Ich arbeite gern mit dem Analytiker zu=
                                    sammen; dies ist meine Chance zu wei=
                                    terem Wachstum.

die *selbstvertrauende* Einstellung: Ich muß in der Analyse lernen, wie ich
                                    mir selbst helfen kann (Analyse als Hilfe
                                    zur Selbsthilfe).

kindlich, regressiv:

die *Kind-Eltern*-Einstellung: Wenn ich als braves und gehorsames Kind
                                    den Erwartungen des Arztes entspreche,
                                    dann wird er mich heilen (vertrauensselig=
                                    übergefügiges Verhalten).

die *magische* Einstellung: Der Analytiker muß alles für mich tun —
                                    durch Magie.

Als unterste Ebene ist die *Einstellung magischer Erwartungen* des Patienten zu nennen, deren Wesen etwa folgendermaßen verwörtert werden kann: Der Arzt muß alles für mich

tun, er kann mit seiner Macht jeden Erfolg bei mir erzielen. Der Patient stattet den Therapeuten mit magischen Qualitäten, ja mit Allmacht aus.

Eine solche magische Erwartung gegenüber dem Therapeuten wurde bei einer 45jährigen Frau mit einer seit 10 Jahren bestehenden schwersten Zwangssymptomatik offenbar. Sie berichtet in der ersten Sitzung zunächst relativ lebhaft von ihren Symptomen, wird aber im Verlauf der Stunde immer unwilliger und wortkarger. Von mir darauf angesprochen, sagt sie: „Ich dachte eigentlich, es ginge alles gleich weg." Und das bei einer *zehnjährigen* Zwangssymptomatik und in *einer* Sitzung! Sie trifft dann auch keine weitere Verabredung mit mir; sie ist enttäuscht, daß der Analytiker bei ihr nichts bewirkt, also nicht gezaubert hat. Natürlich signalisiert diese magische Einstellung eine allerschwerste neurotische Struktur; ein solcher Patient will nicht an seiner Gesundung mitwirken, fordert vielmehr vom Therapeuten, daß dieser Wunder an ihm wirke.

Dieselbe Orientierung (wenn auch schwächer ausgeprägt) verrät eine 30jährige Patientin mit hysterischer Charakterstruktur und stärkeren schizoiden Zügen, wenn sie sich geradezu weigert, vor Beginn der Behandlung Genaueres über Art und Weise der Zusammenarbeit mit dem Therapeuten zu erfahren: „Ich will nichts wissen; warum soll ich? Sie wissen das ja doch besser als ich." Auch sie erwartet die Heilung allein durch den Einsatz des Analytikers, und außerdem will sie in typisch hysterischer Weise nicht an reale Voraussetzungen erinnert werden; sie will nichts wissen von realen Bedingtheiten wie Dauer der einzelnen Sitzung und voraussichtlicher Dauer der Therapie, Honorar, ihrem Anteil an der gemeinsamen Arbeit, Grundregel, Umgang mit dem Traum und anderem; sie will frei von jeder „Einengung" bleiben und überläßt damit gleichzeitig das ganze Geschehen dem Analytiker.

Zu dieser Gruppe gehören Patienten, die vor Beginn der Behandlung nicht nach der Art der Zusammenarbeit, der Dauer der Behandlung, den Kosten und den Erfolgschancen fragen.

Zur Bestimmung der illusionären (unbewußten) Erwartungen eines Patienten, d. h. im R a d o schen Sinne der Einordnung in eine der Ebenen des Behandlungsverhaltens, eignet

sich besonders gut die schon früher kurz erwähnte A l e -
x a n d e r sche Versuchsinterpretation (siehe S. 83). A l e -
x a n d e r empfiehlt, so früh wie möglich, also schon bei der
Anamneseerhebung, eine Versuchsinterpretation, d. h. eine
Art Reizinterpretation zu geben. Selbstverständlich setzt sie
eine genauere Kenntnis der Struktur des Patienten voraus.
Die Reaktion des Patienten auf eine solche Versuchsinterpretation gibt Auskunft über:
1. seine Fähigkeit zur Einsicht,
2. Art und Ausmaß seines wahrscheinlichen Widerstandes —
   ich würde statt von Widerstand lieber von der Angst, sich
   zu ändern, sprechen — und
3. über Art und Ausmaß seiner voraussichtlichen Mitarbeit.

Diese Tatbestände hängen aber, wie ich meine, aufs engste
mit der Intensität der unbewußten Erwartungen des Patienten
zusammen; je größer die illusionären Erwartungen des Patienten, desto größer sein „Widerstand", desto geringer seine Einsicht und seine Mitarbeit.

Dafür ein Beispiel: Eine 24jährige Medizinstudentin kommt
in die Sprechstunde des Psychotherapeuten, weil sie furchtbar
an Einsamkeit, dysphorischen Gefühlen und Angst vor der Zukunft leide. Sie habe schon alles Mögliche versucht, um Kontakt zu bekommen; aber bisher sei ihr dies einfach nicht gelun-
gen. Auf Befragen klärt sich, was sie unter Kontaktversuch
versteht: Ein Studienkollege hatte sie eines Tages in der Vor-
lesung angesprochen und sie gefragt, ob sie nicht Lust habe,
mit ihm einen Tanzkurs zu besuchen. Sie nahm die Einladung
gern an. Kurz vor dem vereinbarten Termin starb der Vater
des Kollegen; dieser entschuldigte sich, und so fiel der Plan
zunächst ins Wasser. Sie reagierte darauf mit: „Da war es gut.
Da hatte ich keine Lust mehr", und ließ es dabei bewenden.
Sie unternahm nichts, erwog z. B. nicht, nach einiger Zeit
den ersten Kontakt wieder aufzunehmen und an das damals
bekundete Interesse des Kollegen anzuknüpfen.

Auch sonst entwickelt sie keinerlei gesellige Initiative und
geht z. B. werktags wie sonntags nie aus. Sie sagt im Verlauf
der Anamneseerhebung selbst: „Ich warte darauf, daß alles
von anderen ausgeht." An dieser Stelle, nachdem einem die
emotionale und motorische Initiativelosigkeit der Patientin

und ihre passiv-emotionalen und -aggressiven Erwartungen klargeworden sind, könnte man mit einer Versuchsinterpretation einsetzen und z. B. lächelnd sagen: „Nun ja, eine Pflanze wie die Wegwarte muß auch passiv auf den Regen warten", oder: „Sie machen's wie eine Wegwarte." Wie wird die Patientin reagieren? Geht sie einfach darüber hinweg, läßt sich also gar nicht auf eine Auseinandersetzung ein? Oder antwortet sie empört: „Ja, eben, es kann doch nicht immer trocken bleiben, das kann doch nicht so weitergehen!" oder aber stellt sie sich etwa in folgender Weise ein: „Aber leider regnet es nicht regelmäßig. Mich holt nie jemand am Sonntag ab."

Es dürfte unmittelbar evident sein, daß diese drei skizzierten Reaktionsweisen von Patienten — auch das Nichteingehen auf die Reizinterpretation ist ein Signal — drei verschiedene Einstellungen anzeigen: Im ersten Fall lohnt es der Patientin gar nicht, auf eine so dumme Bemerkung des Analytikers zu reagieren. Sie spürt wohl das Hinweisende dieser Äußerung und straft sie mit Nichtachtung. Sie will also ihren ad-gressiven und emotionalen Anspruch: Die Initiative zum Kontakt und zum Herangehen muß von außen kommen, nicht antasten lassen — wenigstens nicht in ihrer augenblicklichen Verfassung.

Im zweiten Fall gibt die Patientin zwar auch zu verstehen, daß etwas (von außen) getan werden müsse, daß sie empört-vorwurfsvoll ist, weil ihre Erwartungen nicht erfüllt werden. Aber sie reagiert immerhin auf die „Provokation" und zeigt damit eine gewisse Bereitschaft, sich mit ihrem Problem auseinanderzusetzen.

Im dritten Fall tut sich bei der Patientin schon eine größere Bereitwilligkeit kund, die eigene Einstellung zum Kontakt, d. h. die eigenen illusionären Erwartungen wenigstens in Frage zu stellen.

Drei verschiedene Verhaltensweisen gegenüber einer Versuchsinterpretation oder Reizdeutung, dreimal ein verschiedenes Ausmaß der illusionären (emotionalen und aggressiven) Ansprüche und Erwartungen, dreimal ein verschiedenes Maß von Einsicht in den Zusammenhang von Leiden (Einsamkeit) und eigener Fehlorientierung und dreimal eine unterschiedliche Bereitschaft zur Mitarbeit mit dem Therapeuten.

Damit sei die Darstellung der magischen Einstellung, also
von sehr ausgeprägten illusionären Erwartungen des Patienten
abgeschlossen und im folgenden die *Kind-Eltern-Einstellung*
von Patienten erörtert. Die mit dieser Haltung korrespondie-
rende (unbewußte) Erwartung kann etwa folgendermaßen
formuliert werden: Der Arzt wird sich für mich anstrengen
und mich heilen, wenn ich nur ein braves und gehorsames
Kind bin und allen seinen Erwartungen entspreche. — Solchen Patienten ist eigentümlich, daß sie die Wünsche des Therapeuten zu erraten versuchen; sie werden sofort unruhig,
wenn sie nicht genau wissen, was der Therapeut (vermeint-
lich) von ihnen erwartet.

Jeder Analytiker kennt Patienten, die bereits nach der zweiten oder dritten Stunde erklärten: „Herr Doktor, ich tue alles,
was Sie wollen; sagen Sie mir nur, was ich tun soll." Oder
aber Patienten teilen dem Therapeuten bereits während der
Anamneseerhebung mit, daß sie volles Vertrauen zu ihm
hätten. Wie kann der Patient in so kurzer Zeit der Bekanntschaft Vertrauen entwickelt haben, noch dazu ohne vorher die
Vertrauenswürdigkeit der Beziehungsperson geprüft und erfahren zu haben! Es kann sich also in der Hauptsache nur um ein
vertrauenseliges Übertragungsangebot handeln, um die Einstellung des: Ich vertrau' dir kritiklos und ohne Vorbehalt;
bestimm' du, was zu tun ist; du wirst es schon machen. — Die
Grenze zur magischen Einstellung ist natürlich oft fließend, wie
es überhaupt klar sein dürfte, daß es zwischen den vier Ebenen
des Behandlungsverhaltens viele Übergänge und Überlappun-
gen gibt.

Bei den Patienten mit einer Kind-Eltern-Einstellung kann
man sich prognostisch leicht irren. Sie fragen eifrig nach
dem Wie der Behandlung, erkundigen sich nach ihrem Anteil
an der Zusammenarbeit, nach der Dauer der Therapie und den
Heilungschancen, und man ist geneigt, für konstruktive Neu-
gier und Bereitschaft zur Mitarbeit zu halten, was in Wirklichkeit vorwiegend übergefügige Anpassung an den Therapeuten mit den entsprechenden daran geknüpften Erwartungen ist.

Nur am Rande sei erwähnt, daß es den Kern der Sache nicht
träfe, wenn man hierbei von einer positiven Übertragung

spräche. S c h w i d d e r (1957) hat empfohlen, die Termini positive und negative Übertragung als zu vage und ungenau überhaupt fallen zu lassen.

In diesem Zusammenhang sei als Beispiel auch eine analytische Gruppentherapie mit 17- und 18jährigen verwahrlosten Jugendlichen erwähnt (H e i g l 1963), die den Therapeuten zu Anfang der ersten Gruppenstunde auffordern, sie mit Du anzureden; das sei viel familiärer. Der Analytiker kam der Aufforderung nicht nach, um nicht die Tendenz dieser Jugendlichen, unverantwortliche Kinder zu sein und zu bleiben, noch zu unterstützen. Gerade dissoziale, also „ichschwache" Jugendliche haben die große Neigung, die Führung und Steuerung ihres Lebens den Erwachsenen zu überlassen und dann diese für die Konsequenzen ihrer Handlungen verantwortlich zu machen. — Sicher steckt in dem Wunsch, geduzt zu werden, noch mehr, so unter anderem das Bedürfnis nach Nähe, Intimität und Vertrautheit; aber meist kann man erst in einer späteren Phase der Behandlung von Verwahrlosten auf diese Bedürfnisse eingehen.

Als dritte Form des Behandlungsverhaltens von Patienten nennt R a d o die *selbstvertrauende Einstellung*. Bei ihr handelt es sich bereits um eine erwachsene, realistische Haltung im Gegensatz zu den bisher erwähnten kindlich-regressiven Verhaltensweisen. Die Art dieser vom Patienten intendierten Zusammenarbeit mit dem Therapeuten kann etwa so wiedergegeben werden: Ich muß in der Analyse lernen, wie ich mir selbst besser helfen kann.

Diese Patienten — es ist die Minderzahl — fragen bereits während der Anamneseerhebung nach dem Charakter ihres Leidens, nach Art und Weise der Zusammenarbeit, nach Dauer und Chancen der Therapie, nach den Kosten der Behandlung und danach, wie man sich die Heilung vorzustellen habe, wie etwa in großen Zügen die Heilungsschritte aussähen. Sie suchen sich also ein Bild von der Analyse und der eigenen Aufgabe dabei zu machen, um entscheiden zu können, ob sie dem Analytiker den Auftrag zur Therapie geben wollen oder nicht. Allerdings ist hier Vorsicht geboten: Dieses genaue Nachfragen kann bei schizoiden Patienten auch ein mißtraui-

sches Abwehrverhalten sein und eine realistische, selbstvertrauende Einstellung bloß vortäuschen.

Diese Einstellung hängt eng mit zwei schon erwähnten prognostischen Faktoren zusammen, dem echten Leidensgefühl
und einem relativ intakten Selbstwertgefühl; deshalb spricht
R a d o auch von selbst-vertrauender Einstellung.

Meist wird der Analytiker Menschen mit dieser Orientierung nur als Lehranalysanden im Rahmen einer psychotherapeutischen Ausbildung zu sehen bekommen.

Die strebende Einstellung von Analysanden: „Ich arbeite
gerne mit dem Therapeuten zusammen, dies ist meine Chance
zu weiterem Wachstum" kommt als dominantes Behandlungs-
verhalten nur bei Patienten mit leichter neurotischer Struktur
und bei Lehranalysanden vor. Solche Menschen sind als weitgehend gesund zu bezeichnen. Vielleicht kann man in diesem
Zusammenhang an' F r e u d s 1937 gegebene Empfehlung
(Bd. XVI, S. 59—99) denken, jeder Analytiker sollte perio-
disch, etwa nach Verlauf von fünf Jahren die Eigenanalyse
wieder aufnehmen — auch wenn er nicht unter Symptomen
leidet. In dem Falle gönnt sich also der Analytiker immer
wieder die Zusammenarbeit mit einem Kollegen seines Ver-
trauens.

Zusammenfassend könnte man zur prognostischen Beurteilung nach der Art und dem Ausmaß der Erwartungen des Patienten sagen: Die vier von R a d o genannten Einstellungen
des Patienten geben Aufschluß darüber, wie weit er zur partnerschaftlichen Zusammenarbeit fähig und bereit ist, wie weit
er sein Mitbestimmungsrecht in der Analyse — und draußen im
Leben — vertritt oder nicht. Der mit *magischen* Erwartungen
behaftete Patient verzichtet völlig auf sein Mitbestimmungsrecht wie auf sein Mitsprache- und Vorschlagsrecht; der Patient mit einer *Kind-Eltern*-Einstellung verzichtet zwar auf
sein Mitbestimmungs-, nicht aber auf sein Mitspracherecht.
Bei der *selbstvertrauenden* und *strebenden* Orientierung nähert sich der Patient dem Optimum einer partnerschaftlichen
Beziehung, in der beide, Patient wie Analytiker, des anderen
Mitbestimmungsrecht respektieren und das eigene vertreten.
Der Umfang des Verzichtes auf Mitbestimmung gibt die
Stärke der passiven Erwartungen des Patienten und gleich-

zeitig den Grad seiner Antriebsbehinderung durch Gehemmtheiten an. Ablesbar ist der Grad des Verzichts auf Mitbestimmung z. B. daran, wie sich der Patient während der Anamnesenerhebung vor Beginn der Behandlung über die Art
der Zusammenarbeit in der Analyse orientiert oder nicht.
S c h w i d d e r (1960) empfiehlt, sich zu überlegen, was alles der seelisch weitgehend Gesunde den Analytiker fragen
würde, falls er ihn wegen einer momentanen Störung aufsuchen sollte; er würde sich vermutlich nach der Art seiner
Erkrankung und der dafür notwendigen Therapie erkundigen, er würde die Erfolgsaussichten, die Dauer der Therapie
und die Kosten wissen wollen. Tut der Patient das nicht, so
erlaubt das spezifische Einblicke in die Persönlichkeitsartung
des Patienten und gibt dem Therapeuten relevante prognostische Hinweise hinsichtlich dessen Bereitschaft zur Mitarbeit. Je weniger sich ein Patient informieren will, desto
mehr spricht das für seine magische Einstellung, die alle Anstrengungen dem Analytiker überläßt. Je mehr sich ein Patient
über diese Fragen zu orientieren sucht, desto eher wird er im
allgemeinen zur Mitarbeit bereit sein, nähert er sich also den
realistischen Einstellungen von R a d o. Aber an diesem Punkt
muß nochmals auf eine Verwechselungsmöglichkeit hingewiesen werden: Genaue Erkundigungen von Patienten können
auch ein Abwehrverhalten aus Mißtrauen und paranoider
Einstellung anzeigen und sind dann gerade im Gegenteil ein
Indiz für starke Hingabewünsche kindlich-passiver Art, die
nur durch solch genaues Fragen abgewehrt werden.

Bisher wurden vorwiegend die primären Folgeerscheinungen
der Hemmung besprochen, also gleichsam die Wurzeln der
neurotischen Struktur (Gehemmtheit, Haltung und Störung des
Selbstwertgefühls) auf ihre prognostische Valenz hin angesehen. Ich komme nun zu den weiteren Folgeerscheinungen. Es
sind dabei die Überkompensation, die Ambivalenz, die Arbeitsstörungen, die Bequemlichkeit oder Lahmheit, die Ersatzbefriedigungen und die unbefriedigende Freizeitgestaltung zu nennen.

Prognostisch am wichtigsten erscheinen mir die Bequemlichkeit, die Ersatzbefriedigung und die Arbeitsstörung. Die letztere wurde schon im Kapitel über die prognostische Beurtei-

lung von der sozialen Situation her erörtert (siehe S. 54). Der
sogenannte Leistungstest gibt auch über das Ausmaß der Arbeitsstörungen Aufschluß.

Ich habe also noch auf die Bequemlichkeit und die Ersatzbefriedigung einzugehen. Zunächst zur *Bequemlichkeit* oder
Lahmheit. S c h u l t z - H e n c k e äußerte einmal in einem
technischen Seminar, die Bequemlichkeit des Patienten sei eines
der stärksten Hindernisse für die Therapie. Ich erinnere an die
24jährige Medizinstudentin (siehe S. 122), die in ihrer Weg-
warte-Einstellung darauf wartet, ohne eigene Bemühung,
daß die Kontaktinitiative vom anderen ausgeht. Sie genießt
fast „süchtig" ihre Passivität und Bequemlichkeit, ihr dolce
far niente im Kontaktbereich. Diese Lahmheit ist unmittelbarer Ausdruck der Gehemmtheit von Antriebsenergien, und
ihr Maß gibt Auskunft über den Grad der Unterdrückung ex-
pansiver Energie bzw. über den Grad der frei verfügbaren
Vitalenergie. S c h w i d d e r (mündliche Mitteilung) empfiehlt, den Patienten beim Paktschluß zu fragen, was er denn
für die Analyse einzusetzen bereit sei. Vom erstaunt-abwei-
senden Augenbrauen-Hochziehen bis zur übereifrigen Be-
teuerung, daß er alles, aber auch alles für seine Heilung täte,
begegnet man allen Schattierungen von Antworten.

Fragen des Patienten nach der Art der psychotherapeutischen
Behandlung wie: „Was wird da mit mir angestellt?" Oder:
„Und was machen Sie jetzt mit mir?" Oder: „Herr Doktor,
wie soll das jetzt weitergehen? Ich bin zu allem bereit, ich
mach' alles mit, was Sie für richtig halten", zeigen direkt das
Maß seiner Objekthaftigkeit an, seiner passiven Erwartungen
und seiner Bequemlichkeit; gerade die passiven Erwartungen
und die Bequemlichkeit als Folge der Ausschaltung von Antriebsenergie gehören immer zusammen, ja verstärken sich
gegenseitig. So ist auch die Feststellung einer ausgeprägten
Bequemlichkeit Zeichen einer schweren Neurose: Die Bequemlichkeit ist Hinweis auf einen Komplex von Fehlorientierungen,
wie aus dem Schema der Neurosenstruktur unmittelbar hervorgeht.

Oben war vom süchtigen Genuß der Passivität und Trägheit
die Rede. Damit wurde auf die *Ersatzbefriedigung* angespielt,
deren *eines* Charakteristikum darin besteht, daß ihr Träger

diese Befriedigung in zwanghaft-dranghafter Weise sucht. Die Bequemlichkeit kann zu einer solchen Ersatzbefriedigung werden. Eine weitere ist der sekundäre Krankheitsgewinn, der schon bei den vom Symptom her bestimmten prognostischen Kriterien (siehe S. 28 und S. 30) behandelt wurde. W a l d h o r n (1960) unterscheidet zwei Arten von sekundärem Krankheitsgewinn: einmal den, der sich vom Überich ableitet, also z. B. Stolz auf eine Reaktionsbildung oder auf Askese und ähnliches, und zweitens den Krankheitsgewinn, den die Beziehungspersonen gewähren, den Vorteil also, der aus besonderer „Liebe", Zugewandtheit und den daran gekoppelten Privilegien erwächst. Das Ausmaß an Ersatzbefriedigung bei Süchten und Perversionen, überhaupt bei den sogenannten Charakterneurosen, trägt entscheidend zu der schwierigen Therapierbarkeit und oft ungünstigen Prognose dieser Erkrankungen bei (siehe S. 18).

Auch das Festhalten des Patienten an neurotischen Idealen und Ideologien kann als Ersatzbefriedigung angesehen werden. Es wurde schon (siehe S. 112 f.) darauf hingewiesen, daß vor allem die Ideologiebildung ein die Neurose stabilisierender und chronifizierender Faktor ist. Der Patient mit einer solchen Ideologie hat seine Gehemmtheiten glorifiziert: Da er die Befriedigung seiner Bedürfnisse nicht genießen kann, zieht er wenigstens aus seinen antriebsfeindlichen Idealen Befriedigung und daraus, daß er sich den anderen „triebhafteren", „animalischeren" Menschen moralisch überlegen vorkommt. An dieser pervertierten Wertwelt hält der Patient geradezu süchtig fest — im Falle einer kaptativen Gehemmtheit z. B. an seiner Überbescheidenheit: weil ich bescheiden bin, bin ich ein wertvollerer Mensch. Die Ideologie, ursprünglich ein Rettungsanker und ein Versuch, das gestörte oder fehlende Selbstwertgefühl zu ersetzen, wird im Laufe der Entwicklung zur Ersatzbefriedigung, zu der auch noch das pharisäische, d. h. selbstgerecht-hochmütige Gefühl gehört: O Herr, ich danke dir, daß ich nicht so bin wie jene (die also unbekümmert bitten, fragen und zugreifen können)!

Die Ersatzbefriedigung ist immer ein die Neurose stabilisierendes und chronifizierendes Element, und zwar u. a. aus folgenden Gründen:

1. Der Patient hängt süchtig an ihnen und gibt sie äußerst ungern auf.
2. Er erlebt den Analytiker verständlicherweise als Feind, der ihm seine einzigen Befriedigungen wegnehmen will.
3. Die Ersatzbefriedigung ist immer mit Bequemlichkeit und einer passiv-oralen Einstellung gekoppelt.
4. Das Vorhandensein von Ersatzbefriedigungen verringert den Leidensdruck und das echte Leidensgefühl.

So äußerte eine hysterische Patientin mit schizoiden Zügen einmal in der Analyse: „Nun sagen Sie mir doch einmal, warum soll ich eigentlich meine Tagträume aufgeben. Wenn mir in der Wirklichkeit was nicht paßt, dann leg' ich mich aufs Sofa und schwupp: ich hab', was ich will" (also Leugnung der Wirklichkeit in der Phantasie), „ich bin schön, ich werde umschwärmt von Männern, ich habe Geld, ich fahr' groß auf Urlaub. Ich bin eigentlich glücklich. Warum soll ich das aufgeben?!" Zugrunde lag eine tiefe Resignation, ein Initiativeverlust, wie immer bei Ersatzbefriedigungen.

Bei der Anamneseerhebung nach Tagträumen der Patienten zu fragen, ist vor allem zur Feststellung von Ersatzbefriedigungen prognostisch bedeutsam; allerdings werden sie vor oder zu Beginn der Analyse meist höchst ungern oder auch gar nicht mitgeteilt.

Eine weitere (exogene) Chronifizierung tritt meist dadurch ein, daß ein solcher Patient immer Beziehungspersonen hat oder findet, die z. B. seine neurotische Bescheidenheit gutheißen, die seine pervertierte Wertwelt nicht nur hinnehmen, sondern ihn deswegen geradezu als besonders nett (weil bescheiden) erleben und hinstellen. Neurosen könnten viel schneller geheilt werden, Patienten bekämen viel eher ein echtes Leidensgefühl und arbeiteten viel intensiver in der Therapie mit, wenn die Umwelt nicht die neurotischen Ideale und Ideologien der Patienten bestätigen und ihnen damit immer wieder eine ersatzweise Befriedigung vermitteln würde. Eine entscheidende Chronifizierung erfolgt also dadurch, daß die Beziehungspersonen des Patienten seine Gehemmtheiten samt falschen Idealen gutheißen, ja seine Überbescheidenheit, Übergefügigkeit, seine neurotische Opfer- und Helfereinstellung als positive Werte preisen und ihn dadurch immer wie-

der in die Ersatzbefriedigung seiner pervertierten Wertwelt
treiben.

Von den sekundären und tertiären Folgeerscheinungen sind
noch die Ambivalenz, die Überkompensation und die Schwierigkeiten in der Freizeitgestaltung zu erörtern. Die *Ambivalenz* scheint mir prognostisch weniger relevant zu sein.
Sie ergibt sich, wie geschildert (siehe S. 104), aus dem
gleichzeitigen Vorliegen von Gehemmtheit und Haltung. Ihr
Ausmaß ist schwer zu bestimmen, und außerdem kann eine
ausgeprägte, manifeste Ambivalenz wie z. B. die zwischen
Übergefügigkeit und Rebellion schwankende Einstellung eines
(zwangsneurotischen) Patienten prognostisch positiver sein
— und ist es meist auch — als die *nur* übergefügige Haltung
eines anderen Patienten; im zweiten Fall ist der Weg zur
Auflösung der Übergefügigkeitsstruktur im allgemeinen länger. Man kann also höchstens sagen, je bewußtseinsnäher die
beiden Valenzen einer ambivalenten Einstellung dem Patienten sind — ohne daß er deswegen schon den Zusammenhang
der beiden Valenzen erkennen muß —, desto günstiger, je be-
wußtseinsferner, desto ungünstiger ist die Prognose zu stellen. Therapeutisch gesehen wirkt es meist aufrüttelnd, wenn
der Patient bisher nicht bewußt gewordene Tendenzen auf
Anstoß des Analytikers hin (evtl. bereits während der Anamnesenerhebung) plötzlich registriert.

Was nun die *Überkompensation* angeht, so wurde im
Strichbild (siehe S. 106) deutlich gemacht, daß sie aus der
Haltung hervorgeht, also dem Versuch des Organismus ent-
springt, ein Unvermögen, d. h. eine Gehemmtheit durch rest-
liche Impulsbereitschaften auszugleichen. Die Überkompensation, das Zuviel der Kompensation ist darauf zurückzuführen,
daß nicht eine Schwäche durch eine reale Stärke kompensiert,
sondern vielmehr eine Schwäche (Gehemmtheit) durch einen
aufgeblähten Restimpuls (Haltung) überdeckt wird. Vom
prognostischen Standpunkt scheint mir die Überkompensation — gekennzeichnet durch einen Stich ins Unechte, Übertriebene; man empfindet das Aufgesetzte und Outrierte eines
Verhaltens — nicht so sehr wichtig. Ihr Vorkommen zeigt einmal, daß der betreffende Patient noch Vitalenergien frei hat,
daß ihm trotz seiner Gehemmtheiten noch Kräfte, d. h. eben

Restimpulse für die Lebensbewältigung zur Verfügung stehen; insofern ist es prognostisch günstig zu bewerten. Wenn ein schwer schizoider Patient in seiner Kontakt- und Taktlosigkeit eine Überkompensation durch verstärkte rationale und intellektuelle Bemühungen entwickelt hat, so ist diese Überkompensation einmal ein tragfähiges Element in der Struktur des Patienten, also Zeichen einer größeren Ich-Stärke, als sie etwa bei der schizoiden Variante des tumben Toren zu beobachten ist, gleichzeitig aber wird sie einen Widerstand in der Therapie darstellen; der Patient wird rationalisierend im Sinne des Selbstbetruges (A. E. M e y e r 1969) versuchen, die zugrunde liegende Kontaktlosigkeit wegzudiskutieren.

Die Existenz einer Überkompensation hängt außerdem eng mit der Stärke des Selbstwertgefühls zusammen; sie ist ein Mittel, den im Grunde geknickten Stolz wieder aufzurichten. Insofern ist das Ausmaß der Überkompensationen ein Maß für die Schwere der Störung des Selbstwertgefühls; aber diese ist an der Kränkbarkeit des Patienten, an der Ideologie und an der Art der Rachetendenzen meist genauer abzulesen (siehe S. 112 f.).

Es sind jetzt noch die *Interessen* des Patienten vom prognostischen Gesichtspunkt zu betrachten. Dieses Kriterium korrespondiert mit dem, was A l e x a n d e r (1946) als die „inneren Hilfsquellen" des Patienten bezeichnet hat; auch C a r u s o (1964) hält die Kenntnis der Interessen des Patienten für prognostisch wichtig. Sie hängen zusammen mit der Freizeitbetätigung des Patienten und hätten auch bei den phänomenalen Kriterien behandelt werden können, da sie auch ohne genaue Kenntnis der Neurosentheorie erfaßbar sind. — Die Art der Interessengestaltung eines Patienten liefert Anhaltspunkte über seine Plastizität und Elastizität, über das Maß seiner frei verfügbaren Energien. In diesem Zusammenhang seien zwei Patienten mit der gleichen Symptomatik erwähnt: Händezittern. Bei beiden bestand das Symptom schon jahrelang, und jeder hatte eine zwangsneurotische Struktur. Es gab zwischen ihnen u. a. einen auffallenden Unterschied, der sich als prognostisch bedeutsam erweisen sollte: die Art der Interessen und des Umgangs mit der freien Zeit. Der eine Patient ritt mehrere Steckenpferde; er fotografierte, fuhr gern mit dem Roller in die Natur, ging gern ins Theater, bastelte, hörte Musik und hielt sich mehrere Zeitschriften, die er regelmäßig las. Der andere Patient kannte eigentlich nur: ins Wirtshaus gehen, Trinken und jeden zweiten Tag einen Kinobesuch.

Dem ersten Patienten standen also sichtbarlich mehr Kräfte zur freien Verfügung als dem zweiten. Für ihn war die freie Zeit eine Chance zu Initiative und lustvoller Aktivität, dem anderen diente sie nur dazu, die Zeit totzuschlagen, d. h. seine Langeweile (Ausdruck unterdrückter motorischer Mikroimpulse) zu bekämpfen. Denn das kommt noch hinzu: Nicht so sehr die Anzahl der Hobbies ist entscheidend, sondern mehr die Art der Genußfähigkeit des Patienten. Der eine Patient freute sich auf seine Mußestunden und fand an seinen Tätigkeiten ausgesprochenen Spaß, der andere erwartete mehr passiv das Ende der Arbeitszeit und ließ sich von seinen Kollegen in die Ersatzbefriedigung des Trinkens und (häufigen) Kinogehens treiben. Er konsumierte, aber er genoß nicht.

Überhaupt ist die Feststellung der Genußfähigkeit von prognostischer Relevanz. Zu jeder schweren Neurose gehört im allgemeinen die Genußunfähigkeit. A l e x a n d e r spricht, wie gesagt, von den inneren Hilfsquellen eines Patienten und führt dabei die Kunst des Müßiggangs, schöpferische Interessen und den Genuß der Kontemplation an. C a r u s o weist auf die besonders günstige prognostische Valenz dieser drei Fähigkeiten hin. Ihr Besitz lasse vor allem auch das Altern besser ertragen und könnte als ein prognostisches Zeichen für die Indikation zur analytischen Behandlung bei älteren Menschen angesehen werden. C a r u s o führt noch aus, daß das Ausmaß der Interessen eines Patienten proportional seiner Elastizität, Offenheit, dem Reichtum an persönlichem Material und seiner Vielseitigkeit sei.

An dem prognostischen Faktor „Freizeitgestaltung" haben wir einen m. E. bisher zu wenig beachteten Maßstab, der angibt, wieviel seelische Energien noch frei verfügbar sind. Er gehört zu *den* prognostischen Merkmalen, die vor allem in prospektiv-positiver Hinsicht wichtig sind.

8. Zusammenfassung der wichtigsten strukturellen prognostischen Merkmale

Ich führe nochmals die meiner Ansicht nach aussagekräftigsten strukturellen Kriterien an, deren Kenntnis es dem Therapeuten erlaubt, die Voraussage genauer zu treffen und dabei nicht nur den Schweregrad neurotischer und psychosomatischer Erkrankungen einschließlich von Verhaltenssymptomen zu bestimmen, sondern auch die Indikation zu einer bestimmten Psychotherapieform zu stellen. Angemerkt sei noch, daß es sich dabei um Merkmale handelt, die auf der Basis von Beobachtungen mit Hilfe tiefenpsychologischer Schlußbildung zu ermitteln sind:

1. Die Art des Leidensgefühls, feststellbar an dem Vorherrschen einer Gehemmtheits- oder einer Haltungsstruktur. Es geht darum zu klären, ob der Patient mehr an neurotischen Erlebnisbarrieren und an seinen Symptomen und deren Folgen leidet, oder aber mehr daran, daß er mit seiner neurotischen Weltbewältigung nicht den von ihm erwarteten Erfolg hat. Bei der Erhebung der Anamnese oder beim Erstinterview ist ferner zu differenzieren zwischen der Tendenz von Patienten, von den eigenen Schwierigkeiten des Erlebens und des Verhaltens zu sprechen und einer anderen Tendenz, die nur auf die Darstellung der Symptome abzielt, wobei die erstgenannte Tendenz prognostisch günstiger, die letztgenannte ungünstiger ist. Die Art des Leidensgefühls des Patienten gibt einen Hinweis auf die Gesamtstärke der zu erwartenden Widerstände gegen eine konfliktzentrierte Therapie und damit auf das Maß der Bereitschaft zu einer therapeutischen Zusammenarbeit; dieses Merkmal ist u. a. wichtig bei der Indikationsstellung zur Kurztherapie.

2. Die Gestörtheit des Selbstwertgefühls, die vor allem an der Verletzlichkeit und der Kränkbarkeit des Patienten und an den Signalen von passiven und aktiven Rachetendenzen abzulesen ist. Ein größeres Maß an Kränkbarkeit und die damit verbundenen Racheimpulse signalisieren eine Labilität des Selbstwertgefühls, eine Störung im Selbstwert- und Wertsystem (ödipales und archaisches Über-Ich) und sind

gleichzeitig Hinweise auf die geringe Frustrationstoleranz des Betreffenden, d. h. auf dessen Unfähigkeit, mit den unumgänglichen Frustrationen des sozialen Lebens, vor allem im Bereich der zwischenmenschlichen Beziehungen elastisch umzugehen.

3. Das Ausmaß der illusionären und Riesenerwartungen i. S. einer magischen oder einer Kind-Eltern-Einstellung des Patienten. Dabei sind magische, d. h. völlig irreale Erwartungen gegenüber dem Psychotherapeuten prognostisch ungünstiger zu beurteilen als eine Kind-Eltern-Einstellung. Das technische Mittel, sich ein Bild von Ausmaß und Art der illusionären und Riesenerwartungen und damit von der Mitarbeitsbereitschaft und Mitarbeitsfähigkeit des Patienten zu verschaffen, ist vor allem die gezielte Versuchsinterpretation.

4. Die neurotische Ideologie, deren Vorliegen immer ausgesprochen erschwerend für eine Psychotherapie ist. Der Träger einer solchen Ideologie ist einer pervertierten Wertwelt verhaftet und muß seine Identität in einem antriebsfeindlichen System suchen. Die Stärke und Ausgedehntheit der Ideologie als eines Steuerungssystems weist auf das Fehlen oder die Unterentwicklung von Ich-Funktionen hin und damit gleichzeitig auf den Grad der inneren Schwäche, der Ich-Schwäche des Patienten.

5. Das Vorliegen stärkerer Ersatzbildungen oder, ökonomisch gesehen, von Ersatzbefriedigungen. Perversions- und Suchtkranke verbinden mit ihren Symptomen oft intensive Befriedigungserlebnisse und müssen fürchten, daß ihnen diese Befriedigungen in einer Psychotherapie genommen oder zumindest in Frage gestellt werden. Je mehr die Art dieser Ersatzbildung eine weitgehende Sofortbefriedigung ermöglicht, wie z. B. beim Alkohol- und Tablettenabusus, desto schwieriger gestaltet sich erfahrungsgemäß die Therapie. Der Betreffende kann jeder Versagung in der Realität durch eine anderweitige sofortige und süchtig genossene Befriedigung von Restimpulsen begegnen.

6. Die Art und Weise der Freizeitgestaltung, das Ausmaß der Genußfähigkeit und der Grad der Freude am Beruf beim Patienten geben einem Aufschluß über noch verbliebene

innere Hilfsquellen des Patienten und über den Grad seiner Sublimierungsfähigkeit. Dieser Faktor ist vor allem in prospektiv-positiver Hinsicht wichtig (siehe dazu auch „Prognose und Ich-Stärke").

9. Prognose und Ich-Stärke

Die Termini Ich-Stärke oder Ich-Schwäche beziehen sich auf den Grad der Ausbildung und des Funktionierens der Ich-Funktionen. Ohne auf das psychoanalytische Ich-Konzept theoretisch eingehen zu wollen — siehe dazu vor allem S. F r e u d (1940), Anna F r e u d (1936), H a r t m a n n (1950) und auch B e l l a k u. a. (1973) — führe ich in Anlehnung an B e l l a k (1973) die im Schrifttum genannten Funktionen an und versuche dann, die prognostisch besonders valenten herauszustellen; dabei werde ich auch kurz prognostisch bedeutsame Über-Ich-Faktoren erwähnen; das Über-Ich ist entwicklungsgeschichtlich eine Stufe im Ich und kann demnach im Zusammenhang mit den Ich-Funktionen behandelt werden.

B e l l a k (1973) zählt 12 Ich-Funktionen auf. Eine der lebenswichtigsten ist die der *Realitätsprüfung*. Sie läßt sich in die Subfunktionen der Unterscheidung zwischen inneren und äußeren Reizen, der Außenwahrnehmung und der Innenwahrnehmung aufteilen.

Eine weitere Ich-Funktion ist die des *Urteilens*, also einer Fähigkeit des Unterscheidens. Unterfunktionen sind die Antizipation, das Vermögen, sich die Folgen des eigenen Tuns im voraus vorzustellen und das Beurteilen des Angemessenen, eine Art Gefühlsurteil, das dem Takt nahesteht.

Eine dritte Ich-Funktion betrifft den *Sinn für die Realität der Welt und des Selbst*, ein Vermögen, das von der Realitätsprüfungsfunktion abzuheben ist. Bei letzterer geht es um die Wahrnehmung der Umwelt mit Hilfe der Sinne, bei diesem „Realitätssinn" um das innere Erlebnis der äußeren Welt, um die Intensität des Erlebens. Eine der Subfunktionen dieses Realitätssinnes ist die Aufrechterhaltung der Ich-Grenzen.

Regulierung und Kontrolle von Trieben, Affekten und Impulsen gehört ebenfalls zu den vielfältigen exekutiven Aufgaben des Ichs. An Subfunktionen sind auseinander zu halten die Expressivität und Impulsivität, also Art und Direktheit des Trieb- und Affektausdrucks; ferner die Unterfunktion der Frustrationstoleranz, der wir schon an anderer Stelle (Leistungstest des Lebens, s. S. 53) als einem besonders wichtigen prognostischen Merkmal begegnet sind.

Eine fünfte Ich-Funktion betrifft die der *Objektbeziehungen*. Früh schon in ihrer Geschichte richtete die Psychoanalyse als eine Psychologie sowohl innerseelischer wie zwischenmenschlicher Beziehungen und deren Entwicklung, vor allem ihrer halbbewußten und unbewußten Anteile, und als eine Therapieform der teilnehmenden Beobachtung ihr Augenmerk auf diesen Bereich. A b r a h a m (1924) unterschied in der Entwicklung der Objektliebe folgende Stufen: Autoerotismus — Narzißmus — Partialliebe — Objektliebe mit Ausschluß der Genitalien — Objektliebe. Ich möchte auf die interpersonellen Beziehungen abstellen und unterscheide dabei drei Unterfunktionen: die Kontaktinitiative als das Vermögen, Beziehungen überhaupt aufzunehmen, anzubahnen; die Beziehungskonstanz als die Gabe, Kontakt aufrecht zu erhalten, zu pflegen und zu intensivieren; die Art der Bezogenheit, ob eine Beziehung symmetrisch oder komplementär, reziprok oder einseitig, narzißtisch, sadomasochistisch, distanziert oder wie sonst gestaltet wird.

Weiter ist die Ich-Funktion des *Denkens oder der Denkprozesse* aufzuzählen. Dabei sieht die Psychoanalyse das Denken hauptsächlich unter dem adaptiven Gesichtspunkt, als Mittel der Anpassung (autoplastisch und alloplastisch) des Ichs an die äußere Realität und die inneren Forderungen von Es und Über-Ich. Die wichtigste Unterfunktion dürfte die des Probehandelns sein, nach F r e u d (GW Bd. 15, S. 96) ein versuchsweises Handeln mit kleinen Energiequanten in der inneren Vorstellung. Mit Hilfe dieses Problemhandelns ermitteln wir in einem inneren Akt von Versuch und Irrtum den Erfolg oder Mißerfolg eines Handlungsansatzes. Es dürfte evident sein, wie vital wichtig diese Subfunktion des Denkens für die Realitätsbewältigung ist.

Eine siebte Ich-Funktion wird als *adaptive Regression im Dienste des Ichs* bezeichnet. Viele Autoren führen sie nicht als eigene Fähigkeit des Ichs auf. K r i s (1936) brachte den Begriff

„Regression im Dienste des Ichs" in die Literatur ein. B e l l a k et al. halten sie bei jedem schöpferischen Prozeß für unentbehrlich, wobei mit schöpferisch im weiteren Sinne an die Fähigkeit gedacht ist, den Erfordernissen des Lebens mit anderen als den vorher erlernten Lösungen zu begegnen. Es handelt sich dabei u. a. um die Fähigkeit zu einer besonderen Aufmerksamkeitsverschiebung, um eine Art kontrollierten Tagträumens (F l e m i n g 1961), die es erlaubt, den eigenen und den fremden vorbewußten und unbewußten seelischen Schichten näher zu kommen.

Defensives Funktionieren stellt eine weitere Ich-Funktion dar; es geht um das Vermögen, Triebimpulse abzuwehren und zu kontrollieren. Die Abwehrmechanismen sind nahezu seit Beginn der Geschichte der Psychoanalyse von zentraler therapeutischer Wichtigkeit. Was man als starkes oder schwaches Ich bezeichnet, hängt weitgehend vom Erfolg oder Mißerfolg der Abwehrmechanismen ab, wie weit sie in der Lage sind, Triebimpulse abzuwehren und zu kontrollieren und so Symptombildung zu verhindern.

Ferner ist zu nennen die Ich-Funktion der *Reizbarriere* oder des Reizschutzes nach Freud. Um eine komplexe Ich-Funktion geht es hierbei. Unterfunktionen sind die Antwortbereitschaft gegenüber inneren und äußeren Reizen und die Fähigkeit der Bewältigung sensorischer Reize. *Autonomes Funktionieren* gehört ebenfalls zu den Ich-Aufgaben. H a r t m a n n (1970) hat Funktionen primärer Autonomie von solchen sekundärer Autonomie unterschieden. Erstere beziehen sich auf solche Prozesse wie Wahrnehmung, Willensbildung, Aufmerksamkeit, Gedächtnis, Denken, Sprechen, Motorik, die zu ihrer Entwicklung nicht eines Konfliktes wie die Triebe Libido und Aggression bedürfen; sie stellen die konfliktfreie Ich-Sphäre dar. Ich-Funktionen in sekundärer Autonomie sind solche, die in ihrer ursprünglich konfliktgebundenen Form eine andere Funktion hatten, z. B. defensiven Zwecken dienten und dann einen Funktionswandel durchmachten, sekundär nun adaptiven Zwecken dienen. Dazu gehören die sog. Ich-Interessen (F r e u d , 1914) als Abkömmlinge von Selbstbewahrungstrieben. Störungen können sowohl die primär- wie die sekundär-autonomen Funktionen betreffen.

Das *synthetisch-integrative Funktionieren* stellt wohl die Hauptkapazität des Ichs dar. Diese Funktion ist allen anderen übergeordnet, sie muß die oft untereinander konflikthaften Forderungen des Es, des Über-Ichs und der Außenwelt miteinander versöhnen. Als Unterfunktion treten die Suche nach Kausalität, das Finden von Verknüpfungen, die Tendenz zur Vereinfachung und zur Generalisierung auf. Eine integrative Einsicht eines Patienten in einer psychoanalytischen Therapie zeichnet sich dadurch aus, daß sie weitgehend von dem Wunsch frei ist, das Lob des Analytikers zu erringen oder mit ihm zu verschmelzen oder mit ihm zu wetteifern.

Die zwölfte und letzte Ich-Funktion ist die der *Meisterschaft und Kompetenz*. B e l l a k et al. verstehen darunter den Grad des aktiven Strebens, mit Situationen umzugehen, Hindernisse zu überwinden und eigene Potentiale zu aktualisieren. Karl B ü h l e r s Funktionslust (1930) als die Lust, die vom Akt des Funktionierens selbst herrührt, meint wohl dasselbe. Das Empfinden „ich kann es tun" ist mit Lust verknüpft.

In einem zweiten Schritt möchte ich nun *die* Ich-Funktionen herausstellen, die uns für Prognose und Differential-Indikation besonders wichtig erscheinen, und anschließend noch einige Über-Ich-Faktoren in ihrer prognostischen Bedeutung behandeln. In Hinsicht auf die Ich-Stärke als einen prognostischen Faktor, d. h. auf die Verfügbarkeit dieser Funktionen seitens des Ichs des Patienten sind von herausragender Bedeutung jene Ich-Funktionen, die es mit dem Bezug zur äußeren Realität zu tun haben, die die Beziehungen zu anderen Menschen betreffen und die die Aufgabe der Steuerung und Kontrolle der Affekte und Triebimpulse des Patienten haben. Die Art des Umgangs des Patienten mit diesen drei Lebensbereichen, Bezug zur äußeren Realität, interpersonelle Beziehungen und Trieb- und Affektkontrolle sind prognostisch am wichtigsten.

Bei der Einschätzung der Realitätsprüfungsfunktion des Patienten kommt es vor allem darauf an, die Fähigkeit des Patienten zu beurteilen, zwischen den Reizen und Fakten der Außenwelt und den Wünschen und Phantasien seiner Innenwelt zu unterscheiden; anders gewendet, wie weit vor allem die primitiven Abwehrmechanismen der Projektion, der Spaltung und der Leugnung der Realität wirksam sind und dem Patienten den Blick für die äußere Wirklichkeit verstellen. Ferner ist bei fast allen psychosomatisch Kranken die Fähigkeit zur Innenwahrnehmung als eine Unterfunktion der Realitätsprüfung gestört oder unterentwickelt; damit ist auch dann i. S. der Differentialindikation eine Kontraindikation für eine klassische Psychoanalyse gegeben, da eine Einsichtstherapie ein gewisses Maß an Introspektionsfähigkeit des Patienten und d. h. eine einigermaßen intakte Innenwahrnehmungsfunktion voraussetzt.

Zur prognostischen Beurteilung der Ich-Funktion der Objektbeziehung sind vor allem deren Unterfunktionen der Kontaktinitiative, der Beziehungskonstanz und der Art der interpersonellen Bezogenheit wichtig. Ist der Patient in der Lage, auf Gegenseitigkeit gegründeten Kontakt mit anderen Menschen zu initiieren und kann er ihn, zumindest mit einigen Personen bei einem Minimum an Haß und Feindseligkeit, auf Dauer aufrechterhalten (Objektkonstanz)? Ferner ist die Art der Beziehung des Patienten zu anderen Menschen zu identifizieren, ob sie auf Gegenseitigkeit der Gefühle, freie Expressivität, Achtung und Wärme gründet, ob es sich um ein- oder doppelseitig narzißtische Beziehungen handelt (jeder aktualisiert des anderen Ich-Ideal), ob stärkere sadomasochistische Beziehungselemente im Spiel sind, ob symbiotische Züge überwiegen oder ob das Zusammenleben der Partner von Distanz und vom „Ethos" einer bloßen Interessengemeinschaft bestimmt wird.

Beim prognostischen Faktor Trieb- und Affektkontrolle ist einmal auf den Grad der Steuerung von Affekten und Impulsen zu achten, die vom Impuls-getriebenen Charakter der sog. Soziopathen bis zum rigiden, überkontrollierten Gefühlsausdruck zwangsneurotischer Persönlichkeiten reicht.

Und besonders wichtig in prognostischer und differentialindikatorischer Sicht ist die Frustrationstoleranz des Patienten, seine Fähigkeit also, Angst, Frustration, Enttäuschung, Aufschub erwarteter Befriedigungen und Eintritt unerwarteter Ereignisse auszuhalten. Eine stärker herabgesetzte Frustrationstoleranz wie z. B. bei Suchtkranken und bei Patienten mit schweren narzißtischen Neurosen wird auch eine Kontraindikation für eine klassische psychoanalytische Einzeltherapie darstellen — weil schon das Setting mit der Abstinenzeinstellung des

Psychoanalytikers und mit dem Fehlen der Sichtkontrolle des
Patienten als zu beunruhigend und frustrierend erlebt wird —
man wird vielmehr, für die Initialphase zumindest, an eine
Form der angewandten Psychoanalyse wie analytische oder
analytisch-orientierte Kurztherapie oder an eine tiefenpsycho-
logisch fundierte Gruppentherapie (H e i g l und H e i g l -
E v e r s 1973 und 1976) oder an eine analytisch orientierte
Gesprächsform im Gegenübersitzen oder an die dynamische
Psychotherapie (D ü h r s s e n 1972) denken müssen.

In die unmittelbare Nachbarschaft der Ich-Funktion der
Trieb- und Affektkontrolle gehören die Abwehrmechanismen
als eine weitere Gruppe von Ich-Funktionen. Prognostisch und
differentialindikatorisch gilt es zu bestimmen, wie erfolgreich
diese Defensiv-Funktionen sind, in welchem Ausmaß sie Symptombildung verhindern können und wie stark die Abwehr-
und damit Schutzkräfte des Patienten sind. Für schizoide und
depressive Patienten mit ausgeprägten Abwehrmechanismen
oder mit einer deutlichen Charakterabwehr z. B. ist eine psychoanalytische Behandlung eher angebracht als für Patienten mit
schizoiden und depressiven Symptomneurosen mit „dünner"
Abwehr, die immer von der Gefahr einer Ich-Desintegration
beim Einsatz einer klassischen psychoanalytischen Therapie
bedroht sind; in einem solchen Fall sind dann ebenfalls Therapieformen der angewandten Psychoanalyse, z. B. auch klinische
Psychotherapie oder die klassische Psychoanalyse unter Verwendung von besonderen Parametern oder die dynamische
Psychotherapie (D ü h r s s e n 1972) indiziert.

Die Ich-Funktionen primärer und sekundärer Autonomie
wurden schon angeführt. Sind einige primärer Autonomie —
wie Wahrnehmung, Motilität, Intelligenz, Denken und Sprechen — stärker ausgebildet, so ist dieses Faktum prognostisch
positiv zu bewerten und zwar in zweierlei Hinsicht: einmal
vermitteln sie dem Patienten auf dem Weg über bessere Freizeitgestaltung, über die Ausübung eines Hobbies und die Pflege
einer Liebhaberei einen Zuwachs an Lust und Genuß, zum
zweiten können sie den Grundstein für Sublimierungen legen.
Das psychoanalytische Konzept der Sublimierung ist theoretisch
noch umstritten; nach einem Theorem geschieht die Umwandlung eines Partialtriebes der Libido — oder auch die Umwand-

lung des Aggressionstriebes — über die Anlehnung an die Selbsterhaltungstriebe (F r e u d 1905, Drei Abhandlungen zur Sexualtheorie); nach dem anderen Theorem wandelt sich sexuelle Aktivität in eine sublimierte — über eine Zwischenstufe des Rückzugs der Libido auf das Ich — desexualisierte Aktivität (F r e u d 1923, Das Ich und das Es). Wie auch immer, diese Umwandlung geschieht mittels der autonomen Ich-Funktionen, sie haben eine Trägerfunktion für die Sublimierung. Bezogen auf das Thema der Prognose und Differentialindikation bei Neurose- und psychosomatisch Kranken sollen diese Zeilen den Psychotherapeuten darauf hinweisen, auch diesen prognostischen Faktor primär-autonomer Ich-Funktionen zu beachten. Unterläßt er dies, so fällt er ein zu pessimistisches Prognoseurteil, er hat dann eventuell die neurotische Struktur des Patienten richtig eingeschätzt, Person und Neurosestruktur jedoch zu sehr gleichgesetzt.

Am Schluß dieses Kapitels noch einige Hinweise auf prognostisch valente Über-Ich und Ich-Ideal-Faktoren (H e i g l , 1976). Es ist für die Beurteilung des Schweregrades einer Neurose und für die therapeutische Differentialindikation wichtig, die Art des Über-Ichs, also der unbewußten bzw. unbewußt wirksamen kritischen und strafenden Funktionen, ausgehend von ihren bewußten Manifestationen, zu ermitteln. Es kommt unter prognostischem Aspekt dabei besonders darauf an, die Art und die Stärke der Selbstkritik des Patienten gegenüber seinem wirklichen oder vermeintlichen Nicht-Können oder Versagen zu eruieren. Der Skala: sich selbst anklagen — herabsetzen — verachten — hassen — vernichten wollen, entspricht eine zunehmend schwierige Psychotherapiearbeit, sind doch Art und Ausmaß dieser aggressiv-destruktiven Selbstkritik — im Gegensatz zu einer wohlwollenden, konstruktiven — ein Indikator für den Mangel an Selbstbejahung und für das Maß der Identitätsstörung. Je mehr die Selbstbejahung eingeschränkt und das Identitätsgefühl beeinträchtigt ist, desto mehr ist eine Einzelpsychotherapie indiziert, weil sie stärkeren Kränkungsschutz als eine Gruppentherapie ermöglicht.

Prognostisch ebenso wichtig ist die Einschätzung der Ich-Ideal-Forderungen, an denen sich der Patient mißt; unter Ich-Ideal versteht man in der Psychoanalyse — von F r e u d im Rah-

men seiner zweiten Theorie des psychischen Apparates eingeführt — eine vom Über-Ich gesonderte Instanz, die ein Vorbild darstellt, an das das Subjekt sich anzugleichen sucht, und
die dem Ich zur Beurteilung des effektiv Erreichten dient. Das
Selbstverständnis des Menschen wird weitgehend durch seine
bewußten und unbewußten Ich-Ideal-Forderungen bestimmt;
die unbewußten Ich-Ideal-Forderungen können aus dem manifesten Selbstverständnis teilweise erschlossen werden. Sehr
hohe, nicht oder schwer realisierbare Ich-Ideal-Forderungen
führen zu permanenten Mißerfolgserlebnissen mit deletären
Folgen für Selbstwertgefühl und Selbstvertrauen wie auch für
die Lernfähigkeit des Betreffenden: die Lernfähigkeit ist dadurch eingeschränkt, daß der wichtige Reiz des Lernens am
Erfolg fehlt, und damit der für jede konfliktzentrierte Psychotherapie so entscheidende Impetus zum emotionalen und sozialen Umlernen. Überhöhte Ich-Ideal-Forderungen, Allmachtsphantasien sind die wichtigsten Determinanten neurotischer
Lern- und Arbeitsstörungen (H e i g l 1969); bilden solche
Lernstörungen das dominante Symptom, dann ist eine alleinige
Gruppenpsychotherapie kontraindiziert.

Noch ein Wort über die Indikation zur dynamischen Psychotherapie (D ü h r s s e n 1972) im Zusammenhang des Faktors
Ich-Stärke. Diese Methode ist als eines der angewandten Verfahren der Psychoanalyse anzusehen. Sie erweitert die Indikation um jene Patienten, für die eine klassische Psychoanalyse
kontraindiziert ist, weil ihre Angst- und Frustrationstoleranz
zu gering ist, weil von vornherein starke Abbruchtendenzen
bei ihnen bestehen oder weil ein starker Rededrang die Einhaltung der freien Assoziationsregel unmöglich macht. Die
Methode der dynamischen Psychotherapie erweitert ferner die
Indikation für schizoide Patienten mit stark herabgesetzter
kommunikativer Fähigkeit und schließlich für jene depressiv
strukturierten Patienten mit starker Passivitätsneigung, denen
die klassische analytische Situation zur Ersatzbefriedigung
diente.

10. Die Wechselwirkung von innerem und äußerem Schicksal

Nach dieser getrennten Darstellung der äußeren und der inneren prognostischen Faktoren, der phänomenalen und der strukturellen Kriterien könnte es scheinen, daß es sich um zwei isolierte Faktorengruppen handelt, die einmal mehr vom äußeren Schicksal des Patienten her prognostische Schlüsse erlauben und das andere Mal vom inneren Schicksal, d. h. der Struktur des Patienten her. Es dürfte aber jedem Neurosenkenner evident sein, daß in Wirklichkeit (äußeres) Schicksal und Neurose (der Titel eines Buches von S c h u l t z - H e n c k e 1931) im Verhältnis der wechselseitigen Abhängigkeit voneinander stehen: jeder Mensch baut sich sein Schicksal *auch* auf Grund seiner Charakterstruktur, d. h. seiner Psychodynamik, seiner Ziele und Wertsetzungen auf.

Entsprechend gestaltet der *neurotische* Mensch aber sein Schicksal (auch) auf Grund seiner *neurotischen* Struktur. Wegen dieser Interdependenz von Schicksal und Neurose eines Menschen — man nennt das meist Schicksalsverkettung — kann man auch die beiden bisher aufgezeigten prognostischen Faktorengruppen nicht so strikt trennen: den geschilderten phänomenalen Merkmalen liegen auch neurosenstrukturelle Elemente zugrunde, die strukturellen Kriterien wiederum sind nicht zu isolieren von den phänomenalen, besonders den aus der sozialen Situation des Patienten abgeleiteten Merkmalen. So kann ich mir schwer vorstellen, wie man sich nur aus der Kenntnis der strukturellen prognostischen Kriterien ein zureichendes Bild vom Schweregrad der Neurose eines Patienten machen kann, ohne sich auch über die soziale Situation des Patienten und vor allem ihre Modifizierbarkeit klar zu sein. Prognostisch ebenso bedeutsam ist die Feststellung der Schwere der auslösenden Situation. Ein sowohl die phänomenzentrierten wie die strukturellen Kriterien umfassender Gesichtspunkt könnte vielleicht durch die Betrachtung des Lebenslaufes eines Patienten gewonnen werden. C h. B ü h l e r (1959) hat vor allem die Zielstruktur des menschlichen Lebenslaufes untersucht. Der Lebenslauf des Menschen kann unter verschiedenen Aspekten betrachtet werden: Er stellt einmal das Schicksal eines Menschen in einer bestimmten

Zeit und innerhalb einer bestimmten Kultur dar. Dieser Blickwinkel wäre für unsere prognostischen Zwecke weniger wichtig. — Er bedeutet weiter die Lebensgeschichte einer Person, die Abfolge von Ereignissen und Erlebnissen. Dem käme man nahe mit dem schon mehrfach erwähnten Leistungstest von A l e x a n d e r , der Frage also, wie der Patient bisher sein Leben bewältigt hat. — Ferner manifestiert sich im Lebenslauf die Entwicklung einer Persönlichkeit, bedingt durch innere Gesetzmäßigkeiten (biologische Gegebenheiten) und bestimmte psychische und soziale Umwelteinflüsse (auslösende Symptomatik, Schwellensituationen). — Des weiteren ist der Lebenslauf der Funktions-, Reifungs-, Lern- und Motivationsprozeß eines psycho-physischen Systems. Die in diesem Kapitel angeführten Strukturbestandteile wären hier zu nennen. — Ferner ist der Lebenslauf als Aufbau und Abbau eines Organismus ein Aspekt, der von der prognostischen Zielsetzung her weniger interessierte.

Für prognostische Zwecke ist die Betrachtung des Lebenslaufes eines Patienten wohl vor allem hinsichtlich dreier Kriterien relevant: des Leistungstestes oder der sozialen Bewährung, der Schwere der die Symptomatik auslösenden Situation und der schöpferischen Fähigkeiten des Menschen. Mit diesen Merkmalen erscheint mir der Schweregrad einer Neurose prägnanter faßbar zu sein als durch die Betrachtung des Lebenslaufes als Ganzen; er ist ein zu umfassendes Phänomen, um eine detailliertere Prognosestellung zu erlauben. In der Hand des erfahrenen Therapeuten gewährt die prognostische Betrachtung des Lebenslaufes allerdings oft überraschende Einblicke in die konstruktiven Fähigkeiten eines Menschen und in die integrative Funktion seines Ichs; diese Gestalts- oder Wesensforschung sollte aber immer von einer genauen Erfassung der Elemente einer Persönlichkeit begleitet sein, will sie nicht gelegentlich zu argen prognostischen Fehlschlüssen führen.

11. Die Persönlichkeit des Therapeuten als prognostischer Faktor

Bisher wurden die phänomenalen und die strukturellen prognostischen Kriterien behandelt. Eine dritte die Prognose von Patienten beeinflussende Faktorengruppe beruht auf der Per-

sönlichkeit des Therapeuten, also seiner Charakterstruktur mit
ihren Eigenheiten und Problemen ebenso wie auf seiner Erfahrung und Geschicklichkeit. Auch die strukturspezifische Gegenübertragung des Analytikers gehört hierher. Darauf haben
u. a. B a l i n t (1957), R i e m a n n (1959), S c h e u n e r t
(1959/60), H e i g l (1960) und A r g e l a n d e r (1963/64)
hingewiesen. Auch S t o n e (1954) und W a l d h o r n
(1960) betonen die große Bedeutung der Persönlichkeitszüge
des Analytikers für die Indikations- und Prognosestellung.
Bei der heute nicht selten vorkommenden Überschätzung der
Methode und Unterschätzung des Persönlichkeitsfaktors
mag es manchem merkwürdig erscheinen, daß bei der prognostischen Beurteilung neben objektiven, nachprüfbaren Kriterien ein so subjektives Moment wie die Eigenart des Therapeuten von Bedeutung sein soll. Tatsächlich aber spielt die
subjektive Beurteilung des Patienten von seiten des Analytikers nach dessen Erfahrung, persönlicher Werthierarchie und
Sympathie in jede Prognose- und Indikationsstellung hinein.
Das muß für die Prognostik nicht nachteilig sein. Wird nur
der intuitive Eindruck des Therapeuten vom Patienten immer wieder anhand von prognostischen Kriterien überprüft,
dann ist die Intuition ein nützlicher Führer, um des Patienten
Analysierbarkeit noch tiefer zu ergründen. So kann es einem
z. B. in der ersten Anamnesensitzung passieren, daß man
einen eigentümlich „brüchigen" Eindruck vom Patienten hat.
Zunächst scheinen alle prognostischen Kriterien für eine mittelschwere Neurose (zwangsneurotischer Struktur) zu sprechen. Gewarnt und geleitet von dem intuitiven Gefühl der
„Brüchigkeit" des Patienten, sieht sich der Analytiker nochmals die verbalen und extraverbalen Äußerungen des Patienten mit Hilfe von prognostischen Kriterien an und findet
„tiefsitzende", gut kompensierte schizoide Züge stärkeren
Ausmaßes, die die Prognose verändern und außerdem im
Falle einer Behandlung einen anderen therapeutischen Ansatz
notwendig machen.

Wie schon zu Anfang (siehe S. 17) gesagt, sollen in dieser
Arbeit nur die objektiven prognostischen Kriterien dargestellt
werden. Von R i e m a n n (1959) existiert eine eingehende
Studie über „Die Struktur des Therapeuten und ihre Auswir-

kung in der Praxis". Eine entsprechende systematische Arbeit über die Auswirkung auf die Indikations- und Prognosestellung gibt es meines Wissens nicht. Im Sinne der „breiten Erfahrung", dieser Vor- und Sonderform der Statistik (K ö h - l e r 1965), wird es keinem selbstkritischen Analytiker verborgen bleiben, daß die Struktur des Therapeuten auch seine Indikationsstellung beeinflußt. Er weiß, daß diese und jene Ausbildungspraktikanten bestimmte Patienten prognostisch zu günstig oder zu ungünstig beurteilen, daß (und warum) der Kollege Soundso die Indikation zur Langanalyse bei oral ansprüchlichen Frauen fast nie für gegeben hält, daß (und warum) die Kollegin Soundso hysterische Männer fast immer in Analyse nimmt, und daß er selbst mit diesen oder jenen Patienten „nicht so gut kann" und sie deshalb oft lieber einem Kollegen überweist. — Ich finde, wir sollten uns diese persönlichkeitsbedingten Vorlieben und Abneigungen lieber eingestehen und ihnen in Indikationsstellung und Therapie Rechnung tragen — was nicht ein dauerndes Sich-mit-ihnen-Abfinden bedeuten muß —, statt im Sinne eines narzißtischen Omnipotenzanspruches so zu tun, als ob wir gleich-gute Therapeuten für alle Patienten wären.

DRITTES KAPITEL

Indikation zur analytischen Gruppenpsychotherapie*

Indikation ist eine Funktion der Wirksamkeit einer bestimmten Therapieform bei bestimmten Krankheitsbildern.

Wir wollen im folgenden die Indikation zur analytischen Gruppenpsychotherapie bei Neurosekranken erörtern, d. h. wir wollen die Wirksamkeit dieser Therapie bei der genannten Krankheitsgruppe diskutieren. Dazu werden wir im ersten Abschnitt die im Arrangement der Therapie, ihrem setting gelegenen Wirkfaktoren schildern. Im zweiten Abschnitt gehen wir auf die in der angewandten therapeutischen Technik gelegenen Determinanten ein. Im dritten Teil beschäftigen wir uns mit den therapeutisch wirksamen Faktoren, die mit der Formation der Gruppe zusammenhängen. Der vierte Abschnitt enthält die Darstellung der in der Umwelt der Gruppe gelegenen Faktoren.

Im letzten Teil soll dann die Indikation zu einer weiteren Therapieform, der kombinierten Einzel-Gruppenpsychotherapie erörtert werden.

I. Faktoren, die im setting der Gruppe liegen

Zunächst möchten wir skizzieren, was wir unter analytischer Gruppenpsychotherapie verstehen:

1

Es handelt sich um eine Psychotherapie, d. h. um eine Heilmethode, die sich, unter Anwendung psychologischer Mittel, auf die Psyche richtet. Wir möchten Psyche in diesem Zusammenhang mit R a p a p o r t als Verhalten verstehen. Verhalten wird dabei in weitestem Sinne definiert und umfaßt sowohl Gefühl und Denken als auch sichtbares Verhalten, „normales" wie „pathologisches" Verhalten, häufige wie einmalige Verhaltensformen und insbesondere auch „latentes Verhalten" (R a p a p o r t 1959).

---

* Ersterscheinen des 3. Kapitels, Abschn. I u. d. Titel „Gesichtspunkte zur Indikationsstellung für die analytische Gruppenpsychotherapie". In: Gruppenpsychotherapie u. Gruppendynamik 3, 179—198 (1970).

Das Objekt dieser Therapie ist menschliches Verhalten; ihr Ziel ist es, dem Patienten einen Zugang zu den seinem Verhalten zugrunde liegenden unbewußten Motivationen zu verschaffen, insbesondere zu den (unbewußten) Abwehrvorgängen, mit deren Hilfe er angst- und schuldgefühlsbesetzte Wünsche, Antriebe und Impulse seinem (bewußten) Erleben fernhält, ihm ferner zu helfen, das ihm zugänglich gewordene konflikthafte Erleben zu akzeptieren und zu integrieren. Das latente, d. h. nicht reflektierte konflikthafte Erleben stellt sich vornehmlich in der sogenannten Übertragung dar. Es ist Ziel dieser Therapie, Übertragungen hervorzurufen, die übertragenen Grundverhaltensformen bewußt und sie einer korrigierenden emotionalen Neuerfahrung (corrective emotional experience nach A l e x a n d e r 1946) zugänglich zu machen.

Es handelt sich um eine analytische Psychotherapie: sie bedient sich der Methode und der Techniken der Psychoanalyse. Die grundlegende Methode der Psychoanalyse ist die der zwischenmenschlichen Beziehung, genauer die der teilnehmenden Beobachtung als einer von deren Varianten (S u l l i v a n 1955; R a p a p o r t 1959). Ihre Anwendung erfolgt in einer Atmosphäre, die von seiten des Therapeuten durch wertneutrales Wohlwollen und durch Anwendung des Abstinenzprinzips (F r e u d 1915, Bd. X, S. 306—321) bestimmt wird.

Die kommunikative Beobachtung wird mittels folgender Techniken appliziert: der nichtgelenkten (freien Assoziations-) Technik, der deutend-genetischen Technik, der Abwehranalysetechnik, der Handhabung von Übertragung und Gegenübertragung.

2

Es handelt sich ferner um eine Gruppentherapie: Sie wird im Bezugsrahmen einer Pluralität angewandt, der Pluralität einer Kleingruppe (4- bis 8-Personen-Gruppe).

Pluralität ist eine Bedingtheit menschlicher Existenz. Die Pluralität einer Kleingruppe zeigt strukturinhärente Eigentümlichkeiten, die sich einer psychotherapeutischen Einwirkung als Instrument anbieten.

Es handelt sich dabei einmal um die Gruppendynamik. Unter Gruppendynamik sei in diesem Kontext die Art und Weise verstanden, wie eine Gruppe sich bildet und wie sie funktioniert. Nach B e n n i s (1964) bilden Abhängigkeit und Interdependenz, Autorität und Intimität, Macht und Liebe die Kerne der zentralen Probleme, die, in unserer Kultur, das Gruppenleben bestimmen. Abhängigkeit und Interdependenz können dabei verschieden beinhaltet sein, so z. B. durch Besitzwünsche.

In den meisten sozialen Gruppen (Organisationen, Institutionen) sind die Regeln, nach denen sich Autorität und Intimität unter den Mitgliedern verteilen, festgelegt, prä-formiert. In allen relativ unstrukturierten Gruppen, zu denen neben den Trainingsgruppen (T-groups) für zwischenmenschliche Beziehungen auch die therapeutischen Gruppen gehören, bestehen solche Regeln der Macht- und Intimitätshandhabung und -verteilung nicht von vornherein. Es entstehen deshalb entsprechende Unsicherheiten, die die gruppeninterne Kommunikation behindern. Dabei können sich Hemmnisse für eine befriedigende zwischenmenschliche Kommunikation in folgender Weise darstellen: als eine mehr oder minder große Rigidität, die sowohl die Einstellung zum Verhalten der anderen wie auch das eigene Verhalten bestimmt. Diese Rigidität resultiert aus angstbesetzten Vorerfahrungen mit den Verkörperungen von Macht und Liebe in der familiären Primärgruppe, die auf neue Situationen übertragen werden, ohne ihnen gemäß zu sein, und die zur Ausbildung von dysfunktionalen Rollen führen.

Die eine Unsicherheit (in relativ unstrukturierten Gruppen) betrifft die Orientierung der Gruppenmitglieder in bezug auf die Handhabung und Verteilung von Macht (Autorität) in der Gruppe; die andere Unsicherheit betrifft die emotionale Beziehung der Mitglieder zueinander. Diese beiden Orientierungsbereiche (Autorität und Intimität, Macht und Liebe) existieren nicht unabhängig voneinander: Eine spezielle Form der emotionalen Orientierung der Mitglieder untereinander ist mit einer speziellen Autoritätsstruktur verbunden und vice versa (B e n n i s 1964).

Eine weitere Eigentümlichkeit der Kleingruppe ist folgende: Die Gruppe ist in einer ständigen Bewegung, die nicht durch zufällige, sondern durch regelhafte Abläufe charakterisiert ist. Zur theoretischen Erfassung dieser formalen Regelhaftigkeit des Gruppenprozesses wurden Gleichgewichtsmodelle entwikkelt, so von L e w i n (1947) und B a l e s (1963). Gleichgewichtsmodelle sind in den meisten gruppentherapeutischen Konzepten implizit oder explizit enthalten — am meisten explizit haben D. S t o c k W h i t a k e r und L i e b e r m a n (1965) ein solches in ihrem Gruppenfokalkonflikt-Konzept dargestellt.

3

Welche Modifikationen erfährt nun eine analytische Psychotherapie, wie wir sie zuvor skizziert haben, wenn sie in der Pluralität einer Kleingruppe angewandt wird?

Das Objekt der Therapie ist wie in der Einzelanalyse menschliches Erleben und Verhalten, jedoch nicht eines einzelnen, sondern einer Mehrzahl von Individuen. Es stellt sich in den zwischen den Gruppenteilnehmern ablaufenden, weitgehend durch feedbacks („Rückspiegelung" des Einzelverhaltens) bestimmten Interaktionen dar. Unter feedback wird hier die verbale und nonverbale Antwort auf das Verhalten eines Initianten und deren Rückwirkung auf diesen verstanden.

Das Ziel der Therapie ist ebenso wie in der Einzelanalyse eine korrigierende emotionale Neuerfahrung. Doch vollzieht sich diese in der Pluralität unter anderen Bedingungen als in der durch eine „asymmetrische Distanz-Konfiguration" (H o f -s t ä t t e r 1964) gekennzeichneten psychoanalytischen Dyade. Der Erscheinungsraum einer Gruppe von Gleichgestellten (peer group) ermöglicht z. B., in Abhebung von der Einzelanalyse, ein vielfältiges Sich-im-anderen-Erkennen (sogenannte Spiegelreaktion nach F o u l k e s 1965, sogenannte theragnosis nach B a c h 1957). Die im Prozeß der Gruppenstrukturierung auftretenden sukzessiven Veränderungen des Gruppengleichgewichts lassen im fluktuierenden Spiel von Druck und Gegendruck aus der Latenz des Erlebens andrängende Kräfte sowie die dadurch ausgelösten Ängste und die dagegen gerichtete Abwehr deutlich werden und ermöglichen eine in kleinen Schritten sich vollziehende korrigierende emotionale Neuerfahrung.

Die grundlegende Methode der teilnehmenden Beobachtung wird dadurch modifiziert, daß sie nicht nur ein, sondern meh-

rere Individuen erfassen muß. Außerdem muß sie die spezifische Beeinflussung und Gestaltung des Verhaltens der Individuen durch die Pluralität, die Gruppendynamik, berücksichtigen. Sie muß die Art und Weise der soziodynamischen Funktionsverteilung (A. H e i g l - E v e r s 1968) — insbesondere
bei den Auseinandersetzungen mit den Problemen von Autorität und Intimität — ebenso erfassen wie die dabei ablaufenden sukzessiven Veränderungen des Gruppengleichgewichts.

Die nichtgelenkte (freie Assoziations-)Technik wird bei Anwendung in der Gruppe in der Weise modifiziert, daß die freie
Gruppenassoziation (F o u l k e s und A n t h o n y 1965[2])
oder das assoziative Denken der Gruppe (S l a v s o n 1952)
oder die freie Interaktionsregel (A. H e i g l - E v e r s 1968)
resultiert.

Die deutend-genetische Technik wird in der Pluralität auf
das im hic et nunc sich entfaltende Erleben der Gruppe, d. h.
aller ihrer Mitglieder, ausgerichtet. Deutungen und Interpretationen werden daher vorzugsweise an den die ganze Gruppe
bewegenden Phantasien und Konterphantasien, Aktionen und
Konteraktionen angesetzt (E n k e 1968).

Die Abwehranalysetechnik muß in der Pluralität die grup-
penspezifischen Konstellationen der Abwehr berücksichtigen.
So manifestiert sich im Gruppenfokalkonflikt-Modell von D.
S t o c k W h i t a k e r und L i e b e r m a n (1965) die Abwehr in der Gruppenlösung (group solution). Im Konzept
von E z r i e l (1950, ders. 1957) ist die „geforderte Beziehung" eine Abwehrposition. Im Gruppenmodell von B i o n
(1961[1]) konstelliert sich die Abwehr einmal in den Grund-
einstellungen (basic assumptions) als solchen im Sinne von
Regressionsphänomenen. Es handelt sich dabei um die Grund-
einstellungen der „Abhängigkeit", des „Kampfes und der
Flucht" sowie der „Paarbildung". Sie konstelliert sich ferner
im Wechsel von einer Grundeinstellung zu einer der beiden
anderen. Durch diesen Wechsel wird die mit der jeweils ver-
lassenen Grundeinstellung verbundene Angst und Gefahr abgewehrt.

Die Handhabung von Übertragung und Gegenübertragung
wird durch die Pluralität einer Kleingruppe in folgender Weise
modifiziert: Die Übertragung in der Gruppe ist ein Ausdruck

der Wechselwirkungen innerhalb der Gesamtheit der Teilnehmer; sie ist ein aktuelles Wiederholen der Vergangenheit in
der gegenwärtigen Gruppensituation auf dem sich ständig ver-
ändernden „Felde" der wechselseitigen Aktionen zwischen
Therapeut und Gruppenteilnehmern. Die Handhabung der
Übertragung zentriert sich auf die Wechselwirkungen und
stillschweigenden Übereinkommen, die den scheinbar unzu-
sammenhängenden Äußerungen der Gruppenteilnehmer zugrunde liegen. Dabei wird die teilnehmende Beobachtung entweder vorzugsweise auf das Gemeinsame der Übertragung gerichtet (A r g e l a n d e r 1963/64; ders. 1959) oder daneben
auch auf die spezifisch-individuelle Art und Weise, in der der
einzelne an dem Gemeinsamen teil hat (F o u l k e s und
A n t h o n y 1965; A. H e i g l - E v e r s 1967; dies. 1968;
S c h i n d l e r 1957/58; ders. 1960/61; G r i n b e r g ,
L a n g e r u n d R o d r i g u é 1960).
    Auch die Gegenübertragung wird ebenso wie die Über-
tragung in der Gruppe multilateral ausgefächert. Unter Gegenübertragung soll hier die Gesamtheit aller bewußten und
unbewußten Haltungen und Gefühlsreaktionen verstanden
werden, die der Therapeut gegenüber den Patienten entwickelt
(G r i n b e r g , L a n g e r , R o d r i g u é 1960). Die im gegebenen Moment besonders stark angesprochenen Gegenüber-
tragungsgefühle setzen den Therapeuten in den Stand, durch
entsprechende Rückschlüsse auf die Gruppe, die in dieser der-
zeit vorherrschenden Spannungen spezifisch zu erfassen.

4

    Um die Indikation für eine analytische Gruppenpsychothera-
pie stellen zu können, ist, wenigstens bei der von uns verwandten Gruppen-Konzeption (A. H e i g l - E v e r s 1967;
dies. 1968), zunächst die Differentialindikation in bezug auf
eine Einzelanalyse zu klären.
    Ein Hauptcharakteristikum der Therapie in der 4- bis 8-Per-
sonen-Gruppe ist, in Abhebung von der Einzelanalyse, die
Pluralität. Zwar ist auch die dyadische Beziehung der Einzelanalyse ein Pluralitätsphänomen; sie ist jedoch durch spezielle
technische Kunstgriffe ihres Pluralitätscharakters weitgehend
beraubt zugunsten der Umformung in eine mehr singuläre,

private Situation. Diese Kunstgriffe dienen der Ausrichtung der Aufmerksamkeit des Analysanden auf sich selbst und der des Analytikers auf den Analysanden. Es handelt sich dabei um die *klassische räumliche Anordnung* der Psychoanalyse, wodurch der Analytiker aus dem Blickfeld des Analysanden gerückt wird, um die *Abstinenzregel,* wonach der Analytiker so gut wie nichts von seinem persönlichen Erleben mitteilt, und um die *analytische Grundregel,* wonach der Analysand dazu angehalten wird, jeden Gedanken, jede Empfindung, jede affektive Regung zu verwörtern. H o f s t ä t t e r (1964) bezeichnet das Resultat dieser Techniken als „asymmetrische Distanz-Konfiguration".

Pluralität ist das spezifisch Neue, die charakteristische Reiz-Konfiguration der Gruppe in Abhebung von der einzelanalytischen Dyade. Die spezifische Wirksamkeit der Gruppenpsychotherapie läßt sich infolgedessen zum Faktor Pluralität und den sie kennzeichnenden Merkmalen in Beziehung setzen. Diese Merkmale sind nach H. A r e n d t (1960):

unter mehreren sein,

als Glied einer Vielheit einzigartig sein,

nicht souverän sein,

mit der relativen Unabsehbarkeit der Folgen des eigenen Tuns konfrontiert sein. —

Wir wollen nun im folgenden überlegen, für welche Patienten oder für welche neurotischen Strukturen die Pluralität durch eines oder mehrere der genannten Merkmale zu einem Faktor wird, der die Wirksamkeit einer analytischen Psychotherapie steigert, der eine korrigierende emotionale Neuerfahrung begünstigt.

Dabei sei folgendes vorangestellt: Auch bei der Indikation zur analytischen Gruppe ist die Beachtung der Toleranzgrenze (H e i g l 1965) eine unerläßliche Forderung. Es ist bei der Indikationsstellung immer zu fragen, ob der betreffende Patient die an sich für ihn angezeigte Pluralitätssituation *jetzt schon* verträgt oder ob er *vorerst noch* die stärkere Geborgenheit der mehr singulären, mehr privaten analytischen Dualbeziehung braucht. Bei den nun folgenden Überlegungen ist also die Frage des timing, der Wahl des richtigen Zeitpunktes, stets involviert.

4 a

Wir gehen zunächst der Frage der spezifischen Anwendbarkeit der analytischen Therapie im Rahmen einer Pluralität unter dem Aspekt des *ersten* der zuvor genannten Merkmale nach: *Pluralität bedeutet, unter mehreren zu sein.* Der Einzelne existiert nicht allein, sondern unter Vielen. Er muß mit einer Mehrzahl von Menschen rechnen und sich auf sie beziehen.

Unter mehreren zu sein, bedeutet eine strukturspezifische und, zu gegebener Zeit, therapeutisch notwendige Frustration für alle Patienten mit dem an die anderen gerichteten illusionären narzißtischen Anspruch „Ego centrum sum". Dazu gehören z. B. alle schizoid-strukturierten Patienten mit narzißtischen Erwartungen auf eine total verläßliche Aufmerksamkeits- und Gefühlszuwendung von seiten der anderen.

In den Anfangs- und Frühphasen einer analytischen Behandlung ist für diese Patienten meist eine Einzeltherapie angezeigt, gerade weil diese ihnen die genannte Frustration, die ihre Toleranzgrenze zunächst überschreiten würde, erspart.

Die „asymmetrische Distanz-Konfiguration" der einzelanalytischen Dyade mit ihrem einseitigen Aufmerksamkeits- und Zuwendungsgefälle bedeutet eine Befriedigung der narzißtischen Erwartungen und Ansprüche dieser Patienten. Sie erfüllt in gleichsam idealer Weise die von ihnen gestellte Kontaktbedingung, daß der andere ihnen mit total-hingebender Aufmerksamkeit zugewandt sein müsse. Sie ist daher in der initialen Behandlungssituation geeignet und indiziert, damit über die Annahme der emotionalen Riesenansprüche dieser Patienten sich eine Beziehung überhaupt erst einmal bilden und ein Arbeitsbündnis sich im ersten Ansatz herstellen kann.

Im weiteren Verlauf der Behandlung kann die einseitige Aufmerksamkeitszuwendung jedoch zu einer Ersatzbefriedigung führen, wodurch die Entfaltung und Befriedigung eigener intentionaler und Hingabe-Bedürfnisse verhindert wird. Die Einzelanalyse vermittelt dann oft nicht genügend Anreiz für die Entwicklung einer eigenständigen intentionalen Aktivität im Sinne S c h u l t z - H e n c k e s (1951), d. h. für Impulse, sich für andere Menschen neugierig zu interessieren, sich verstehend in sie einzufühlen.

So strukturierte Patienten berichten im späteren Rückblick auf die Anfangsphase der Behandlung oft, daß sie den Therapeuten damals als eine zur Befriedigung des Patienten geschaffene Institution erlebten, als eine „Analysenmaschine", als etwas, das vorbehaltlos dem Patienten zur Verfügung gestellt war, und nicht als ‚person in his own rights'. Eine Patientin mit schwerer Magersucht, die in einer mehrere Jahre dauernden Einzelanalyse ihre Magersucht bis zur völligen Gewichtsnormalisierung, nicht aber ihre Kontaktstörungen verloren hatte, äußerte in einer späteren Gruppentherapie: „Ich habe mich erst mit Händen und Füßen gegen die Gruppe gewehrt. Warum sollte ich die Einzelanalyse auch aufgeben? Es war doch so angenehm, regelmäßig den Analytiker zur Verfügung zu haben. Ich lag auf der Couch, und aus allem, was er mir sagte, habe ich immer nur herausgehört: Du bist schon ein armes Schwein, und du bist ein liebenswerter Mensch. Das war äußerst angenehm, und ich ging immer ganz beschwingt wieder von dannen."

In diesen Äußerungen stellt sich eine charakteristische Abwehr-Substruktur solcher Patienten dar. Es handelt sich um einen partiellen schizoiden Objektverlust. S u l l i v a n (1955) spricht von selective inattention, vom Abwehrmechanismus der selektiven Unaufmerksamkeit: Alle unangenehmen Reize, so auch die dem Betreffenden mißliebigen Inhalte der Deutungen und Interpretationen des Analytikers, werden von der Wahrnehmung ausgeschlossen, werden ignoriert. Bei vielen Patienten mit einer gut funktionierenden selective inattention scheint sich in einer längerdauernden Einzelanalyse die Einstellung zu festigen: Wozu soll ich mich um Kontakt kümmern, wozu soll ich mir andere Beziehungspersonen suchen, da ich doch mit gesicherter Regelmäßigkeit meinen einfühlsamen Therapeuten zur Verfügung habe?! Das Unter-mehreren-Sein in der Gruppe läßt diese Abwehr-Substruktur deutlicher in Erscheinung treten; es bedeutet Frustration für die narzißtischen Zuwendungserwartungen und Anreiz für eigene intentionale und emotionale Aktivität.

Eine weitere Indikation zur analytischen Gruppenpsychotherapie ist nach unserer Erfahrung bei den meisten Patienten mit psychosomatischen Störungen gegeben. F r e e d m a n

und S w e e t (1954) rechnen diese Patienten zu den emotional illiterates, den emotionalen Analphabeten, die auf
Grund innerer Widerstände wenig oder gar nicht mit der
Sprache des Gefühls vertraut sind. Ihre Fähigkeit zur Introspektion als einer der wesentlichen Annäherungsweisen an
das Unbewußte in der Einzelanalyse ist entsprechend herab-
gesetzt. Diese Patienten mit der Abwehrform der Somatisierung, der Verschiebung von Affekten ins leibliche Geschehen,
der Regression auf Lösungsformen durch organische Abläufe,
wie M i t s c h e r l i c h (1953/54) sagt, haben ihre Ängste
oft so erfolgreich somatisiert, daß der Zugang zu diesen Affekten mit Hilfe introspektiver Techniken, etwa der freien
Assoziationstechnik, nur schwer zu erschließen ist.

Es handelt sich hierbei um Patienten, denen S c h w i d d e r
(1958/59) eine sogenannte Haltungsstruktur zuschreibt. Haltungsstrukturen sind gegen die sogenannten Gehemmtheitsstrukturen in folgender Weise abzugrenzen: Im Falle einer
Gehemmtheitsstruktur wird das (manifeste) Erleben und Verhalten durch die neurotischen Gehemmtheiten und die dadurch bedingten Ausschaltungen und Einschränkungen von
Vitalstrebungen bestimmt. Im Falle einer Haltungsstruktur
wird das manifeste Erleben und Verhalten dagegen durch Haltungen bestimmt, d. h. durch jene Reste gehemmten Antriebserlebens, die sich dennoch durchsetzen und die sich z. B. im
Sinne von Fehlerwartungen, also Erwartungen irrealer und
illusionärer Art, sowie in Form von Riesenerwartungen darstellen. Nach S c h w i d d e r (1958/59) entwickeln sich bei
Patienten mit Gehemmtheitsstrukturen neurotische Symptome
vorwiegend im Bereich psychischer Manifestation, während
Patienten mit Haltungsstrukturen eher zu körperlichen Symptomen, und d. h. zu psychosomatischen Erkrankungen neigen.

Bei der Somatisierung handelt es sich nach unserer Erfahrung vor allem um die Abwehr von Kränkungen und Krän-
kungsaggressionen, denen diese unter dem Druck besonders
hoher Ich-Ideal-Forderungen stehenden Patienten ausgesetzt
sind. Zu diesen Forderungen gehört es auch, sozial ideal ange-
paßt sowie frei von seelischen Konflikten zu sein und in dieser
Hinsicht keiner Hilfestellung zu bedürfen. Sie sind daher meist
überzeugte Verfechter der Somatogenese ihrer Erkrankung.

Dieses Abwehrverhalten ist in einer therapeutischen Gruppe deswegen vergleichsweise leichter anzugehen, weil die Betreffenden hier erleben, daß andere Patienten es nicht für anrüchig und demütigend halten, seelische Schwierigkeiten zu haben und zum Ausdruck zu bringen. Außerdem gewinnen diese Kranken erfahrungsgemäß einen Zugang zu den von ihnen abgewehrten Erlebensbereichen eher über die Interaktionen unter mehreren als über die Introspektion. In den Interaktionen einer Gruppe haben sie die Möglichkeit, ihr Verhalten über die spontanen affektiven Antworten der anderen, also gleichsam durch Rückspiegelung — Spiegelreaktionen nach F o u l k e s (1965), theragnosis nach B a c h (1957) — zu erfassen und zu verstehen.

4 b

Wir betrachten nun die Indikation zur analytischen Gruppenpsychotherapie unter dem Aspekt des *zweiten* der genannten Merkmale der Pluralität.

Pluralität heißt Vielheit und Verschiedenheit. H. A r e n d t (1960) sagt: „Menschliche Pluralität ist eine Vielheit, die die paradoxe Eigenschaft hat, daß jedes ihrer Glieder in seiner Art einzigartig ist." Pluralität bedeutet, einer Vielheit als Mitglied anzugehören und sich dabei gleichzeitig als einzigartig und unverwechselbar gegen die anderen abzugrenzen. Dieses Erleben ist allen jenen depressiv-strukturierten Patienten nicht zugänglich, deren Hauptabwehrmechanismus die Introjektion ist, deren Kontakt- und Verhaltensstil durch Einverleibungs- und Verschmelzungstendenzen, durch symbiotische Phantasien bestimmt ist. Dabei können sich diese symbiotischen Phantasien in Form eines saugenden, anklammernden, haftenden Verhaltens direkt manifestieren, oder aber sie werden durch Kontaktvermeidung, Menschenscheu und ähnliches abgewehrt und so vom manifesten Erleben und Verhalten ferngehalten.

In der einzelanalytischen Dyade kommt es bei diesen Patienten häufig zu folgender Übertragung: Der Patient erlebt eine ausgeprägte passive Abhängigkeit vom Analytiker; diese ist mit einer mehr manifesten oder mehr latenten, auf eigener Passivität basierenden Anspruchlichkeit verbunden, mit dem

Anspruch oder der Erwartung, den Therapeuten total zu besitzen, und d. h. auch, total von ihm versorgt zu werden. Eine solche passive und illusionistische Abhängigkeit und Ansprüchlichkeit läßt sich mit kritischer Selbstabgrenzung nicht vereinbaren. Da der Therapeut diese Ansprüche stets enttäuscht, kommt es immer auch zu — oft sehr destruktiven — Enttäuschungsaggressionen auf seiten des Patienten. Diese destruktive Reaktion führt zu starken Ängsten, den Analytiker zu zerstören und ihn dadurch als potentielle Versorgungsquelle zu verlieren. Sie werden daher durch die verstärkte Tendenz abgewehrt, mit dem Therapeuten unter Verzicht auf Eigenständigkeit engstens verbunden, ja verschmolzen zu sein und sich solcherart seiner zu versichern. Diese Abwehr bedeutet einen hartnäckigen Widerstand gegen die Verselbständigung.

In der Pluralität einer Gruppe spielen solche Abhängigkeitsphantasien, im Sinne von Gruppenphänomenen, zwar auch eine Rolle. Man denke an B i o n s (1961) Grundeinstellung der Abhängigkeit. Doch fordert die Konstellierung einer Gruppe, etwa im Sinne des gemeinsamen Erlebens der Abhängigkeit, notwendigerweise eine Aufteilung der Gesamtaktivität unter den Mitgliedern im Sinne der soziodynamischen Funktionsverteilung (A. H e i g l - E v e r s 1968). Daraus resultiert für die einzelnen die Einnahme bestimmter Positionen und die Übernahme entsprechender Rollen. Diese Funktionsverteilung und Rollendifferenzierung impliziert aber immer Abgrenzung gegen die anderen, bedeutet, als Glied einer Vielheit einzigartig zu sein.

Die Pluralität einer Gruppe stellt also für diese depressivstrukturierten Patienten eine Frustration ihrer Entgrenzungs- und Verschmelzungstendenzen und einen Anreiz für Selbstabgrenzung und Identitätsfindung dar.

Unter dem Aspekt des zweiten Merkmals der Pluralität — Pluralität heißt Vielheit und Verschiedenheit — ergibt sich eine Indikation zur analytischen Gruppenpsychotherapie auch für jene Patienten hysterisch-zwangsneurotischer Struktur, die sich Selbstabgrenzung und Selbstdurchsetzung nur unter völligem Verzicht auf Hingabe und die sich umgekehrt Hingabe nur unter Verzicht auf Selbstbehauptung und Streben nach eigener Geltung vorstellen können, deren Erleben in dieser Hinsicht unter Ambivalenzspannungen steht. Der Abwehrmechanismus der Verkehrung ins Gegenteil sowie Reaktionsbildungen sind die dazugehörigen Substrukturen.

In der einzelanalytischen Dualbeziehung verhärten sich diese Patienten im Sinne einer Protesteinstellung gegenüber dem Analytiker, die sie therapeutisch unzugänglich macht. Diese Einstellung schlägt wegen des damit verbundenen unerträglichen Hingabeverzichtes dann immer wieder um in ein weichhingebendes folgsames Sich-Überlassen. Der mit Hingabe verbundene beunruhigende und beängstigende Selbstbehauptungsverzicht mobilisiert umgekehrt wiederum Protest.

Die Pluralität der 4- bis 8-Personen-Gruppe läßt diesen zunächst unlösbar scheinenden Konflikt deutlich in Erscheinung treten und damit reflektierbar werden. Diese Patienten streben auf der einen Seite aktiv nach einer Führungsposition, in der sie sich dann jedoch überfordert und in ihren Hingabewünschen frustriert fühlen und Neidregungen erleben gegenüber jenen, die sich in einer Position der Anlehnung befinden. Nach Wechsel in eine Position der Anlehnung fühlen sie sich kleingemacht und nicht ernst genommen und geraten unter den Druck von Geltungsneid und zwanghaften Rivalitätstendenzen gegenüber dem jeweils Führenden. Im fluktuierenden Spiel der soziodynamischen Funktionsverteilung (A. H e i g l - E v e r s 1968) in der Gruppe können diese Patienten erleben, daß jede Position und jede Rolle in der Gruppe auf die anderen bezogen und von den anderen akzeptiert sein muß, auch die der Führung — es gibt keine Herrschaft ohne Zustimmung der Beherrschten. Sie erfahren, daß jede Rolle, auch die der weichen Anlehnung, ihre Würde hat, daß Gruppenzugehörigkeit und individuelle Identität sich nicht gegenseitig ausschließen, sondern einander bedingen. Auf diese Weise können so strukturierte Patienten ihre alte Erfahrung, daß Geltung Hingabeverzicht und Hingabe Geltungsverzicht einschließt, allmählich relativieren.

4 c

Es ist nun die Indikation zur analytischen Gruppenpsychotherapie an Hand des *dritten* der zuvor genannten Merkmale der Pluralität auf Grund klinischer Erfahrung zu überprüfen.

Der einzelne Mensch ist nicht souverän. Souveränität im Sinne unbedingter Autonomie und Herrschaft über sich selbst widerspricht der Pluralität als menschlicher Bedingtheit. Pluralität bedeutet: nicht souverän sein. Dieses Merkmal bezeichnet also das Faktum, daß der Mensch in bezug auf sein Erleben und Verhalten nicht autonom und nicht allmächtig ist, daß er die Mitbestimmung der anderen immer zulassen muß.

Daraus wäre zu folgern, daß die Konfrontation mit diesem Faktum im therapeutischen Milieu für alle jene Patienten günstig wäre, deren Verhalten wesentlich durch Allmachtsphantasien motiviert ist.

Das scheint uns zuzutreffen für viele Patienten, bei denen eine Ausreifung der Willensbildung deswegen nicht erfolgen konnte, weil sie als Einzelkinder aufgewachsen sind. Solche Einzelkinder haben von früh an erlebt, daß sich das familiäre Geschehen sehr weitgehend um sie drehte, daß sie, im Guten wie im Bösen, im Mittelpunkt der elterlichen Beachtung standen. Sie haben zwar die Beschränkung der eigenen Souveränität, die Begrenzung ihres Alleinbestimmungsdranges durch die übermächtigen elterlichen Autoritätsfiguren erlebt, nicht aber die Auseinandersetzung mit den Willensimpulsen von prinzipiell Gleichberechtigten, Gleichmächtigen, die Abgrenzung der eigenen Willensimpulse gegen die der anderen sowie die Abstimmung der eigenen Willensbildung auf die der anderen. Verhalten im Sinne von Mitbestimmung ist ihnen oft nicht möglich. Ihr Erleben ist durch eine (latente) Vorstellung absoluter Souveränität motiviert. Nach Möglichkeit wollen sie selbst diejenigen sein, die eine Situation bestimmen. Wenn das offenkundig nicht möglich ist, dann geben sie nach oder unterwerfen sich, weil dann eben der andere der absolut Mächtige ist, dem man sich unterstellen muß. Teilung der Macht, Mitbestimmung, ist ihnen als Vorstellung, als Impuls und als Handlungsvollzug nicht verfügbar.

In der Pluralität einer Gruppe finden sich solche Menschen mit Gleichgestellten konfrontiert; die anderen sind in der gleichen Lage, man sitzt gleichsam in einem Boot. Der latente, unreflektierte Souveränitätsanspruch wird relativ schnell deutlich dadurch, daß er auf die Willensimpulse der anderen stößt. Dadurch wird ein Auseinandersetzungsprozeß eingeleitet, aus

dem die für solche Menschen neue Erfahrung resultieren kann,
daß man mit den anderen in der peer-group nicht nur konkur-
rieren, sondern auch koalieren kann, mit ihnen z. B. eine Koalition auch gegen den Therapeuten bilden kann.

Solche Menschen erleben dann oft zum erstenmal, was
es heißt, sich mit anderen zusammenzuschließen, an etwas Ge-
meinsamem teilzuhaben und gemeinsam zu handeln. Die soziodynamische Funktionsverteilung der sich immer wieder neu
konstellierenden therapeutischen Gruppe bietet diesen Menschen, die habituell je nach Struktur zur Einnahme der Alpha-
oder der Omega- oder eventuell der Beta-Position neigen, die
Möglichkeit, in Gamma-Position an einer gemeinsamen Aktion
zu partizipieren, als identifikatorisch-, eifernd-überwachend-
oder als komplementär-partizipierender Gamma sich der gemeinsamen Aktion anzuschließen, sich einzuordnen und Mit-
beteiligung sowie Mitbestimmung zu erleben (A. H e i g l -
E v e r s 1968).

In der dyadischen Beziehung besteht zumindest die Gefahr,
daß solche Patienten sich wegen der Zurückhaltung des Therapeuten, der auf sein persönliches Mitbestimmungsrecht weitgehend verzichtet und sich nur das Deutungs- und Interpre-
tationsrecht vorbehält, in ihren illusionären Autonomie- und
Souveränitäts-Ansprüchen bestärkt fühlen.

Die soeben angestellten Überlegungen gelten nicht nur für
so strukturierte Patienten mit einer Einzelkind-Genese, sondern auch für zwangsneurotisch strukturierte Patienten mit
dominanten, manifesten Bemächtigungstendenzen überhaupt.

Die Pluralität einer Gruppe vermittelt ihnen die Erfahrung,
daß ihre infantilen illusionären Allmachtsansprüche am manifesten oder gedeckten Widerstand der anderen mit Notwendigkeit scheitern müssen. Sie bringt ihnen nahe, daß die von
ihnen vollzogene Regression auf die anal-sadistische Stufe eine
Abwehr- und Schutzfunktion hat, ebenso wie die für sie cha-
rakteristischen moralischen Reaktionsbildungen, da sie beim
Verzicht auf diese Abwehr in einen Gefühlssog hingebender
Bezogenheit geraten würden, der sich ihnen vage als beängstigende chaotische Selbstauflösung darstellt. Die Gruppe ermöglicht diesen Patienten z. B. im pairing (B i o n 1961) zu erfahren, wie der andere Mensch, der sich ihrem bemächtigenden

Zugriff entzogen oder sich ihnen gegenüber versteift hatte, sich
ihnen dann öffnet, wenn sie sich mitfühlend in ihn hineinden-
ken.

Im setting der Einzelanalyse erfahren diese Patienten die
Wirkung ihrer Bemächtigungstendenzen auf den anderen zu
wenig, da der Analytiker sich auf deutende und interpretative
Interventionen beschränkt und auf spontanes feedback verzichtet. Dadurch ist es diesen Patienten nicht möglich, den
illusionären Charakter ihrer omnipotenten Autonomie- und
Souveränitätsansprüche durch „Rückspiegelung" zu erfahren.
Die Realität des Nicht-autonom- und Nicht-souverän-Seins
wird in der Pluralität offenkundig und läßt den illusionären
Charakter von Autonomie- und Souveränitäts-Ansprüchen
deutlich werden.

Eine Indikation zur Gruppentherapie scheint uns auch bei
jenen Patienten gegeben, deren Verhaltensstörungen durch
Schwierigkeiten im Umgang mit Autoritäten gekennzeichnet
sind. Es handelt sich um Persönlichkeiten, nicht selten um Stu-
denten, die in ihrem vordergründigen manifesten Verhalten
extrem anti-autoritär eingestellt und repressionsempfindlich
sind, von der Latenz ihres Erlebens her dagegen durch ausgeprägte autoritäre Tendenzen bestimmt werden.

In der Pluralität der Gruppe wird diesen Patienten ihr eigenes autoritäres Gebaren eher registrierbar als in der einzelanalytischen Dyade, wo ihre autoritären Tendenzen oft lange
Zeit weniger deutlich in Erscheinung treten. So kann sich ihre
autoritäre Einstellung in der Gruppe z. B. in der Weise darstellen, daß sie allerstrengste Normen aufrichten und über
deren strikte Einhaltung eifernd-intolerant wachen (A.
H e i g l - E v e r s 1968). Das sei an einem Patienten exemplifiziert, der immer wieder Zusammenstöße mit den von ihm
als extrem autoritär empfundenen Dozenten und Professoren
hatte und deswegen schließlich eine Gruppentherapie begann.

Sein Verhalten in der Gruppe war dadurch gekennzeichnet,
daß er auf der einen Seite jede Autoritätsbildung anderer im
ersten Ansatz zu unterbinden suchte, auf der anderen Seite in
impliziter Form Normen einführte und deren Nichtbeachtung
aufs strengste maßregelte. Konkret sah das folgendermaßen
aus: Wenn ein Teilnehmer eine Aktion initiierte, d. h. eine

Thematik einführte, der die anderen zustimmten, dann wies dieser anti-autoritäre Patient sofort warnend darauf hin, daß die Gruppe im Begriff sei, einem Führer zu folgen, sich einem einzelnen zu unterwerfen. Andererseits empörte er sich heftig über jeden Gruppenteilnehmer, der nicht rückhaltlos bereit war, eigene Interessen zu opfern, sobald ein anderer offensichtlich der Hilfe bedurfte; er empörte sich, wenn man sich nicht der von ihm implizit vertretenen Norm unterwarf, wonach man auf einen Hilfsbedürftigen, unter Verzicht auf eigene Bedürfnisse und Belange, total altruistisch einzugehen hatte. Der Autorität dieser Norm sollten alle gehorchen.

Dieser vordergründig anti-autoritär eingestellte Patient hatte die von ihm selbst nicht reflektierte autoritäre Tendenz, die Diktatur einer Norm in der Gruppe zu errichten. Es handelte sich bei dieser Norm einer altruistischen Hilfsbereitschaft u. a. um den von A. F r e u d (1946) beschriebenen Abwehrmechanismus der „altruistischen Abtretung von Triebansprüchen" an ein zur Wunscherfüllung geeignetes Objekt. Genauer gesagt, handelte es sich um eine Variante dieser Abwehr: Allmachtsphantasien und Autoritätsansprüche werden in diesem Fall nicht an ein Objekt im Sinne einer Person, sondern per Projektion an eine Norm als Personenersatz abgetreten. Mit dieser Norm identifiziert sich der Betreffende und erlebt so, indirekt und ohne Bestrafung von seiten des Über-Ichs, eine Befriedigung seiner sadistisch-autoritären Bemächtigungswünsche.

Eine Indikation zur Gruppentherapie scheint sich, zumindest im Sinne einer kombinierten Einzel- und Gruppentherapie, bei sogenannten verwahrlosten, also dissozialen Jugendlichen herauszustellen. Gemeinsam ist den dissozialen Persönlichkeiten (bei unterschiedlichen Symptom-Manifestationen) nach K ü n z e l (1968) und K l ü w e r (1968) der Abwehrmechanismus des „narzißtischen Großheitswahnes". Dieser Abwehrmechanismus bedeutet die Umkehr eines kränkenden Ohnmachtserlebnisses in eine aktive Machtphantasie, also eine Verkehrung ins Gegenteil. L e C o u l t r e (1948) und K l ü w e r (1968) sprechen in diesem Zusammenhang auch von einer „Charakterneurose mit stark narzißtischer Besetzung der Abwehr".

Eine faktische Ohnmacht wird in eine Phantasie aktiver Macht verkehrt; es besteht eine Ambivalenz zwischen dem Wunsch, sich mit anderen einzulassen und engagiert mitzutun, bei Gefahr von Unterwerfung und Preisgabe des Eigenwillens, und der Tendenz, sich von diesem Wunsch als einer Schwäche völlig zu distanzieren und sich, unter Verbundenheitsverzicht, eine unangreifbare Überlegenheit zu sichern.

Ein solches Abwehrgeschehen ist in einer Einzelanalyse allein nur schwer aufzulösen: Der Therapeut ist einziges Objekt des Wunsches, sich unter Preisgabe des eigenen Willens hingebungsvoll zu engagieren; er muß somit als potentieller Unterdrücker enorm gefürchtet werden; er wird zum Todfeind, gegenüber dem der Patient sich mit Hilfe einer Phantasie aktiver Macht eine Position unangreifbarer Überlegenheit zu sichern versucht. Das bedeutet, daß die Deutungen und Interpretationen des Therapeuten für den Patienten unannehmbar werden und daß ein Lernprozeß nicht stattfindet.

In der Pluralität der Gruppe stehen die genannten ambivalenten Tendenzen nicht in einem Ausschließungsverhältnis zueinander wie in der Einzelanalyse, sondern sie können nebeneinander erlebt und allmählich bewußt und reflektierbar werden. Der dissoziale Patient kann sich in der Koalition mit den peers total engagieren und kann gleichzeitig zusammen mit ihnen gegenüber dem Gegner, häufig dem Therapeuten, eine überlegene Machteinstellung entwickeln und diesen zum Omega werden lassen.

Ebenso können solche Patienten sich umgekehrt in identifikatorischer Teilnahme an den Therapeuten anlehnen und gemeinsam mit ihm gegen die anderen kämpfen. Wenn solche Patienten durch ihre feindselig getönten Machtansprüche selbst in die Omega-Position geraten, dann können sie die ambivalente Besetzung dieser Position von seiten der Gruppenmajorität erleben; sie können erleben, daß sie bei aller vordergründigen Ablehnung von den anderen auf Grund unbewußter Identifikationen doch partiell akzeptiert und bejaht werden.

Mit der Gamma-Position und ihrer Ausfächerung in die Möglichkeiten identifikatorischen, komplementären und eifernd-überwachenden Teilhabens (A. H e i g l - E v e r s 1968) bietet die Gruppe solchen Patienten die Möglichkeit, im

Schutze einer gewissen Anonymität und Unverantwortlichkeit Impulse zu realisieren und zu akzeptieren, die ihnen sonst als unerträgliche Schwächen erschienen. Die Pluralität einer Gruppe bietet somit diesen mit einem absoluten und feindselig getönten Souveränitätsanspruch behafteten Patienten die Möglichkeit, in zunächst schonender und entängstigender Weise ihre gefürchteten Weichheits- und Verbundenheitswünsche zu erleben.

4 d

Schließlich wollen wir die Indikation zur Gruppentherapie unter dem Aspekt des *vierten* der zuvor genannten Merkmale der Pluralität überdenken: *Pluralität bedeutet auch Unabsehbarkeit der Folgen des eigenen Tuns;* denn die Folgen einer Tat ergeben sich nicht aus der Tat selbst, „sondern aus dem Bezugsgewebe, in welches sie fällt" (H. A r e n d t 1960).

Die Tatsache der Unabsehbarkeit der Folgen des eigenen Tuns wird von all jenen hysterisch strukturierten Patienten abgewehrt, die nicht wahrhaben wollen, daß ihr Handeln jeweils in ein präformiertes, sozio-emotionales Bezugsgewebe fällt.

Es sind Patienten mit Abwehrsubstrukturen, die durch Leugnung unliebsamer Aspekte der Realität mit Hilfe der Phantasie (A. F r e u d 1946) charakterisiert sind; einer von uns (A. H e i g l - E v e r s 1967) hat als einen solchen Abwehrmechanismus das Nicht-ernst-Nehmen beschrieben. Das Verhalten dieser Menschen ist bestimmt durch die, zumeist nicht reflektierte, Einstellung: Ich will nicht ernst nehmen und will nicht ernst genommen werden; ich will nicht wahrhaben, daß mein Tun und Lassen vorhersehbare und unvorhersehbare Folgen hat; weder will ich vorhersehen, was vorherzusehen ist, noch will ich das Unvorhersehbare riskieren und hernach auf mich nehmen.

In der einzelanalytischen Dyade erleben diese Patienten das vom Therapeuten ausgehende wertneutrale Wohlwollen oft als Bestätigung der genannten Einstellung. So äußerte sich eine hysterisch strukturierte Patientin zum Unterschied zwischen Einzelanalyse und Gruppentherapie einmal folgendermaßen: „Hier (in der Einzelanalyse) kann ich tun, was ich will. Auch

wenn ich mich noch so unmöglich benehme, Sie tolerieren es.
Sie analysieren es zwar dann, aber das kratzt mich nicht so
sehr. Ich weiß ja, daß Sie dem wohlwollend gegenüberstehen.
Die Gruppenmitglieder werden das nicht dulden . . ., da muß
ich anders werden." Sie erlebt also in der Einzelanalyse, daß
sie sich um die Folgen und Auswirkungen ihres Tuns nicht
zu kümmern braucht, daß sie sich weiterhin der illusionären
Freiheit unbegrenzter Möglichkeiten überlassen kann, in der es
keine Notwendigkeit, keine Verbindlichkeit, keine Verantwortung gibt.

In der Pluralität der Gruppe dagegen erfahren diese Patienten, daß jede ihrer Äußerungen diverse Folgen hat, aus denen
sich dann weitere Folgen ergeben. Ihre naive Rücksichtslosig-
keit, die sie die präformierten Strukturen der einzelnen Mitglieder und der Gruppe nicht wahrhaben, anerkennen und
ernstnehmen läßt, wird ihnen allmählich bewußt.

Eine Indikation zur Gruppentherapie unter dem Aspekt der
Unvorhersehbarkeit der Folgen des eigenen Tuns ist unseres
Erachtens auch bei jenen zwangsneurotisch strukturierten Patienten gegeben, deren Verhalten durch die Tendenz bestimmt
wird, weder bei sich noch in ihrer Umwelt Veränderungen
und Wandel zuzulassen. Die Welt des Zwangskranken und
damit auch sein Verhalten ist durch das Gewesene bestimmt.
Das Gewesene stellt Schutz und Kerker zugleich dar; das Zu-
künftige hingegen wird als ein bedrohliches Chaos abgewehrt
(Gebsattel 1959; Bally 1959). Diese Immobilisierungstendenzen, das Bestreben, die eigenen Handlungskräfte
und die der anderen entweder von vornherein zu fesseln oder
sie so einzusetzen, daß die entsprechende Bemühung letztlich
— nach Art der Bemühung des Sisyphos — wieder zum Aus-
gangsort zurückführt, gehören in den Bereich jener Abwehr,
die von Freud (Bd. XIV, S. 149 f.) als Ungeschehenmachen bezeichnet wurde (siehe auch A. Heigl-Evers
und Heigl 1968).

Für diese Menschen ist die relative Unvorhersehbarkeit der
Folgen des eigenen Tuns ein nicht zu akzeptierendes Risiko,
eine unerträgliche Entmachtung. Infolgedessen vermeiden sie
alles, was mit Probieren und Experimentieren zusammenhängt.
Sie versuchen, ihr Tun so einzurichten, daß letztlich nichts

Neues geschieht, daß nichts sich ändert. Das bedeutet auch, das Tun der anderen unter das Prinzip der Vergeblichkeit zu stellen, das Prinzip des Sisyphos (A. H e i g l - E v e r s und H e i g l 1968).

Das setting der Einzelanalyse begünstigt die Immobilisierungstendenzen dieser Patienten in gewisser Weise: Der Therapeut ist in seinen Reaktionsmöglichkeiten durch die technischen Prinzipien der Analyse (Wertneutralität, Abstinenzprinzip, Einschränkung der Mitbestimmung auf Deutung und Interpretation) eingeschränkt und festgelegt. Das Unvorhergesehene im Sinne spontaner feedbacks ist weitgehend ausgeschaltet.

In der Pluralität der Gruppe geschieht früher oder später das Unvorhergesehene im Sinne solcher feedbacks. Zwar kann es zunächst passieren, daß andere, ähnlich strukturierte Gruppenteilnehmer sich solchen Patienten komplementär-partizipierend zuordnen, indem sie zulassen, daß ihre Bemühungen letztlich als erfolglos deklariert werden. Es kann auch geschehen, daß eine Gruppe einen solchen Patienten als sturen Block der Beharrung in einer Beta-Position des bedingten Kontra: „Nein, außer ..." (A. H e i g l - E v e r s 1967[1]) zunächst beläßt, gleichsam als Garanten für safety and order. Doch wenn die in einer Gruppe immer auch vorhandenen progressiven Tendenzen von solchen Patienten zu lange frustriert werden, kommt es zu oft heftigen Protestäußerungen. Den genannten Patienten wird dann entweder die Genugtuung deutlich, die sie verspüren, wenn sie die anderen erfolgreich frustriert haben, oder sie fühlen sich durch die Wucht der von ihnen ausgelösten Affekte unmittelbar betroffen.

Eine weitere Gruppe von Patienten, zumeist zwangsneurotisch-schizoider Struktur, erlebt gleichfalls die Unvorhersehbarkeit der Folgen des eigenen Tuns als drohend und beängstigend. Sie erleben die Auswirkungen ihres Verhaltens in der sozialen Umwelt als so unabsehbar, daß sie Aktivität speziell im Kontakt weitgehend meiden. Die in ihrem Verhalten wirksamen Abwehrmechanismen sind vor allem Reaktionsbildungen. Wegen ihrer latenten Bereitschaft zu destruktivem Verhalten, z. B. in Form von zersetzender Kritik, schützen sie sich durch eine Einstellung, wonach Aktivität und handelndes Ein-

greifen in die Geschehnisse und Abläufe der Menschenwürde
weniger entsprechen als Zurückhaltung und distanzierte Betrachtung von überlegen-übergeordnetem Standpunkt aus. Damit wird eine Angst etwa folgenden Inhaltes abgewehrt:
Wenn ich handle, zerstöre ich. Um diese zerstörerische Wirkung zu vermeiden, handle ich lieber überhaupt nicht.

Auch der Abwehr dieser Patienten kommt das setting der
Einzelanalyse mit ihrem der Singularität angenäherten stark
privaten Charakter und der Ermöglichung von Kontemplation
und Introspektion gewissermaßen entgegen. In der andersartigen Reizkonfiguration der Gruppe löst die von diesen Patienten unbewußt signalisierte überlegene Würde und die arrogante Verachtung aller, die aktiv sind und handeln, über kurz
oder lang affektive Antworten aus, die ihnen ihre arrogante
Verachtung und die darin enthaltene zersetzende Kritik allmählich erkennbar werden lassen.

Solche Patienten brauchen anfänglich freilich oft die ber-
gende Absonderung der therapeutischen Dyade so lange, bis
sie im Ansatz erlebt haben, daß der andere Mensch, der Therapeut, sie akzeptiert, einschließlich der destruktiv-feindseligen
Tendenz, die sie abzuwehren versuchen. In der Gruppe beziehen sie meist zunächst eine Beta-Position im Sinne eines
bedingten Pro oder eines bedingten Kontra (A. H e i g l -
E v e r s 1967), Positionen, die ihnen Teilnahme zu den in
ihrer Abwehr enthaltenen Bedingungen, nämlich auf Distanz
und mit Vorbehalt, ermöglichen.

5

Wir sind von der besonderen therapeutischen Wirkungs-
weise der Pluralitätssituation ausgegangen. Wir haben an dieser Stelle darauf verzichtet darzustellen, wie die Pluralitätssituation selbst wieder verändert werden kann, z. B. durch
eine unterschiedliche Strukturierung im Sinne einer offenen
oder geschlossenen Gruppe (siehe S. 183) oder durch Modifikationen der Zusammensetzung im Sinne entweder heterogener
oder homogener Gruppen (siehe S. 187).

Das spezifisch Neue im setting der therapeutischen Gruppe,
verglichen mit dem der Einzelanalyse, ist die Pluralität. Anhand von vier Merkmalen der Pluralität: unter mehreren sein

— Vielheit und Verschiedenheit — nicht souverän sein — Unabsehbarkeit der Folgen des eigenen Tuns — wurde die Indikation
für die analytische Gruppenpsychotherapie entwickelt. Jedes
dieser Merkmale stellt einen Faktor dar, der bei bestimmten
Patienten eine stärkere Wirksamkeit der analytischen Gruppenpsychotherapie gegenüber der Einzeltherapie erwarten läßt.

II. Faktoren, die in der angewandten therapeutischen Technik liegen

1. Die Konzeption der therapeutischen Gruppe

Nach F o u l k e s (1965) sind drei psychoanalytische Annäherungsweisen an das Phänomen Gruppe zu unterscheiden
(siehe auch A. H e i g l - E v e r s und H e i g l 1968):
Es wird einmal „Psychoanalyse in der Gruppe" praktiziert.
Das Individuum wird vornehmlich gesehen; die Person als
einzelnes Lebewesen steht im Brennpunkt der Aufmerksamkeit des Therapeuten. Nach dieser Auffassung hat die Dyna-
mik der Gruppe keinen entscheidenden Einfluß auf die Psychoanalyse des einzelnen, wenngleich eine gewisse Stimulie-
rung des einzelnen durch die multipersonelle Situation der
Gruppe nicht geleugnet wird. Als Vertreter dieser Konzeption
gelten W o l f und S c h w a r t z (1962) sowie L o c k e
(1961). — Unserer Meinung nach wird bei dieser Annähe-
rungsweise die interpersonelle Interdependenz, die Bedingtheit des Menschen durch die Interaktion mit anderen, zu wenig berücksichtigt.
Es wird zweitens „Psychoanalyse der Gruppe als eines
Ganzen" praktiziert. Die Gruppe wird als ein vervielfältigtes
Individuum angesehen; man behandelt sie wie ein einheitliches
Wesen (A r g e l a n d e r 1963/64). Die therapeutische Beobachtung und Interpretation wird auf die Übertragung der
Gesamt-Gruppe gegenüber dem Therapeuten ausgerichtet; die
Übertragung der einzelnen Mitglieder wird durch äußerste
Anonymität und Abstinenz des Therapeuten und eine be-
stimmte Deutungstechnik im Sinne einer „sukzessiven" Re-

gression (L a g a c h e 1953) zur infantilen Seite hin gedrängt und somit vereinheitlicht. Als Vertreter dieser Konzeption sind, unter dem Einfluß der Theorien von M. K l e i n und F a i r b a i r n, vor allem B i o n (1961), R i c k m a n (1957) und A r g e l a n d e r (1963/64) anzuführen. — Unseres Erachtens wird durch diese Auffassung der therapeutischen Gruppe das Faktum Pluralität mehr oder minder geleugnet. Eine multipersonale Beziehung wird per operationem in eine bipersonale umgewandelt. Die Einzigartigkeit des einzelnen und seine individuelle Funktion im Gruppenprozeß werden unterbewertet.

Es geht drittens um die Konzeption der „analytischen Gruppenpsychotherapie". Diese Auffassung berücksichtigt den Faktor Pluralität: Die Gruppe setzt sich aus einer Vielzahl von Individuen zusammen; sie bildet gleichzeitig eine Vielheit, die Gestaltcharakter hat und somit übersummativ ist und die auf das Erleben des einzelnen zurückwirkt. Die therapeutische Beobachtung und Interpretation wird sowohl auf die gemeinsame Phantasie und die gemeinsame Problematik der Gruppe wie auf den je spezifischen Anteil des einzelnen an dieser Phantasie und Problematik gerichtet. Vertreter dieser Auffassung sind u. a. F o u l k e s (1965), R. S c h i n d l e r (1957/58 und 1964), A. H e i g l - E v e r s (1967 und 1968), A. H e i g l - E v e r s und H e i g l (1968, 1970, 1970), G r i n b e r g, L a n g e r, R o d r i g u é (1960) sowie D. S t o c k W h i t a k e r und L i e b e r m a n (1964).

Die Gruppenkonzeption ist unter den anschließend aufgeführten Faktoren wohl die stärkste Determinante für die Indikationsstellung. Wie schon gesagt (siehe S. 153), wird der Behandler je nach seiner Grundauffassung von der therapeutischen Gruppe unterschiedliche Kriterien der Indikation benutzen. Wenn man z. B. von der Konzeption der Gruppe als eines Ganzen ausgeht, die Gruppe also wie *ein* Individuum behandelt, dann wird man prinzipiell die prognostischen Kriterien der Einzelanalyse verwenden: „Nach unseren bisherigen Erfahrungen können diejenigen Patienten von einer Gruppenanalyse profitieren, die auch die Voraussetzungen zu einer Einzelanalyse erfüllen, aber sich diese aus finanziellen

oder anderen Gründen nicht leisten können" (A r g e l a n -
d e r 1968). Wenn man jedoch den Aspekt der Pluralität der
Gruppe einbezieht und Beobachtung und Interpretation darauf gründet, dann wird man von der Einzelanalyse deutlich
unterschiedene prognostische Kriterien entwickeln. Die Art
der Gruppenkonzeption wird dann auch die Art der angewandten therapeutischen Technik bestimmen.

2. Die Art der Indikationsstellung

Die Indikation kann vom Gruppentherapeuten selbst, von
einem anderen Psychoanalytiker oder von einem Therapeuten-Team gestellt werden.

Im Falle der Indikationsstellung durch den Behandler
selbst — wie sie vor allem dem niedergelassenen Psychotherapeuten geläufig ist — herrschen andere Voraussetzungen als
bei Indikationsstellung durch einen anderen Therapeuten
oder ein Team. Man denke nur an den Einfluß der Struktur
des Psychoanalytikers, also seiner Eigenart und seiner Prä-
dilektionen auf die Auswahl der Patienten für diese oder
jene Therapieform (siehe dazu S. 145). So wird es im ersten Fall häufiger vorkommen, daß sich der Therapeut hinsichtlich der Gruppenfähigkeit eines Patienten oder bezüglich
der optimalen Zusammensetzung der Gruppe irrt — häufiger
im Vergleich mit der Indikationsstellung durch ein Team —,
aber er wird andererseits zur Behandlung eines Patienten
eher motiviert sein, wenn er selbst nach eingehenden prognostischen Überlegungen die Indikation zur therapeutischen
Gruppe gestellt hat.

Das Therapeuten-Team genießt den „Leistungsvorteil der
Gruppe" (H o f s t ä t t e r 1957): Zu optimistische oder zu
pessimistische Beurteilungen *eines* Arztes können durch die
prognostischen Einschätzungen *mehrerer* Therapeuten ausge-
glichen werden.

Aus prinzipiellen Erwägungen verzichten manche Gruppentherapeuten darauf, die Indikation selbst zu stellen, sondern überlassen dies in jedem Falle einem Kollegen. G r i n -
b e r g , L a n g e r und R o d r i g u é (1960) sagen dazu
folgendes: „Wir ziehen es im allgemeinen vor, die Patienten
erst kennenzulernen, nachdem die Indikation zur Gruppen-

psychotherapie bereits von einem Kollegen gestellt worden ist; d. h., wir sehen sie also zum erstenmal, wenn sie in die Gruppe eintreten ... wenn möglich, vermeiden wir eine vorherige Begegnung mit den Patienten, um zu verhindern, daß sich Übertragungsbeziehungen außerhalb der eigentlichen therapeutischen Situation, d. h. außerhalb der Gruppe anspinnen können. Wir verzichten darauf, die Lebensgeschichte unserer Patienten genauer zu kennen, um weder die Gruppe insgesamt, mit der der Patient in Wechselwirkung tritt, aus dem Blickfeld zu verlieren, noch uns zu individuellen Deutungen verleiten zu lassen."

Auch E z r i e l (1952) sieht die Teilnehmer an seinen Gruppen zum erstenmal bei deren Konstituierung. Seiner Ansicht nach schälen sich Konflikte und unterschiedliche Persönlichkeitsprägungen früher in der Gruppe heraus, wenn der Therapeut den Patienten als ein Fremder gegenübertritt.

Drei Gründe sind es vornehmlich, die diese Autoren dazu bewegen, Indikationsstellung und Therapie nicht von demselben Analytiker vornehmen zu lassen: 1. Die Übertragungssituation werde quasi verunreinigt, wenn bereits vor der eigentlichen Behandlung ein Kontakt zwischen Patient und Therapeut stattfindet. — Wir sind mit S a g e r (1967) der Meinung, daß die Irrationalität der Übertragung und ihre Widerstandsfähigkeit gegenüber jeder Logik dafür sorgen, daß die obengenannte Gefahr gering ist. Im allgemeinen reagieren Patienten mit strukturspezifischer Übertragung, d. h. mit ihren vorgeprägten Apperzeptionen, Konzeptionen und Emotionen auf die Stimuli der therapeutischen Gruppe auch dann, wenn sie den Therapeuten schon bei der Anamnesenerhebung kennengelernt haben.

2. Bei Kenntnis der Struktur des künftigen Gruppenpatienten bestehe die Gefahr, Einzelanalyse in der Gruppe zu praktizieren und darüber die Gruppendynamik aus dem Auge zu verlieren oder zu vernachlässigen. — Wir möchten dem entgegenhalten, daß diese Gefahr nicht in der beim Therapeuten vorliegenden Kenntnis von der individuellen Struktur des Patienten liegt, sondern vielmehr auf die Gruppenkonzeption des Analytikers zurückzuführen ist. Wer nicht gruppendynamisch zu denken und zu beobachten gelernt hat, der wird

Einzelanalyse in der Gruppe betreiben, ob er den Patienten vor der Therapie kennengelernt hat oder nicht.

3. Durch vorherigen Kontakt von Patient und Therapeut werde es dem Patienten erschwert, sich seiner Übertragung mit den ihr innewohnenden Konflikten zu überlassen; die Übertragung stelle sich dann erst später ein. — Auch dieses Argument berücksichtigt u. E. den irrationalen starren Charakter der Übertragung zu wenig.

3. Die Art der Vorbereitung und die Einleitung der Gruppentherapie

Es geht um die Frage, ob man den Patienten auf die Gruppenpsychotherapie vorbereiten solle oder nicht.

G r i n b e r g et al. (1960) vertreten dazu die Ansicht, daß vorweg gegebene Belehrungen nur die Intellektualisierungsneigung des Patienten begünstigten und seine spontane emotionale Äußerung einschränkten. Vorangehende Einzelbesprechungen führen sie nur dann durch, wenn der Patient selbst oder der überweisende Arzt ausdrücklich darum bittet oder wenn es zur Klärung von Diagnose und Indikation unbedingt erforderlich erscheint. E z r i e l (1952) steht auf demselben Standpunkt.

P o w d e r m a k e r und F r a n k (1953) dagegen beginnen im allgemeinen mit vorbereitenden Einzelbesprechungen, und zwar werden diese vom späteren Gruppentherapeuten durchgeführt. Sie sehen darin folgende Vorteile für den Patienten: Er gewinnt eine gewisse Vorstellung von der therapeutischen Gruppe, was seine Angst und Beunruhigung gegenüber dieser neuen Situation verringert. Vorteile für den Therapeuten: Die Reaktionen des Patienten auf seine Informationen geben ihm oft wertvolle Aufschlüsse und helfen ihm, die initialen Schwierigkeiten des Patienten genauer vorauszusehen.

D. S t o c k W h i t a k e r und L i e b e r m a n (1964) beginnen die erste Gruppensitzung mit einem allgemeinen Kommentar des Inhalts, daß die Gruppensituation dazu dienen solle, den Patienten zu helfen, und daß die Diskussion sich auf alles erstrecken könne, was ihnen wichtig sei. Das schließt die folgende Instruktion ein: Die therapeutische

Gruppe ist ein wichtiges Unternehmen mit einem Ziel, das auf die Bedürfnisse der Patienten abgestimmt ist und das sich der Methode der freien Diskussion bedient. D. S t o c k W h i t a k e r und L i e b e r m a n verfolgen, ebenso wie es in T-Gruppen eines gruppendynamischen Seminars geschieht (H e i g l 1970), die Strategie der minimalen Strukturierung in bezug auf den interpersonellen Umgang in der Gruppe.

Wir sind im Verlauf unserer Erfahrungen mit therapeutischen Gruppen ebenfalls zu dieser Methode der Minimalstrukturierung übergegangen, allerdings einer relativen. Wir versuchen, dem Patienten vor Beginn der Therapie nahezubringen, daß ihm zur Aufdeckung und Verarbeitung seiner Konflikte vor allem zwei „Instrumente" zur Verfügung stünden:

1. die Gruppe selbst mit ihren vielfältigen Möglichkeiten wechselseitiger Beziehungsbildung und

2. die freie Interaktionsregel (F. H e i g l) , die Empfehlung, sich so freimütig wie jeweils möglich in der Gruppe zu äußern. Durch die Benutzung des zweiten Instrumentes gelange das zuvor genannte erst zur vollen Wirksamkeit.

Ein allgemein gültiges Vorgehen hinsichtlich Vorbereitung und Einleitung der therapeutischen Gruppe wird es nicht geben. Es wird jeweils von der Struktur des Patienten, der Zusammensetzung der Gruppe und der Konzeption des Therapeuten abhängig sein. Allerdings halten wir das Konzept der (relativen) Minimalstrukturierung bei analytischen Gruppen für besonders indiziert.

4. Zur Handhabung der Kontaktabstinenz

F r e u d hat die Abstinenzregel 1915 in seinen „Bemerkungen über die Übertragungsliebe" (Bd. X, S. 306—321) in die Psychoanalyse eingeführt. Er stellte damit den Grundsatz auf, die Bedürfnisse und Sehnsüchte des Patienten in der Analyse nicht zu befriedigen, sie vielmehr als zur Veränderung treibende Kräfte bestehen zu lassen. Gemeint sind wohl die illusionären Erwartungen des Patienten, d. h. jene Bedürfnisse und Sehnsüchte, die als Dennochdurchsetzung des Impulses oder als Wiederkehr des Verdrängten auf der Basis von Gehemmtheiten aufzufassen sind (siehe Struktur-schema, S. 106).

Hinsichtlich dieser Art Abstinenz sind sich wohl alle Gruppentherapeuten einig: Illusionäre Erwartungen und Ansprüche des Patienten sollten nicht befriedigt werden. Anders steht es mit der Frage, ob Abstinenz in bezug auf die gruppenexternen Kommunikationen der Gruppenmitglieder erforderlich sei. D e r b o l o w s k i (1968) empfiehlt unbedingt, den Patienten vor Beginn der Gruppentherapie zum verbindlichen Verzicht auf jeden Kontakt mit den anderen Gruppenteilnehmern außerhalb der Sitzungen zu verpflichten, um eine Anonymität entsprechend der des Einzelanalytikers herzustellen; deshalb führt er auch die Anonymitätsregel ein, wonach sich Patienten einer Gruppe nur beim Vornamen kennen und nennen.

D. S t o c k W h i t a k e r und L i e b e r m a n (1964) meinen zu diesem Thema, daß viele Therapeuten die gruppenexternen Kontakte von Patienten aus folgenden Gründen als therapiehinderlich ansähen: Es handle sich dabei um Agieren; Gefühle würden durch Verhalten ausgedrückt und dadurch für den therapeutischen Prozeß unzugänglich. Nach dem Fokal-Konflikt-Modell der Autoren bedeuten solche Kontakte oft den Versuch der Lösung eines Gruppen-Fokal-Konfliktes, so wenn z. B. zwei Patienten sexuellen Kontakt zueinander aufnehmen; die Mehrheit der Gruppe delegiert gleichsam sexuelle Probleme an die beiden und vermeidet somit die Konfrontation mit solchen Gefühlen. D. S t o c k W h i t a k e r und L i e b e r m a n verbieten jedoch gruppenexternen Kontakt nicht, da er erfahrungsgemäß nicht lange anhalte — nur solange, als sich der assoziierte Gruppen-Fokal-Konflikt nicht verändert — und da man ihn nach D. S t o c k W h i t a k e r (persönl. Mitteilung) doch nicht unterbinden könne.

Auch wir verpflichten die Gruppenpatienten nicht zur Kontaktabstinenz. Wir empfehlen sie ihnen nicht einmal. Das Material aus den gruppenexternen Kommunikationen taucht meist ohnehin assoziativ in den freiflottierenden Diskussionen während der Sitzungen auf. Außerdem können solche Kontakte die Frustrationstoleranz der Beteiligten steigern: „Es gibt zwar oft sehr starke Spannungen, aber hinterher geht man wieder miteinander; man merkt dann, der andere ist einem gar nicht so böse." Und schließlich teilen wir die Ansicht von D. S t o c k   W h i t a k e r, daß diese Kommunikation kaum zu unterbinden ist.

5. Die Anzahl der Therapeuten

Mangels ausreichender eigener Erfahrung stützen wir uns im folgenden vornehmlich auf die Studie von B. M a c - L e n n a n (1965), die zugleich eine Literatur-Übersicht gibt:

a) Behandlung durch ein *Zweierteam:* Co-Therapeuten sind im Gegensatz zu Beobachtern aktive Gruppenteilnehmer und teilen die therapeutische Verantwortlichkeit. Vornehmlich aus drei Gründen werden Co-Therapeuten eingesetzt:

1. Zur Verstärkung der Behandlungsintensität: Drei zusätzliche Faktoren kommen durch Einführung eines zweiten Therapeuten ins Spiel: Die Patienten reagieren unterschiedlich auf jeden der beiden Therapeuten; die Patienten erleben die beiden Therapeuten als ein Paar; die beiden Behandler entwickeln reale und Übertragungsbeziehungen zueinander. Den unterschiedlichen Reaktionsmöglichkeiten der Patienten auf ein Zweierteam von Therapeuten wird in folgender Weise Rechnung getragen: Ein weiblicher und ein männlicher Therapeut arbeiten zusammen, um die therapeutische Gruppe dem Familienmodell anzunähern; die Behandler teilen sich in die Rollen des „guten" und des „bösen" Therapeuten; Gruppenleiter aus verschiedenen Disziplinen (z. B. Arzt und Sozialfürsorger) üben z. B. in Elterngruppen in child-guidance Kliniken verschiedene Funktionen aus.

Die Zusammenarbeit eines weiblichen und eines männlichen Therapeuten wird als indiziert angesehen bei der Behandlung von verwahrlosten Jugendlichen, von Schizophrenen und bei Patienten aus den höheren Altersklassen. Dem liegt folgende Überlegung zugrunde: Es soll eine Zweiteilung in die Rollen eines weiblichen und eines männlichen oder in die Funktionen eines „guten" und eines „bösen" Therapeuten angeboten werden. Ersteres sei häufig wichtig bei der Behandlung von dissozialen Jugendlichen und bei älteren Patienten. Viele Patienten täten sich außerdem leichter, ihre feindseligen Gefühle durch Projektion und Verschiebung auf den *einen* Therapeuten zu übertragen, während sie vom *anderen* Hilfe annehmen können.

2. Heranziehung eines Co-Therapeuten zur Unterstützung des Therapeuten: Anfänger in der Gruppenpsychotherapie wünschen sich nicht selten ein Zweier-Team, weil sie glauben, dadurch eher mit ihren Ängsten fertig zu werden. B. M a c - L e n n a n gibt dem gegenüber zu bedenken, daß die Einführung eines zweiten Behandlers im allgemeinen die Führung einer Gruppe eher kompliziere. Zur Unterstützung des Therapeuten werden Co-Therapeuten vor allem zur Gruppentherapie von psychotischen Patienten und in der Ehe- und Familien-Therapie herangezogen.

3. Einführung eines Co-Therapeuten zu Ausbildungszwekken: Aus diesem Grund wird Co-Therapie am häufigsten ausgeübt. Aber auch hier gelte, daß die realistischen Probleme zwischen den beiden Therapeuten wie auch ihre Gegenübertragungsschwierigkeiten meist unterschätzt werden.

b) Einsatz von *Beobachtern:* B. M a c L e n n a n nennt folgende Aufgaben von Beobachtern: Intensivierung der Beobachtung, Unterstützung und Bestätigung des Therapeuten, Datensammlung für Behandlungs- oder Forschungszwecke, Feedback an die Gruppe, Kontrolle des Therapeuten, Lernen aus Beobachtung und aus den Diskussionen mit dem Therapeuten nach der Gruppensitzung.

Folgende Arrangements sind u. W. bisher ausprobiert worden: Der Beobachter sitzt innerhalb oder außerhalb der Gruppe und im letzteren Fall entweder sichtbar oder unsichtbar (one-way mirror) — es handelt sich um einen Beobachter oder eine Beobachter-Gruppe wie oft bei sogenannten Demonstrationsgruppen — der Beobachter macht Notizen — die Beobachtung geschieht mittels Tonbandgerät oder Fernsehanlage.

M a c L e n n a n kommt zu dem abschließenden Urteil, daß Co-Therapie schwieriger sei als Gruppentherapie durch *einen* Behandler. Sie empfiehlt, sie nur bei spezifischer Indikation und zu Forschungszwecken anzuwenden und sie nur durch erfahrene Gruppenpsychotherapeuten ausüben zu lassen. Das gleiche gelte, wenn auch im schwächeren Ausmaß, für den Einsatz von Beobachtern.

6. Handhabung von Übertragung und Gegenübertragung

Nicht die Technik der Handhabung von Übertragung und Gegenübertragung ist an dieser Stelle zu erörtern, vielmehr ist der Zusammenhang von Übertragung und Gegenübertragung einerseits und Prognose andererseits wenigstens anzudeuten. Hinsichtlich der folgenden Punkte scheint uns Übereinstimmung unter den analytischen Gruppenpsychotherapeuten zu herrschen (F o u l k e s und A n t h o n y 1965; E z - r i e l 1959; G r i n b e r g et al. 1960; B i o n 1961; A. H e i g l - E v e r s 1967 und 1968):

a) Die Übertragungsäußerungen der Gruppenmitglieder sind im hic et nunc der Gruppensituation zu interpretieren. Interpretationen in Hinsicht auf gruppenexternes Erleben der Patienten coupieren die Übertragungsdynamik, verändern dadurch die Wirksamkeit der Gruppentherapie und modifizieren damit die Prognose.

b) Die Interpretation des Therapeuten hat immer auch auf die gemeinsame Problematik, den gemeinsamen Belang der Gruppe einzugehen. Streng genommen läßt sich nur dann eine Differentialindikation zwischen Einzelanalyse und Gruppentherapie stellen, wenn man nicht Einzelanalyse in der Gruppe praktiziert, sondern die spezielle Gruppendynamik hinsichtlich ihrer Wirksamkeit berücksichtigt.

c) Die Gegenübertragung ist ein besonders brauchbares Instrument, um bislang latente Prozesse in der Gruppe aufzuspüren und zu erfassen. Mit dem Begriff Gegenübertragung werden nach der vorliegenden Literatur unterschiedlich breite Spektren von Phänomenen erfaßt. Die Empfehlungen verschiedener Autoren, die sich im Zusammenhang der individuellen Analyse mit den Phänomenen und technischen Problemen der Gegenübertragung befaßt haben, gehen dahin, Gegenübertragung als ein Instrument zur Erfassung der Übertragung des Patienten zu benutzen und auch die Gegenübertragung im engeren Sinne (komplementäre Gegenübertragung nach R a k -

k e r , unbewußte analysenbeeinträchtigende Abläufe im Analytiker nach K e m p e r , Wiederholung habitueller, mehr oder
weniger rigider Einstellungs- und Verhaltensweisen gegenüber
dem Patienten nach H e i g l) kontrolliert oder gesteuert in diesem Sinne einzusetzen (siehe H e i m a n n 1950, K e m p e r
1953/54, R a c k e r 1957, H e i g l 1960, 1963, 1966).

In der Gruppenpsychotherapie hält A r g e l a n d e r (1963/
64) jene Gegenübertragung für therapeutisch handhabbar, die
aus reaktiven Prozessen im Analytiker besteht, die auf die Wirkung der Übertragung der Gruppe zurückzuführen sind (Vollzug einer vorübergehenden Identifikation mit dem Übertra-
gungsobjekt des Patienten und der Realisierung der in diesem
Objekt entstehenden Reaktionen). G r i n b e r g et al. (1960)
klammern aus der in der Gruppe therapeutisch nutzbar zu ma-
chenden Gegenübertragung die aus ungelösten Konflikten beim
Therapeuten resultierenden Störungen ebenso wie A r g e -
l a n d e r (1963/64) aus. Sie stützen sich auf ihre Gegenüber-
tragungsgefühle, um die unbewußten Phantasien der Gruppen
in ihren vielfachen Ausdrucksformen und in bezug auf die jeweils vorherrschenden Spannungen spezifisch zu erfassen und
zu deuten.

Soweit wir die Literatur überblicken, sind sich alle analytisch
vorgehenden Gruppenpsychotherapeuten darin einig, daß die
emotionalen Reaktionen des Therapeuten auf die Überragung
der Patienten in der Gruppe und deren Auswertung durch
therapeutische Intervention für die Wirksamkeit einer analytischen Gruppenpsychotherapie von entscheidender Bedeutung
sind.

Abweichende Meinungen werden hinsichtlich folgender
Punkte vertreten:

Entsprechend den beiden gruppenzentrierten Konzeptionen
— Psychoanalyse der Gruppe als eines Ganzen oder analytische Gruppenpsychotherapie — gibt es zwei differente Arten,
mit der Übertragung der Gruppenmitglieder umzugehen.
Man kann einmal, zumindest vorwiegend, die *gemeinsame*
Übertragung der Gruppe auf den Therapeuten interpretieren, wie dies z. B. A r g e l a n d e r (1963/64) und B i o n
(1961) tun. Man kann außerdem interpretieren in bezug auf
die gemeinsame Übertragung der Gruppe — z. B. dem Thera-

peuten, einem einzelnen Gruppenmitglied, oder einer Minorität gegenüber — *und* in Hinsicht auf die spezifische Beteiligung des einzelnen an der jeweiligen Übertragungsproblema-
tik; so gehen E z r i e l (1950), G r i n b e r g et al. (1960),
F o u l k e s (1965), A. H e i g l - E v e r s (1968), D.
S t o c k W h i t a k e r und L i e b e r m a n (1964), R.
S c h i n d l e r (1960/61 und 1961) u. a. vor.

Im ersten Fall werden sich die Indikationskriterien der
Gruppe nicht sehr von denen der Einzelanalyse unterscheiden
(siehe S. 171); im zweiten Fall wird sich eine deutliche Differentialindikation zwischen Einzel- und Gruppenanalyse ergeben (siehe auch A. H e i g l - E v e r s und H e i g l 1968
u. S. 172, G r i n b e r g et al. 1960).

III. Faktoren, die in der Formation der Gruppe liegen

In einer weiteren Gruppe von Faktoren, die die Wirksamkeit der Gruppenpsychotherapie und damit die Indikation beeinflußt, ist die Dauer der Behandlung, die Struktur der
Gruppe und ihre Zusammensetzung anzuführen.

1. Dauer der Gruppenpsychotherapie

A. Gesamtdauer der Therapie: Gruppenpsychotherapie
wird in zeitlich-limitierter wie in unlimitierter Form durchgeführt. Die erste Form wird vorzugsweise in der Klinik angewandt, die letztere in der Poliklinik und in der ambulanten
psychoanalytischen Praxis.

Die Wirksamkeit der Gruppentherapie ist wie bei der Einzelanalyse im allgemeinen proportional der Dauer. F o u l -
k e s (1968) spricht von einer durchschnittlichen Dauer der
Gruppentherapie von 2—3 Jahren, eher 3 als 2 Jahren.
G r i n b e r g et al. (1960) rechnen mit 1—2 Jahren Therapie-
dauer bis zu einer tatsächlichen Zustandsbesserung der Patienten. Die Zahlen sind nicht miteinander zu vergleichen, da
der Bezug zur Schwere der Neurose und zum Grad der Symptombesserung fehlt.

Die obenerwähnte Relation von Therapie-Dauer und
-Wirksamkeit kehrt sich nahezu um, wenn die Dauer der Therapie vom Patienten in den Dienst eines vom Behandler

übersehenen Übertragungswiderstandes gestellt wird. Dies
kann der Fall sein bei den sog. „Ausnahmen" (F r e u d
Bd. X, S. 365—370), d. h. jenen Persönlichkeiten, die sich als
von früh an unbehebbar geschädigt vorkommen und die sich
deswegen zu lebenslänglichen Wiedergutmachungsansprüchen
legitimiert fühlen. Je länger in solchen Fällen eine Behandlung dauert, desto nachdrücklicher scheint den Betreffenden
mit der Unwirksamkeit der Therapie die Unbehebbarkeit ihrer Schädigung bewiesen zu sein und desto stärker werden
die Berechtigungsgefühle für die Wiedergutmachungsansprü-
che.

B. Sitzungsdauer und Sitzungsfrequenz: G r i n b e r g et
al. (1960) benutzen eine Frequenz von einer Sitzung pro Woche bei einer Sitzungsdauer von einer Stunde. Sie halten jedoch eigentlich eine Frequenz von zwei Sitzungen für wünschenswert und stellen auch die Frage, ob nicht 1 1/2 Stunden
Sitzungsdauer zweckmäßiger wären. F o u l k e s (1968)
kommt mit seinen Gruppenpatienten zweimal die Woche für
je 1 1/2 Stunden zusammen. Wir bevorzugen ebenfalls eine
Frequenz von 2 Sitzungen von je 1 1/2stündiger Dauer in der
ambulanten Praxis. K a d i s et al. (1963) berichten von
einem 1960 an die Mitglieder der American Group Psychotherapy Association verschickten Fragebogen, wonach 81 %
der Gruppen sich einmal, 15 % zweimal pro Woche trafen. Es
scheint sich jedoch eine Frequenz von 2 Sitzungen pro Woche
immer mehr durchzusetzen.

In der Klinik hat sich unseres Wissens eine Routine von drei
Sitzungen von je 1 1/2 Stunden ausgebildet.

Außer den realen Begrenzungen von Sitzungsdauer und Sitzungsfrequenz z. B. durch Zeitknappheit der Patienten ist in
diesem Zusammenhang vor allem die therapeutische Verträg-
lichkeit, die Toleranzgrenze (H e i g l 1965) der Patienten zu
beachten. Mehr als 3 Sitzungen in der Woche führen gelegentlich zu Überdosierungserscheinungen wie stärkerer innerer Un-
ruhe und Symptomintensivierung, Signalen einer übermäßi-
gen Angstmobilisierung.

Auch Sitzungsdauer und Sitzungsfrequenz können in den
Dienst eines Übertragungswiderstandes treten. So wünschen
sich Scheingefügige — z. B. Agoraphobe und Patienten mit

einer Till-Eulenspiegel-Übertragung (H e i g l 1963) — u. U. möglichst häufige und möglichst lange Sitzungen um einer möglichst intensiven Therapie willen. Scheingefügig, d. h. vordergründig mitarbeitsbereit bei hintergründig erheblicher reservatio mentalis übernehmen solche Patienten die „Meinung" von Gruppe oder Therapeut hinsichtlich adäquaten Verhaltens und richten sich auch gruppenextern danach. Der Augenblick kommt, wo sie, mit einem gewissen Triumph, der Gruppe oder dem Therapeuten zu verstehen geben, daß deren „Empfehlungen" nicht geholfen haben, daß die Krankheitserscheinungen trotz geänderten Verhaltens unvermindert fortbestehen.

2. Struktur der Gruppe

A. Konstanz in der Zusammensetzung (die sogenannte geschlossene Gruppe): Der Patientenkreis bleibt von Anfang bis Ende der Therapie derselbe. Dieses Verfahren wird vor allem bei der zeitlich-limitierten klinischen Psychotherapie, gelegentlich auch in der Ambulanz, z. B. in einer studentischen Beratungsstelle (S p e r l i n g 1968) angewandt.

B. Inkonstanz in der Zusammensetzung (die sogenannte offene Gruppe): Der Patientenkreis wechselt im Verlauf der Therapie, die Gruppe ist also offen für Veränderungen in der Zusammensetzung der Mitglieder. F o u l k e s (1968) unterscheidet außerdem noch die halboffene Gruppe, bei der neue Mitglieder in relativ großen Abständen (ca. $1/2$ Jahr) in die Gruppe eingeführt werden. Die offene (und halboffene) Gruppe findet vor allem in der Poliklinik und in der ambulanten Praxis Verwendung.

Betrachtet man die den beiden Gruppenstrukturen inhärenten spezifischen Versuchungs- und Versagungssituationen (S c h u l t z - H e n c k e 1951), so werden Unterschiede in ihrer Wirksamkeit deutlich. Die Unterschiedlichkeit zwischen der konstellierenden Situation von offenen und von geschlossenen Gruppen läßt sich z. B. an den Reaktionen und Antworten der Mitglieder einer offenen Gruppe auf den Eintritt eines neuen Gruppenmitglieds ermessen. Vornehmlich zwei Einstellungsweisen sind bei den „alten" Teilnehmern zu beobachten: Entweder wird der Neuankömmling als unwillkommenes Geschwister erlebt; man schließt sich gegen ihn zusammen. Oder aber man (eine Majorität oder eine Minorität der Gruppe) ist froh über den Neuen, weil er als willkommene Verstärkung eigener Positionen erlebt wird. Jedenfalls wirft das neue Gruppenmitglied für die alten Teilnehmer neue Fragen auf und stellt dadurch bisherige Lösungen von Gruppenkonflikten in Frage.

Im Vergleich zur geschlossenen schließt die *offene Gruppe* folgende spezifische Faktoren ein:

a) Der Einbruch von Neuem und Unbekanntem in Gestalt eines hinzukommenden Gruppenmitgliedes — eine Situation, die vor allem für schizoide Patienten eine ausgesprochene Versagungssituation in bezug auf latente Wünsche nach vertrauensvoller Geborgenheit darstellt.

b) Eine Besitz- (orale und retentive) Problematik dadurch, daß ein neuer Mit-Esser in die „Tischrunde" der Gruppe eintritt; dies löst gegenüber einem sehr bedürftig und „ausgehungert" wirkenden Nachkömmling Befürchtungen aus, selbst zu kurz zu kommen und zu „verhungern". In der Übertragung auf den Therapeuten kann es zu oraler Konkurrenz um dessen Person und dessen Zuwendung kommen. Diese Konstellation wird besonders für depressive Patienten zur Versuchungs- und Versagungssituation.

c) Eine verstärkte Rivalitätssituation durch das Auftreten eines Gruppen-Neulings: Ist er noch völlig therapieunerfahren, so wird er bei den anderen eventuell Bemächtigungs- und Manipulationstendenzen mobilisieren. Ist er aufgrund von vorangegangener Einzelanalyse oder Gruppentherapie bereits therapieerfahren, so kann er kompetitive Tendenzen wachrufen. Der neue „Bewerber" bildet vor allem für zwangsneurotische und hysterische Patienten eine Versuchung und Versagung hinsichtlich Tendenzen nach Prestige, Geltung und Wettbewerb.

d) Die Struktur der offenen Gruppe mobilisiert Konflikte um das Thema Lieben und Geliebtwerden. Der Gruppen-Neuling kann bei den alten Mitgliedern die Furcht auslösen, als „Nesthäkchen" von den anderen oder vom Therapeuten mehr geliebt zu werden und mehr Hilfe zu bekommen. Verfügt er über eine größere Therapieerfahrenheit, so kann er in die

Rolle des älteren Geschwisters geraten, das als möglicher Favorit des Therapeuten gefürchtet wird. In dieser Hinsicht stellt die offene Gruppe vor allem für hysterische Patienten eine Versuchungs- und Versagungssituation dar.

Die Wirkfaktoren der geschlossenen Gruppe scheinen uns im Vergleich mit der offenen Gruppe wegen der Konstanz ihrer Zusammensetzung und dem damit verbundenen größeren Gleichgewicht vor allem in einer stärkeren Kohäsion, d. h. einem intensiveren Zusammengehörigkeitsgefühl der Patienten zu bestehen. Bei Anwendung der geschlossenen Gruppe im Rahmen einer stationären Gruppenpsychotherapie wird der Zusammenschluß der Gruppen-Mitglieder noch durch folgende Momente verstärkt:

a) Durch räumliche Distanzierung der Patienten von ihren sonstigen face-to-face-, Primär- und Bezugsgruppen. Es resultiert nicht selten eine Art gemeinsamer Frontstellung gegen die (teils projizierten, teils realen) Normen der sozialen Umwelt, wobei (zunächst) Konkurrenz-Konflikte und Interessen-Kollisionen innerhalb der Gruppe zurücktreten bzw. geleugnet werden. Vielleicht ist dies *ein* Grund für die „Initialzündung" in geschlossenen stationären Gruppen, d. h. für die Tatsache, daß es in stationärer psychotherapeutischer Behandlung bei den Patienten oft erstaunlich schnell zum Zweifel an bisher gültigen Wertsystemen und zu einem Versuch des Umdenkens kommt (A. H e i g l - E v e r s 1969).

b) Durch Konfrontation mit der antriebsfreundlicheren, weniger repressiven Atmosphäre einer Neuroseklinik, die den Unterschied zu den Normen der sozialen Umwelt um so stärker hervortreten läßt.

c) Durch den suggestiven Effekt der „Autorität Klinik", der ebenfalls zur stärkeren Kohäsion in geschlossenen stationären Gruppen beiträgt. Von den meisten Patienten wird, wenigstens in unserer Kultur, die Klinik als Autorität mehr oder weniger kritiklos anerkannt; dies bedeutet für die Gruppenpatienten das gemeinsame Erleben eines meist illusionär getönten Glaubens an die therapeutische Einflußmöglichkeit der Klinik. — Das Thema der „Autorität Klinik" als eines prognostischen Faktors wird uns im Kapitel über die Indika-

tion zur klinischen Psychotherapie (siehe Kap. IV) noch beschäftigen.

d) Ein weiterer Grund für die stärkere Kohäsion in geschlossenen stationären Gruppen ist darin zu sehen, daß sich
bei den Gruppenpatienten eine Art Elitebewußtsein entwik-
keln kann; sie werden für die therapeutische Gruppe ausge-
wählt und fühlen sich deswegen gegenüber den übrigen Kli-
nikpatienten als „Erwählte": Jene sind noch nicht „reif" für
eine Gruppe und bedürfen daher noch der Einzeltherapie.

Die geschlossene Gruppe, insbesondere in der Klinik,
scheint uns im Vergleich zur offenen Gruppe mehr den Charakter einer Not- und Schicksalsgemeinschaft zu haben, ver-
gleichbar etwa der Besatzung eines Segelschiffes. Das in solchen Gruppen entstehende starke Zusammengehörigkeitsgefühl ist vor allem für schizoid-strukturierte Patienten oft
von entscheidender initialer Bedeutung.

Auch bei Patienten mit psychosomatischen Störungen, die
zur Leugnung der Psychogenese (siehe S. 33 f.) tendieren,
ist die geschlossene stationäre Gruppe oft indiziert. Sie erleben
in dieser Therapie häufig zum erstenmal: Ich bin nicht der
einzige Mensch mit ungelösten seelischen Konflikten; die
Kränkung, seelisch nicht völlig gesund, nicht völlig souverän
zu sein, wird dadurch gemildert.

Beide Arten von Gruppen, die offene wie die geschlossene,
haben spezielle Wirkungsmöglichkeiten; keine ist der anderen
generell überlegen. Allerdings ist die offene Gruppe nach Ansicht mancher Autoren (A c k e r m a n 1954; A. H e i g l -
E v e r s und H e i g l 1968) mehr ein Abbild der sozialen
und politischen Wirklichkeit als die geschlossene und bietet
insofern dem Patienten mehr Möglichkeiten, sich mit den
Aspekten dieser Realität auseinanderzusetzen; aber eben deshalb ist sie auch konfliktreicher und belastender, belastender
vor allem durch die deutlichere Ausprägung der Rivalitätssituation.

Die geschlossene Gruppe, besonders in ihrer stationären
Anwendung, hat mehr den Charakter der schützenden Abge-
schlossenheit, fördert vergleichsweise mehr die Kohäsion und
damit gleichzeitig die Abgrenzung gegen „die anderen". Auch
G r i n b e r g et al. (1960) meinen, daß das Erlebnis des Wir

als einer vereinten Vielzahl kennzeichnend für die geschlossene Gruppe sei, obwohl auch viele offene Gruppen in bestimmten Phasen das Bild einer geschlossenen böten, d. h. u. a., sich der Aufnahme neuer Mitglieder widersetzten. In Zeiten der Bedrohung haben sich übrigens Menschen schon immer „instinktiv" in kleinen geschlossenen Gruppen miteinander verbunden, haben sich die angstentlastende Wirkung einer solchen kohäsiven Kleingruppe zunutze gemacht. Eine geschlossene Gruppe erlebt „die anderen" mehr als Gegner (R. S c h i n d l e r 1957/58 und 1959; A. H e i g l - E v e r s 1966 und 1968), was umgekehrt wieder die Kohäsion fördert; andererseits treten Konkurrenz-Konflikte und Interessen-Kollisionen der Gruppenmitglieder in den Hintergrund, oder sie werden mit Hilfe von Leugnungsmechanismen abgewehrt und somit zum Erleben nicht zugelassen. Daher scheint uns die geschlossene Gruppe vor allem in der Initialphase der Therapie für Patienten mit niedriger Frustrationstoleranz indiziert zu sein. Unter Frustrationstoleranz (W a l d h o r n 1960) wird die Fähigkeit des Patienten verstanden, frustrierende Umstände, also etwa die stärkere Rivalitätssituation einer offenen Gruppe, ohne Desintegration, d. h. ohne Symptom-Manifestation oder Symptom-Intensivierung zu ertragen.

3. Zusammensetzung der Gruppe

Es handelt sich um die Frage der Homogenität oder Heterogenität in der Zusammensetzung therapeutischer Gruppen. Der Zusammensetzung der Gruppe ist u. E. bisher in Theorie und Praxis der Gruppenpsychotherapie zu wenig Beachtung geschenkt worden. Die Wirkungsmöglichkeiten der Komposition einer Gruppe sind noch zu wenig ausgeschöpft. Die Zusammensetzung einer therapeutischen Gruppe nach homogenen oder heterogenen Gesichtspunkten je nach den aus den Strukturen der Patienten resultierenden Notwendigkeiten ist bereits eine therapeutische Applikation und von mindestens so großer Bedeutung wie die Interventionen des Analytikers während der Gruppensitzungen.

Heterogenität kann sich auf folgende Fakten beziehen:
— Geschlecht
— Alter
— Familienstand
— sozialer Status
— Intelligenzgrad
— Bildungsniveau und berufliche Ausbildung
— Geographie des Wohnortes
— Rasse
— neurotische Symptomatik bzw. psychodynamische Mechanismen

Die *Vorteile* der Heterogenität sehen wir mit K e l m a n (1963) in Folgendem: Eine Gruppenzusammensetzung nach diesem Prinzip bietet verschiedenartigere Interaktionsobjekte an und damit mehr Möglichkeiten der Auseinandersetzung z. B. mit Personen des anderen Geschlechtes, eines anderen sozialen Status, anderen Alters und anderer Verhaltensstile. Dies führt zu einer stärkeren Konfrontation der eigenen habituellen Verhaltensweisen mit anderen, davon abgehobenen. Konfrontation ist in diesem Kontext zweifach zu verstehen: einmal als Gegenüberstellung von unterschiedlichen Anschauungen und Wertordnungen und zum anderen als unumgängliche Auseinandersetzung mit den spontanen Gefühlsreaktionen der anderen Gruppenmitglieder auf das eigene Verhalten. Wir haben schon an anderer Stelle (siehe S. 168) auf die Bedeutung dieser feedback-Reaktionen hingewiesen (siehe dazu auch K e l m a n 1963; D. S t o c k W h i t a k e r und L i e b e r m a n 1964; A. H e i g l - E v e r s 1967; A. H e i g l - E v e r s und H e i g l 1970). Nach K e l m a n vermehren sich in einer heterogenen Gruppe die Chancen des Patienten für korrigierende Gefühlserlebnisse; die eigenen habituellen Verhaltensweisen werden durch das Zusammentreffen mit fremden, andersartigen eher evident, eigene Wertkategorien werden eher in Frage gestellt.

Unter psychoanalytischem Aspekt gilt, daß auch bei heterogener Zusammensetzung der Gruppe eine Homogenität im Sinne einer allen Gruppenmitgliedern gemeinsamen (latenten) Problematik der jeweiligen Sitzung zugrunde liegt; verschiedene Begriffe versuchen diese latente Homogenität zu erfassen: Aktion (A. H e i g l - E v e r s 1968), Gruppen-Fokal-Konflikt (D. S t o c k W h i t a k e r und L i e b e r - m a n 1968), common group tension (E z r i e l 1950), basic assumption culture (B i o n 1961), Gemeinschaftsgefühl (G r i n b e r g et al. 1960), „die Gruppe spricht" (A r g e - l a n d e r 1963/64 und 1968), Matrix (F o u l k e s und A n t h o n y 1965). Ein verbindendes Element ist auch dadurch gegeben, daß sich zwischen Gruppen-Majorität und -Minorität ein reziprokes Verhältnis von manifestem und latentem Erleben (A. H e i g l - E v e r s 1967) herstellt; die Majorität aktualisiert z. B. die Abwehr eines Antriebes bzw. Antriebsgefüges, während die Minorität den betreffenden Antrieb — meist in Form der „Wiederkehr des Verdrängten" — repräsentiert oder vice versa. So besteht genau besehen auch bei vorwiegender Heterogenität in der Zusammensetzung der Gruppe immer eine Homogenität in bezug auf die Aktion der Gruppe, Aktion definiert als das gemeinsame (aus latenten Determinanten resultierende) Movens der Gruppe, ihr so begründetes gemeinsames Interesse. Gruppenbildung bedeutet definitionsgemäß (R. S c h i n d l e r 1957/58; A. H e i g l - E v e r s 1966, 1967, 1968) Herstellung von Gemeinsamkeit (Aktion), bedeutet im Falle einer therapeutischen Gruppe die Gemeinsamkeit konflikthaften Erlebens.

Den Vorteilen der Heterogenität therapeutischer Gruppen steht folgender *Nachteil* gegenüber: Die Patienten können nach K e l m a n (1963) das Risiko der Selbstenthüllung nur auf sich nehmen, wenn sie sich einigermaßen zur Gruppe zugehörig fühlen, wenn sie wenigstens ansatzweise erleben können, auch mit und trotz ihren Mängeln von der Gruppe oder mindestens ihrer Majorität akzeptiert zu werden, und wenn sie die Gruppenmitglieder als Vergleichs- und Bezugsgruppe benützen können. Dies zu erleben wird im allgemeinen bei zunehmender Heterogenität der Gruppe schwieriger: Die Patienten sind einander zu unähnlich, die Chance der Teilnahme an manifesten gemeinsamen Problemen ist zu gering. Vor allem der von K e l m a n genannte zweite Faktor — die dem Patienten gegebene Möglichkeit, die anderen Mitglieder als Vergleichs- und Bezugsgruppe, d. h. als Standard des Vergleichs zu benutzen, um sein eigenes Schicksal und seinen eigenen

Fortschritt abzuschätzen — setzt eine gewisse Homogenität voraus; ein Handwerker kann sich z. B. schwer mit einem Universitätsdozenten vergleichen, und außerdem wird er in seinem gruppenexternen Leben nur peripher mit dieser Berufsgruppe zu tun haben.

Die Vor- und Nachteile der Homogenität von Gruppen ergeben sich vice versa aus dem eben Gesagten.

Wenn dies richtig gesehen ist, so lassen sich daraus *Kriterien einer optimalen Zusammensetzung* therapeutischer Gruppen ableiten: Im allgemeinen wird es ratsam sein, die Gruppe in bezug auf Alter, Geschlecht, Rasse, Symptomatik und Struktur *heterogen* zusammenzusetzen. Allerdings ist nach D. S t o c k   W h i t a k e r   und   L i e b e r m a n (1964) darauf zu achten, bezüglich Alter, Geschlecht und Rasse keinen Minoritätenstatus zu provozieren: *eine* Frau in einer Gruppe von Männern steht in Gefahr, in stereotyper Weise gesehen und behandelt zu werden. *Ein* älterer Patient in einer Gruppe von jungen Leuten wird leicht zum weisen Senior und gerät dadurch in eine Rolle, die ihn und die Jungen blockiert. Aber die Autoren fügen selbst hinzu, daß solche Probleme in der therapeutischen Gruppe prinzipiell durchgearbeitet werden können.

Heterogenität in bezug auf Symptomatik und Struktur der Patienten ist wünschenswert, weil dadurch verschiedenartige Konflikte und unterschiedliche Konfliktbewältigungen ins Spiel kommen. Damit wird außerdem vermieden, daß *ein* Abwehrmechanismus in der Gruppe dominant wird und blockierend wirkt.

Im allgemeinen empfiehlt es sich, die Gruppe hinsichtlich des Grades der Verletzbarkeit wie des Intelligenzgrades und des Bildungsstandes *homogen* zusammenzusetzen. D. S t o c k   W h i t a k e r   und   L i e b e r m a n (1964) legen auf Homogenität in bezug auf Verletzbarkeit größten Wert: eine große Variationsbreite im Grad der Verletzbarkeit (vulnerability) der Patienten stelle die Gruppe vor schwerwiegende Probleme. Der Terminus Verletzbarkeit bezieht sich bei den Autoren vor allem auf die Fähigkeit des Patienten, Angst — und wir möchten hinzufügen: Kränkungen — zu ertragen, was weitgehend mit der Spielbreite seines Repertoires an Abwehr- und Schutzmechanismen zusammenhängt. Bei starken Unterschieden im Grad der Verletzbarkeit von Patienten besteht die Gefahr, daß die verletzlicheren Patienten, in der Denkweise des Fokal-Konfliktmodells von D. S t o c k W h i t a k e r und L i e b e r m a n (1964) formuliert, nicht zur Gruppen-Lösung, d. h. zu einem Kompromiß zwischen dem störenden (disturbing) und dem reaktiven (reactive) Motiv beitragen können.

Auch sollte Homogenität in bezug auf Intelligenzgrad und Bildungsniveau herrschen. Darauf hat schon vor etwa einem Jahrzehnt W. S c h i n d l e r in einer mündlichen Mitteilung hingewiesen. Auch B a t t e g a y (1967) plädiert dafür, nur intelligenzmäßig auf gleicher Stufe stehende Patienten in dieselbe Gruppe zu nehmen. Zu große Unterschiede kränken erfahrungsgemäß das Selbstwertgefühl der „Unterlegenen" zu sehr und erhöhen damit für sie das Risiko der Selbstenthüllung.

Nach K e l m a n (1963) sollte soviel Heterogenität wie möglich in der therapeutischen Gruppe bestehen, jedoch nur in den Grenzen des Personenkreises, mit denen der Patient in seinem täglichen Leben zu tun hat; damit ist gesagt, daß die Patienten eine einigermaßen repräsentative soziale Einheit bilden sollten, um sich intellektuell verständigen und wesentliche Probleme und Formen der Konfliktbewältigung (Frustrationstoleranz) miteinander teilen zu können.

Besondere Erfordernisse können eine spezielle Zusammenstellung von Gruppenmitgliedern entweder nach dem homogenen oder dem heterogenen Pol hin indizieren. Wenn ein besonderer Grad von Kohäsion erreicht werden soll, dann ist Homogenität z. B. hinsichtlich der Symptomatik ratsam. Dies gilt für Patienten, die sich sowohl subjektiv als outcasts fühlen wie objektiv von der Gesellschaft mehr oder minder als solche betrachtet und behandelt werden, wie z. B. homosexuelle (H a d d e n 1966) und süchtige Patienten (B a t t e g a y 1966), alkoholkranke (F o x 1966), verwahrloste (H e i g l 1963, 1964, 1965) und schizophrene Patienten; in bezug auf letztere haben D u m o n t und C h r i s t (1966) eine Literatur-Übersicht über die Anwendung von Gruppenmethoden gegeben. Für homosexuelle, süchtige und verwahrloste Patienten empfiehlt F o u l k e s (1965) sogar die Kombination von homogener und geschlossener Gruppe, um die Kohäsivkräfte in der Gruppe in besonderem Maße zu stärken.

Umgekehrt sollte die heterogene Zusammensetzung dominieren, wenn mehr der soziale Stimulus-Charakter der Gruppe therapeutisch wünschenswert erscheint. Dies ist notwendig bei allen „übersteuerten" Patienten, den Neurosekranken mit psychischer und/oder somatischer Symptommanifestation, bei denen die Substrukturen der Abwehr, der Kontrolle und der Steuerung relativ stabil sind, das Abwehrgefüge also relativ intakt ist. Es ist demnach ein Arrangement zu wählen, das weniger die Kohäsion der Gruppe verstärkt als mehr die Auseinandersetzung zwischen möglichst vielfältigen Interaktionsobjekten mobilisiert. Über eine spezielle phasenspezifische Indikation für eine homogene Gruppe bei Patienten mit dem psychosomatischen Symptom der Colitis ulcerosa haben W i t t i c h und K l u g berichtet (1968).

IV. Faktoren, die in der Umwelt der Gruppe liegen

Als eine weitere Gruppe von Faktoren, von der die Wirksamkeit der Gruppenpsychotherapie abhängt, ist die Umwelt anzusehen. Darunter versteht L e w i n (1963) die psychologische Umwelt, den unmittelbar gegenwärtigen und wirksamen Teil der Umgebung, zu dem jeder Mensch in einem interdependenten Verhältnis steht. Für H o m a n s (1960) beginnt die Umwelt jenseits der Gruppe, und sie kann nach drei Aspekten gegliedert werden: in eine physische, technische und eine soziale Umwelt. Unter der *physischen* Umwelt ist der Raum zu verstehen, in dem die Gruppe sich aufhält; dieser Aspekt wird hier nicht behandelt, weil er uns in diesem Kapitel nicht besonders wichtig erscheint, sofern nur die folgenden Voraussetzungen erfüllt sind: ein ruhiger, nicht zu persönlich eingerichteter Raum; genügend Platz, um Stühle im Kreis aufzustellen; die Entfernung zwischen den Stühlen so bemessen, daß sie ein natürliches Miteinander-Sprechen und Sich-Beobachten der Gruppenmitglieder ermöglicht; eventuell ein Tisch in der Mitte, der jedoch den Blick auch auf die Beine der Teilnehmer (Körpersprache) freilassen sollte. — Die *technische* Umwelt besteht darin, daß gewisse Materialien mit bestimmten Werkzeugen bearbeitet werden; dieser Aspekt ist hier irrelevant. Es kommt als wichtigster Faktor die *soziale* Umwelt hinzu: im Falle der therapeutischen Gruppe die Familien der Gruppenmitglieder, bei stationären Patienten das Krankenhaus, ferner die Nachbarschaft, die soziale Klasse, die Kirche und überhaupt die Gesamtheit der Bezugsgruppen; unter „Bezugsgruppe" versteht man jede Gruppe, mit der sich eine Person identifiziert oder vergleicht, und zwar in einem solchen Ausmaß, daß sie deren Standards als ihre eigenen anzusehen pflegt; dabei sind die Bezugsgruppen einer Person nicht unbedingt identisch mit jenen, denen sie im Sinne einer formellen Mitgliedschaft angehört (E n g l i s h und A. E n g l i s h 1958). Wir werden in diesem Kontext nur den Faktor: *soziale* Umwelt behandeln und ihn unter den Gesichtspunkten der Abschirmung der Gruppe gegen die Umwelt und der Interdependenz mit ihr betrachten. Bei diesen beiden Gesichtspunkten wird es vor allem darauf ankommen, jeweils auf den Unterschied zwischen der ambulanten und der klinischen Gruppenbehandlung hinzuweisen. Da sich diese Frage weitgehend mit der Indikationsstellung zur klinischen Psychotherapie deckt, sei auch auf das entsprechende Kapitel (siehe Kap. IV) verwiesen.

1. Abschirmung gegen die soziale Umwelt

Die analytische Einzeltherapie bietet durch ihren extrem privaten Charakter (A. H e i g l - E v e r s und H e i g l 1968) dem Patienten die (objektive) Voraussetzung, die psychoanalytische Grundregel einzuhalten, also im freien Assoziieren alles zu sagen, was er während der Sitzung denkt, fühlt und empfindet. In der therapeutischen Gruppe ist die Grundregel in dieser Form nicht anwendbar (A c k e r - m a n 1954); wenn jeder Gruppenpatient ohne Beachtung des Verhaltens der anderen frei assoziieren würde, entstünde keine Gruppe. Man sollte statt dessen die freie Interaktionsregel (H e i g l) einführen, die dem Patienten empfiehlt, sein Erleben im hic et nunc der Gruppe und seine Eindrücke von den anderen Gruppenmitgliedern so freimütig wie jeweils mög-

lich mitzuteilen. Dadurch entsteht eine Art freier Gruppenassoziation, ein Prozeß der frei-flottierenden Diskussion, worauf
u. a. F o u l k e s (1965) hingewiesen hat.

Die Einhaltung der freien Interaktionsregel gewährt dem
Gruppenpatienten insofern einen gewissen Schutz, als sie ihm
empfiehlt, freimütige Äußerungen verbal und nicht per Handeln zu vollziehen. Insofern hat der Begriff Interaktion in der
therapeutischen Gruppe eine besondere Note, als darunter zwar
die wechselseitige Beeinflussung des Verhaltens verstanden
wird, jedoch möglichst unter Ausschaltung der Handlungs-
anteile des Verhaltens. Wie für die freie Assoziationsregel in
der Einzelanalyse gilt auch für die freie Interaktionsregel in der
therapeutischen Gruppe, daß zum Verbalisieren und nicht zum
Handeln angeregt wird. Unnötig zu sagen, daß in jeder therapeutischen Gruppe auch agiert wird.

Der Empfehlung zu freimütiger Äußerung wird der Patient jedoch nur nachkommen können, wenn seine Mitteilungen in der Gruppe gegen die Umwelt abgeschirmt sind und er
die Gewähr dafür hat, daß sich die gruppeninternen Beziehungen und Auseinandersetzungen nicht nachteilig auf sein
gruppenexternes Leben auswirken. Diesem Zweck dient das
dem Patienten bereits in der Vorbesprechung auferlegte und
eventuell zu Beginn der Gruppe wiederholte Schweigegebot,
die Verpflichtung also, über die Gesprächsinhalte innerhalb
der therapeutischen Gruppe nichts nach außen verlauten zu
lassen.

Zu diesem Thema haben D. S t o c k W h i t a k e r und
L i e b e r m a n (1964) interessante Gedankengänge entwikkelt. Sie meinen, daß es wohl alle Therapeuten für wünschenswert halten, wenn Diskretion außerhalb der Gruppe
gewahrt werde; sie sei eine wichtige Quelle für das Sicher-
heitsgefühl in der Gruppe. Uneinigkeit unter den Therapeuten bestehe nur hinsichtlich der Frage, wie ein entsprechender
Gruppenstandard zu erreichen sei. Der strittige Punkt ist, ob
der Therapeut im Sinne der Strukturierung eine Gruppen-
regel für Geheimhaltung, also ein Schweigegebot einführen
sollte oder ob er besser wartete, bis sich solche Standards aus
der Gruppe heraus entwickeln. Die Autoren vertreten, entsprechend ihrem Fokal-Konflikt-Modell, den Standpunkt:

Damit eine Gruppenlösung oder ein Standard wirksam werden, müssen sie als Antwort auf erlebte Bedürfnisse der
Gruppe entstanden sein. Mitglieder einer Gruppe befolgen
nur solche Standards, die sich auf gemeinsame Sorgen und
Belange beziehen und Befürchtungen hinsichtlich dieser Sorgen vermindern; dabei müssen Standards nicht immer explizit sein.

Schon in den anfänglichen Sitzungen stelle sich meist ein
Gruppen-Konflikt zwischen dem Wunsch nach Selbstenthüllung und der Furcht vor Spott und Kritik heraus. Daraus erwachse dann oft der implizite Standard, innerhalb der Gruppe
die Empfindlichkeiten der anderen zu schonen und im gruppenexternen Leben Diskretion zu wahren. Explizit werde
das Schweigegebot oft erst als Antwort auf den Bruch einer
impliziten Abmachung, eines stillschweigend angenommenen
Standards der Diskretion. Nach D. S t o c k   W h i t a k e r
und   L i e b e r m a n   (1964) ist es so unnötig wie unwirksam, wenn der Therapeut ein Schweigegebot erläßt, solange
nicht die Gruppe selbst einen solchen impliziten oder expliziten Standard entwickelt.

Abgesehen vom arztrechtlichen Gesichtspunkt leuchtet uns
diese Überlegung der Autoren sehr ein; ist es doch irgendwie
inkonsequent, wenn man in allen sonstigen interpersonellen
Auseinandersetzungen der Gruppe als Therapeut keine Regeln, Gebote und Verbote aufstellt und nur im Falle der gruppenexternen Geheimhaltung eine Ausnahme macht.

Obwohl wir ebenfalls das Konzept der relativen Minimalstrukturierung vertreten, haben wir es bisher, außer in T-
Gruppen innerhalb eines gruppendynamischen Seminars
(H e i g l 1970) und in analytischen Selbsterfahrungsgruppen
von Ausbildungsteilnehmern (siehe dazu weiter unten), noch
nicht gewagt, ohne die Setzung dieses Schweigegebotes unsererseits eine therapeutische Gruppe zu beginnen bzw. einen
neuen Patienten in eine offene Gruppe einzuführen. Abgesehen
von der ärztlichen Verpflichtung, für den Schutz der Intimsphäre des Patienten zu sorgen, schien es uns bisher zu riskant, der Gruppe den Zeitpunkt der Aufstellung einer solchen
Norm zu überlassen. Aber zweifelsohne stellt sich der Therapeut dadurch stärker als normsetzende Instanz der Gruppe

dar, mit allen Nachteilen, die daraus für eine analytische
Gruppe resultieren.

Einen weiteren Schutz gegen die mit einer Indiskretion verbundenen Gefahren stellt das Verfahren dar, nur solche Patienten in die Gruppe aufzunehmen, die keine realen Beziehungen zueinander haben, also weder Freunde noch Verwandte,
noch Nachbarn oder Arbeitskollegen sind. F o u l k e s (1968)
legt gerade darauf den größten Wert. Es sollte demnach bei der
Zusammenstellung der Gruppe darauf gesehen werden — soweit dies praktisch möglich ist —, daß nun Patienten in die
eintreten, die sich noch nicht kennen. Wir halten es in dieser
Gruppe eintreten, die sich noch nicht kennen. Wir halten es in
dieser Hinsicht nicht so streng wie F o u l k e s , achten nur
darauf, daß zwischen Gruppenpatienten keine *realen* Inter-
essenkollisionen wie z. B. in einem beruflichen Konkurrenz-
verhältnis oder einer hierarchischen Beziehung im Beruf bestehen.

Das gleiche Kriterium: Ausschluß realer Interessenkollisio-
nen zur Abschirmung gegen die soziale Umwelt — gilt auch
bei der Auswahl von Mitgliedern für die Selbsterfahrungsgruppen von Kandidaten eines psychoanalytischen Ausbildungsinstitutes oder die fraktionierten Selbsterfahrungsgruppen (W. S c h i n d l e r 1969) für Ärzte und Psychologen.
In diesem Falle ist die Forderung, die Teilnehmer sollten miteinander vor Eintritt in die Gruppe nicht bekannt gewesen
sein, nicht zu realisieren. Weitgehend zu verwirklichen ist jedoch die Empfehlung, es möchten zwischen den Teilnehmern
einer Selbsterfahrungsgruppe keine *realen* Konkurrenz-Anti-
nomien vorhanden sein; dies ist bei Selbsterfahrungsgruppen
im Rahmen eines psychotherapeutischen Ausbildungsinstitutes deshalb nicht unwichtig, weil sie vornehmlich Ausbil-
dungsziele verfolgen und daher die Konkurrenz ohnehin
schon situationsimmanent ist. Vielleicht kann man das Problem u. a. durch Selbstselektion der Teilnehmer lösen: Die
Kandidaten eines Ausbildungsinstitutes stellen sich selbst ihre
Selbsterfahrungsgruppen zusammen, nachdem sie sich Gedanken darüber gemacht haben, mit welchen Kollegen sie das
Wagnis der Selbstenthüllung eingehen wollen und mit welchen nicht.

In den hinsichtlich Beruf oder Berufsziel relativ homogenen Gruppen können sogar Mitglieder derselben Institution oder Klinik eine Selbsterfahrungsgruppe bilden, wie z. B. B a t - t e g a y (1967) mitteilt und beschreibt.

2. Interdependenz mit der sozialen Umwelt

Unter diesem Gesichtspunkt stellt sich der Unterschied zwischen der ambulanten und der klinischen Form der Gruppenpsychotherapie besonders deutlich dar. In der ambulanten Gruppe finden Interaktionen der Mitglieder mit ihren Primär- und Bezugsgruppen im Gesamtzeitraum der Behandlung in weitaus größerem Ausmaß statt. Dies hat den Vorteil, daß die Patienten ihre realen Schwierigkeiten intensiver spüren und ihr Verhalten in der therapeutischen Gruppe unmittelbarer, realistischer mit dem in ihren Primär- und Bezugsgruppen vergleichen können.

Demgegenüber hat die stationäre therapeutische Gruppe den Vorteil, daß man den Patienten in unterschiedlichem Maße von seinen Primär- und Bezugsgruppen trennen und ihm so auch inneren Abstand zu den Normen und Standards seiner externen Gruppen vermitteln kann (siehe das Kapitel über die Indikation zur klinischen Psychotherapie).

Psychotherapeutische Kliniken unterscheiden sich u. a. darin, daß sie ihren (Gruppen-)Patienten einen unterschiedlichen Grad an Interaktion mit ihren Primär- und Bezugsgruppen erlauben oder anders ausgedrückt: Die Patienten werden mehr oder wenig streng von ihren äußeren Gruppen geschieden, je nach dem therapeutischen Modell, das die Klinik vertritt. So hat K n o b l o c h (1967) eine bestimmte Differenzierung der Gruppentherapie in der Klinik beschrieben. Zu seinem sechsstufigen psychotherapeutischen System gehört als dritte Stufe die Aufnahme des Patienten in das landschaftlich einsam gelegene Rehabilitationszentrum Lobec bei Prag. K n o b l o c h und Mitarbeiter legen größten Wert gerade darauf, ein quasigeschlossenes System herzustellen, das den Patienten nur ein Minimum an Austausch mit ihren sonstigen Gruppen erlaubt. Die Patienten sind in Lobec von der Außenwelt fast völlig abgeschnitten und so während der Dauer ihres Aufenthaltes extrem aufeinander angewiesen. Dadurch werden nach

K n o b l o c h die Patienten besonders intensiv mit dem feedback der anderen Patienten konfrontiert, d. h. also mit den Reaktionen der anderen Gruppenmitglieder auf ihr eigenes Verhalten. Auf diese Weise seien die neurotischen circuli vitiosi besonders deutlich sichtbar zu machen, sei dem Patienten mit besonderer Evidenz nahezubringen, wie er durch sein Verhalten eine neurotische Interaktion in Gang bringt und unterhält.

Als „eine spezifische Behandlungsform des Patienten *in Zusammenhang mit seiner Familie*" (Hervorhebung v. d. Verf.) ist R. S c h i n d l e r s (1959) bifokale Gruppentherapie anzusehen. Sie wird allerdings nur zur Behandlung von schizophrenen Patienten angewandt. „Etwa 7 Patienten werden zu einer geschlossenen Gruppe vereinigt, parallel dazu in einer getrennt geführten Gruppe ihre Eltern. Die Entwicklung beider Gruppen ist aber aufeinander abgestimmt." Dabei wird in der ersten Phase der Therapie eine Besuchssperre „verhängt", die in der dritten Phase wieder aufgehoben wird.

Nach A. H e i g l - E v e r s (1969) ist der soziale Effekt klinischer analytischer Gruppenpsychotherapie im Sinne einer Zunahme von Selbstvertrauen und Selbstsicherheit der Neurosekranken u. a. auf den Faktor der räumlichen Distanzierung der Patienten von ihrer sonstigen Umwelt und den sonstigen Beziehungspersonen zurückzuführen. Wegen des überregionalen Einzugsbereichs der betreffenden Klinik (Tiefenbrunn) sind zwischenzeitliche Kontakte mit Angehörigen oder Berufskollegen durch Besuch oder dergleichen erschwert. Außerdem wird den Patienten von ärztlicher Seite empfohlen, solchen Kontakt möglichst zu beschränken, wenn auch kein Kommunikationsverbot ausgesprochen wird. Durch diese räumliche Distanzierung wird auch eine Distanzierung von den bisherigen Denk-, Orientierungs- und Wertungssystemen und deren personalen Repräsentanten bewerkstelligt. Außerdem bedeutet ein solches Arrangement einen Schutz des Patienten vor Ostrazismus, d. h. vor der Gefahr, schon bei den ersten, oft noch sozial inadäquaten Versuchen der Umorientierung, impliziten oder expliziten Sanktionen seitens der Angehörigen oder Berufskollegen ausgesetzt zu werden.

Im Kontext der Indikation zur Gruppentherapie in ihrer ambulanten oder klinischen Form scheint uns jeweils die Beantwortung der Frage wichtig: Ist es therapeutisch ratsam, den Patienten in der Interaktion mit seinen üblichen Gruppen zu belassen oder soll er wenigstens vorübergehend von seinen sonstigen Gruppenbezügen mehr oder weniger getrennt werden (siehe dazu auch S. 197)?

V. Zur Kombination von analytischer Einzel- und Gruppenpsychotherapie *

In der deutschsprachigen Literatur und auf deutschsprachigen Fachtagungen wurde die kombinierte Einzel-Gruppentherapie bisher wenig erwähnt. Sehr zu Unrecht, wie wir meinen! Es handelt sich bei ihr um eine Therapieform sui generis mit einer spezifischen Indikationsbreite, um eine Behandlungsform, die in den USA schon seit geraumer Zeit praktische Anwendung und theoretisches Interesse gefunden hat.

Zunächst soll skizziert werden, wie die beiden Therapieformen zu verstehen sind, deren kombinierte Anwendung[1] darzustellen ist. — Auf die besonderen Probleme der sog. conjoint therapy, d. h. der Zusammenarbeit von zwei Therapeuten hat Z a n d e r (1974) hingewiesen. Dabei dürfte meist regelmäßiger Erfahrungsaustausch der Behandler bezüglich spezifischer Widerstände des gemeinsam behandelten Patienten und hinsichtlich eigener Störfaktoren (bes. unbewußte Rivalität) unumgänglich sein.

1. Die angewandten Therapieverfahren

Es handelt sich um die Einzelanalyse, d. h. die Psychoanalyse in ihrer Standardform auf der einen Seite und um die psychoanalytische Gruppentherapie auf der anderen Seite. Wir gehören zu jenen Therapeuten, die zwischen Anwendung psychoanalytischer Beobachtung, Schlußbildung und therapeutischer Interventionstechnik in der Beziehung zu einem *einzelnen* Pa-

---

* Ersterscheinen in: Gruppenpsychotherapie und Gruppendynamik 8, 97–121 (1974).
[1] S. dazu H e i g l - E v e r s und H e i g l 1970.

tienten und zu einer Patienten*gruppe* Unterschiede sehen. Diese
Unterschiede resultieren daraus, daß es sich auf der einen Seite
um eine dyadische Beziehung handelt, die zudem durch die
Kunstgriffe der psychoanalytischen Standardtechnik einer singulären Situation stark angenähert wird, und daß es auf der
anderen Seite um eine Pluralität, um ein soziales System geht
und damit um Variablen, die in der therapeutischen Dyade
kaum eine Rolle spielen.

Dabei ist auch zu bedenken, daß die Konzepte der Psychoanalyse, sowohl die therapiebezogenen (technischen) wie die
theoriebezogenen (psychologischen)[2] primär in der Dyade entwickelt wurden, und daß aus einer überaus fruchtbaren Wechselwirkung zwischen therapeutischer Empirie und theoretischer
Durchdringung der empirischen Erfahrung eine relativ kon-
sistente Theorie resultierte. Bei der psychoanalytischen Gruppentherapie handelt es sich dagegen um eine vergleichsweise
spät und zögernd erprobte Spezialanwendung psychoanalytischer Kenntnis und Erfahrung; und eine Theorie der analytisch-
therapeutischen Gruppe von ähnlicher Konsistenz wie die der
Einzelanalyse wird bis heute vermißt.

Sowohl die theoretischen Modelle wie auch die therapeutischen Techniken der Psychoanalyse wurden also, mittels sub-
tiler Beobachtungen, in einer Zweier-Situation, in einer hoch-
artifiziellen dyadischen Beziehung entwickelt. Das Artifizielle
dieser Beziehung besteht u. a. darin, daß sie, wie gesagt, durch
bestimmte Kunstgriffe einer singulären Situation weitgehend
angenähert wird (H e i g l - E v e r s und H e i g l 1968). Zu
diesen Kunstgriffen gehört die Ausschaltung von sozialen
Interaktionen, wenn Interaktion bedeutet, daß das Verhalten
des einen Individuums zum Stimulus für das Verhalten eines
anderen wird. Statt sozialer Interaktionen werden „Interaktionen" innerhalb der neurotischen Subsysteme des Analysanden

---

[2] „In diesem Zusammenhang sollte man sich vor Augen führen, daß
Psychoanalyse nicht nur eine besondere Behandlungsmethode ist, sondern
auch der Entwurf einer Theorie mit dem Anspruch einer allgemeinen
Psychologie ... Es lohnt sich, die Unterscheidung zwischen therapiebezo-
genen (technischen) und theoriebezogenen (psychologischen) Begriffen der
Psychoanalyse (F r e u d nannte die letzteren ,metapsychologische') im
Auge zu behalten" (S a n d l e r et al., 1973, S. 10).

angeregt und durch das spezielle Arrangement dieser Behandlung, vor allem durch die Verstärkung der Introspektion mittels
der freien Assoziationsregel als der Grundregel der Psychoanalyse, ermöglicht. Der Analytiker fungiert lediglich als Pro-
jektionsträger für den jeweils relevanten intrapsychischen
„Interaktionspartner". Von Interaktionen im eigentlichen interpersonellen Sinne des Wortes kann u. E. nur im Bereich des
Arbeitsbündnisses gesprochen werden[3].

Ferner gehört zur Singularisierung der analytischen Dyade
die durch die Prinzipien von Anonymität und Abstinenz be-
wirkte Ausblendung der Identität des Therapeuten; und es gehört dazu die Ausrichtung der Aufmerksamkeit beider Partner
der therapeutischen Beziehung auf das Erleben des *einen* Partners, des Patienten.

Der Kommunikationsstil in dieser Beziehung wird dadurch
bestimmt, daß der kranke, therapiebedürftige Partner durch die
Grundregel gehalten ist, unter weitestmöglichem Verzicht auf
kritisches Sieben alles mitzuteilen, was überhaupt nur in seinem Erleben auftaucht; dem therapierenden Partner hingegen
obliegt es, die den mitgeteilten Erlebnisinhalten innewohnende
Bedeutung zu erfassen unter schrittweiser Einbeziehung dessen,
was für den Patienten bis dahin unbewußt oder bedeutungslos
oder hinsichtlich seiner Bedeutung verfälscht gewesen ist. Dabei
erscheint es wiederum wichtig, jene Bedeutung zu klären, die
der anonyme Therapeut selbst für den Patienten gewinnt. Es
liegt in der Eigenart dieser dyadischen Beziehung, daß der Patient im Analytiker die Beziehungspersonen, die Objekte und
Teilobjekte seiner Frühgenese wieder beleben kann mit der
Möglichkeit, diese in ihm fixierten Früherfahrungen in einen
weiterführenden Prozeß einzuschleusen. Der therapeutische
Wandel, die heilende Veränderung vollzieht sich an den innerseelischen Strukturen des Patienten. Sie wird vornehmlich
durch Einsicht bewirkt, wobei Einsicht über die kognitive Erkenntnis hinaus einen integrierenden psychischen Akt bedeutet, d. h. eine Aufhebung der Abwehr einschließt (L o c h 1966)
L o c h weist auf die s. E. wichtige Unterscheidung hin, die T h.
M. F r e n c h[4] getroffen hat, als er eine „introspektive Ein-

[3] R. R. G r e e n s o n , 1967, S. 45—48.
[4] T h. M. F r e n c h , 1958, S. 402.

sicht" in die eigenen Beweggründe gegen eine „problemlösende
Einsicht" abgrenzte, die das eigentliche therapeutische Ziel sei.

Der in der Standardmethode der dyadischen Psychoanalyse
erfahrene Therapeut wird bei dem Versuch, sein Wissen und
Können in einer Gruppe anzuwenden, u. E. bald erkennen müssen, daß sich seine theoretischen Modelle und therapeutischen
Techniken nicht unmittelbar auf die Pluralität der Patientengruppe übertragen lassen. Die Interaktion, die wechselseitige
Beeinflussung des Verhaltens mehrerer an einer Aktion betei-
ligter Partner (M e a d 1934), ist schlechthin nicht auszuschalten, weil es sonst gar nicht zur Beziehungsbildung im Sinne
einer Gruppe käme. Der Therapeut kann in der Gruppe genauso wahrgenommen und beobachtet werden wie die Gruppenmitglieder; er ist durch die Einbeziehung der optischen Dimen-
sion und als Objekt der Beobachtung von *mehreren* weitaus
erkennbarer als in der Einzelanalyse. Damit kommt das Problem der Gegenübertragung ins Spiel, insbesondere der uner-
kannten Gegenübertragung des Therapeuten, und zwar nachdrücklicher noch als in der Einzelanalyse deswegen, weil feine
und feinste Signale unerkannter Gegenübertragung für die
Gruppenpatienten besser beobachtbar und wahrnehmbar sind
und damit auch eine stärkere Induktionswirkung auf die Übertragung der Patienten ausüben können[5].

Während die soziale Realität in der analytischen Dyade weitgehend verblaßt und in eben dem Maße, in dem sie verblaßt,
die inneren Bilder des Patienten sich konturierter, plastischer
und bewegender darstellen, ist die soziale Realität in der Pluralität präsent; die Gruppe, auch die artifizielle therapeutische
Gruppe, ist als solche ein soziales System[6].

---

[5] S. dazu L o c h , 1965, S. 17 f., u. S c h e f l e n , 1963, S. 126.

[6] „Ein s. S. besteht, wenn eine Mehrzahl von Individuen (Personen)
aufgrund gegenseitiger gesellschaftlicher Erwartungen, fast immer orientiert an kulturellen Normen, regelmäßig aufeinander einwirkt, mit wenigstens einigen gemeinsamen Zielen. Der Begriff s. S. ist wertfrei . . . im s. S.
wickeln also — geregelt durch Status und Rollen — Menschen ihre sozialen
Beziehungen ab . . . Man nimmt ferner eine ziemlich weitgehende Integration aller Teile oder Elemente des s.n S.s an, wodurch sich eine allgemeine
Interdependenz, eine Beeinflussung eines jeden Teils durch eine Veränderung eines jeden anderen ergibt. Allerdings haben sowohl kleinere als
auch größere s.e S.e die Eigenschaft, ausgleichendes kompensatorisches

F r e u d [7] hat darauf hingewiesen, daß der andere als Vorbild, als Objekt, als Helfer und Gegner im Seelenleben des einzelnen ganz regelmäßig in Betracht komme und daß die Individualpsychologie daher von Anfang an auch gleichzeitig Sozialpsychologie sei. Es besteht u. E. jedoch ein Unterschied zwischen „dem anderen", wie er sich als Bild, als Symbol, als Struktur in der innerseelischen Realität darstellt, und „dem anderen" in der sozialen Realität, in der er sich leibhaftig präsentiert und aktuelle Bedeutung gewinnt. Insbesondere unterscheiden sich diese beiden Arten von Repräsentanzen des anderen dadurch, daß die innerseelischen Bilder und ihre Wirksamkeit konstant sind und sich allenfalls unter dem Einfluß einer psychoanalytischen Therapie verändern; „der andere", wie er auf der Ebene sozialer Beziehungen erscheint, ist dagegen jeweils zu verschiedenen Reaktionen fähig, und sein Verhalten ist daher immer nur begrenzt vorhersehbar. Dadurch werden auch die Folgen des eigenen Verhaltens nicht oder allenfalls begrenzt vorhersehbar — in Abhängigkeit von der Zahl der präsenten anderen. Nach H a n n a h A r e n d t (1960) gehört die Unabsehbarkeit der Folgen des eigenen Tuns, eben wegen der Präsenz der anderen, zu den Merkmalen der Pluralität; die Folgen einer Tat ergeben sich nicht aus der Tat selbst, „sondern aus dem Bezugsgewebe, in welches sie fällt". Dieses Bezugsgewebe ist um so vielfältiger, je größer die Zahl der daran Beteiligten ist. In der Gruppe interferieren innerseelische und soziale Realität in weitaus stärkerem Maße als in der Einzelanalyse [8].

Der in der dyadischen Therapie erfahrene Psychoanalytiker kann u. E. nicht umhin, in der Gruppe Phänomene wahrzunehmen, die sich mit dem ihm geläufigen Begriffssystem nicht erfassen lassen, wie z. B. die soziale Interaktion, ferner die in

---

Verhalten ihrer Glieder zuzulassen. Es gibt fast nie reine Kettenreaktionen" (H. S c h o e c k , 1969, S. 320—321).

[7] F r e u d , 1921, S. 73—161.

[8] In diesem Zusammenhang sei auch auf die folgende von L o c h formulierte These verwiesen: „Es geht in der wissenschaftlichen Anwendung der Psychoanalyse um die Aufweisung kausaler Verknüpfungen zwischen intrapsychischen wie interpersonalen Beziehungen, d. h. im handelnden Umgang mit verinnerlichten bzw. äußeren Objekten" (W. L o c h , 1962/63, S. 418).

Gruppen regelhaft entwickelte Verhaltensregulierung im Sinne
impliziter und/oder expliziter Normen und Standards, die
Status- oder Positionsverteilung unter den Teilnehmern, die
für die Gruppe spezifischen Beziehungs- und Kommunikations-
strukturen.

Von L i e b e r m a n et al. (1969), von F o u l k e s und A n -
t h o n y (1965), von K u t t e r (1973) und von H e i g l -
E v e r s (1972) wurde beschrieben, in welcher Weise Psychoanalytiker vorgegangen sind, um sich die Gruppe so weit wie
möglich mit Hilfe psychoanalytischer Theorien und Techniken
theoretisch verständlich und therapeutisch zugänglich zu machen. So wurde die Tendenz entwickelt, die therapeutische
Gruppe hinsichtlich des einzelnen Patienten als Ausweitung der
dyadischen Situation, als „eine Erweiterung der dyadischen
Behandlung" (s. L i e b e r m a n et al. 1969) zu betrachten. Zu
diesen Therapeuten gehören im angelsächsischen Bereich vor
allem S l a v s o n (1950), W. S c h i n d l e r (1951, 1955),
L o c k e (1961) sowie W o l f und S c h w a r t z (1962). Bei
dieser Betrachtungs- und Vorgehensweise wird u. E. vielleicht
zu wenig beachtet, daß therapeutische Techniken, die für die
der Singularität weitgehend angenäherte analytische Dyade
entwickelt wurden, nicht ohne weiteres übertragbar sind auf die
Pluralität, die das Erleben und Verhalten des einzelnen als
solche beeinflußt und verändert (s. H e i g l - E v e r s und
H e i g l 1968).

Andere Tendenzen gingen nach L i e b e r m a n et al. dahin,
das soziale System der Therapiegruppe mit Hilfe der Kategorien und Begriffe psychoanalytischen Denkens zu beschreiben
und d. h. für das *Individuum* entwickelte Konzepte auf eine
Pluralität zu übertragen. Zu diesen Autoren gehören im angelsächsischen Bereich vor allem B i o n (1961), E z r i e l (1950),
F o u l k e s und A n t h o n y (1957) sowie S t o c k - W h i t -
a k e r und L i e b e r m a n (1965) und im südamerikanischen
und europäischen Bereich G r i n b e r g , L a n g e r und R o d -
r i g u é (1960), R. S c h i n d l e r (1957/58, 1960/61), A r g e -
l a n d e r (1963/64, 1968), K u t t e r (1970, 1971), P o h l e n
(1972), H e i g l - E v e r s (1967, 1968, 1972) sowie H e i g l -
E v e r s und H e i g l (1968, 1972, 1973). Dabei werden von
den einzelnen Autoren mehr oder weniger auch Begriffe aus der

Sozialpsychologie, der Gruppendynamik und der Systemtheorie einbezogen. Doch ist u. E. den kritischen Überlegungen von L i e b e r m a n et al. zuzustimmen, wonach das soziale System der Gruppe als spezifische Bedingung individuellen Erlebens und Verhaltens bislang zu wenig berücksichtigt wurde.

In der von uns entwickelten Konzeption der therapeutischen Gruppe unterscheiden wir entsprechend dem topographischen Modell der Psychoanalyse drei Bezugsebenen des Verhaltens. Mittels des Prinzips der Minimalstrukturierung werden bei den Gruppenteilnehmern Einstellungs- und Verhaltensbereitschaften mobiliert, die sich gleichsam auf drei Ebenen unterschiedlicher Bewußtseinsfähigkeit manifestieren (H e i g l - E v e r s und H e i g l 1973, s. auch W h i t m a n 1972):

Die Teilnehmer agieren einmal auf der Ebene der sogenannten manifesten Aktion, die durch eine mehr oder weniger explizite Setzung von Gruppennormen, stimuliert durch das Ausbleiben einer Verhaltensregulierung von seiten des Therapeuten, charakterisiert ist sowie durch eine soziodynamische Funktionsverteilung, die sich über Prozesse projektiver Identifikation und projektiver Gegenidentifikation (G r i n b e r g 1973) entwickelt. Das Verhalten der Gruppenteilnehmer auf dieser Ebene hat, unter psychoanalytischem Aspekt, normative Abwehrfunktion.

In Abgrenzung gegen die Ebene der manifesten Aktion, deren Inhalte den Teilnehmern zwar bewußt, wenn auch nur mehr oder weniger reflektiert zur Verfügung stehen, ist die Ebene der sogenannten latenten Aktion dadurch gekennzeichnet, daß ihre Inhalte zum Teil vorbewußt, zum Teil unbewußt sind. Auf dieser Ebene konkretisiert sich ein Verhalten der Gruppenteilnehmer, das den in der manifesten Aktion proklamierten Normen entweder zuwiderläuft oder sie in eingeschränkter oder verzerrter Form befolgt. Unter Einwirkung der intrapsychischen Abwehrmechanismen und der Übertragungsbereitschaften der einzelnen sowie des Faktums der Pluralität arrangieren sich die Gruppenteilnehmer auf dieser Ebene im Sinne gemeinsamer psychosozialer Abwehrmanöver.

Eine weitere Ebene des Gruppenverhaltens bilden die durch die Prinzipien des Primärprozesses[9] bestimmten unbewußten

---

[9] F r e u d , 1900, S. 593–614.

Phantasien der Teilnehmer, die quasi konfluieren können, so daß die Gruppe unter diesem Aspekt als Entität imponieren kann. Durch Einhaltung des Abstinenzprinzips werden diese unbewußten Phantasien in der Übertragung auf den Therapeupeuten reaktiviert.

Die therapeutischen Interventionen sind darauf ausgerichtet, bei Anwendung der Techniken der Abstinenzwahrung, der Handhabung von Übertragung und Gegenübertragung sowie der semantischen und der erklärenden Deutung (L o c h 1966) die normative Abwehr, die psychosoziale Abwehr sowie die abgewehrten unbewußten Phantasien unter Zentrierung auf die inhärente Konflikthaftigkeit den Gruppenteilnehmern schrittweise ins Bewußtsein zu heben.

2. Indikation zur kombinierten analytischen Einzel- und Gruppenpsychotherapie

Nun soll die Indikation für eine parallelisierte Anwendung der beiden genannten therapeutischen Verfahren, der dyadischen Psychoanalyse und der psychoanalytischen Gruppentherapie, bei drei Formen von Psychopathologie klinisch und metapsychologisch begründet werden:

a) bei narzißtischen Persönlichkeitsstörungen (stärkeren Grades),
b) bei Übertragungsneurosen
   α) mit stärkeren Tendenzen zur Übertragungsspaltung,
   β) mit dominanter ich-syntoner Abwehr.

a) Indikation bei narzißtischen Persönlichkeitsstörungen

Nach unserer Erfahrung empfiehlt es sich, bei Patienten mit überwiegend durch narzißtische Persönlichkeitsstörungen geprägten Neurosen nach einer initialen Phase ausschließlicher Einzelanalyse mit einer parallelisierten psychoanalytischen Gruppentherapie fortzufahren[10].

Durch die Untersuchungen von K o h u t (1973) sind der psychoanalytischen Behandlung narzißtischer Persönlichkeits-

---

[10] S. dazu H e i g l - E v e r s und H e i g l, 1970.

störungen, sind der Analyse des Selbst mit neuen Betrachtungs-
weisen auch neue Möglichkeiten therapeutischer Einwirkung
erschlossen worden. Es handelt sich dabei um die von K o h u t
vorgelegten Übertragungskonzepte, die Spiegelübertragung
(unterteilt in die symbiotische, die Zwillings- und die Spiegel-
übertragung im engeren Sinne) einerseits und die idealisierende
Übertragung andererseits; diese Konzepte ermöglichen es, entweder das Größen-Selbst oder das allmächtige Objekt therapeutisch wiederzubeleben.

Wir haben den Eindruck gewonnen, daß eine Kombination
einer unter Verwendung der K o h u t schen Übertragungskonzepte durchgeführten Einzelanalyse mit einer psychoanalytischen Gruppentherapie *nach* einer ausschließlich einzelanalytischen Vorphase den therapeutischen Prozeß intensiviert
und insgesamt verkürzt. Diese Erfahrung bezieht sich sowohl
auf Patienten mit narzißtischen Persönlichkeitsstörungen von
Krankheitswert wie auch, das sei beiläufig erwähnt, auf Ana-
lysen im Bereich der Ausbildung. Voraussetzung für die Kombination ist einmal, daß in der vorangegangenen Einzelanalyse
eine der von K o h u t beschriebenen Übertragungen, eine der
Formen von Spiegel-Übertragung oder eine idealisierende Übertragung[11], therapeutisch reaktiviert wurde und ferner, daß ein
funktionsfähiges Arbeitsbündnis entstanden ist (G r e e n s o n
1967).

Wird die zusätzliche psychoanalytische Gruppentherapie
ebenfalls vom Einzeltherapeuten durchgeführt, dann wird die
in der Einzelanalyse entwickelte Übertragung, wie nicht anders
zu erwarten, vom Patienten gegenüber dem Therapeuten auch
in der Gruppe entfaltet und sollte von diesem ebenso wie in
der Einzelanalyse akzeptiert, innerhalb der Toleranzgrenze
interpretiert und mittels genetischer Rekonstruktionen dem
Patienten akzeptabel gemacht werden[12]. Wird die kombinierte
Therapie in zwei Therapeuten delegiert, dann entwickelt sich
auch zum Gruppentherapeuten zunächst eine der Formen nar-

[11] Dabei haben wir den Eindruck gewonnen, daß die Entwicklung einer
idealisierenden Übertragung eine günstigere Voraussetzung für die Einleitung einer kombinierten Behandlung ist als eine der Spiegelübertragun-
gen. Dieser Eindruck bedarf noch der weiteren Überprüfung.
[12] K o h u t , 1973, S. 253—262.

zißtischer Übertragung[13]. Im Schutze dieser Übertragung, d. h. vom Therapeuten akzeptiert hinsichtlich seines labilen Selbst-Systems und seiner Übertragungsphantasien, in denen er die Person des Analytikers in die Regulierung seines hochlabilen narzißtischen Equilibriums einbezieht, kann der Patient in der Gruppe therapeutisch wichtige Erfahrungen machen. Diese Erfahrungen beziehen sich auf „den anderen", der, wie zuvor gesagt, in der Gruppe immer auch in einem leibhaftigen Sinne und in seiner sozialen Identität präsent ist.

Für den anderen war, genetisch betrachtet, in der symbiotischen Frühbeziehung von Mutter und Kind kein Raum[14]; entsprechend ist, klinisch-neurosenpsychologisch betrachtet, im Erleben der narzißtisch gestörten Persönlichkeit neben dem eigenen Größen-Selbst für den anderen kein Platz. Das Größen-Selbst ist das „All-einige", für das die Existenz jedewedes „anderen" eine Bedrohung im Sinne u. U. vernichtender Kränkung darstellt; der andere darf daher nicht zugelassen bzw. er muß von vornherein eliminiert werden.

In der symbiotischen, in der Zwillings- und in der Spiegelübertragung im engeren Sinne ist der andere als „ein anderer" eliminiert bzw. er ist, als Selbst-Objekt, zu einer Funktion innerhalb des Selbst-Systems geworden. Die Einzelanalyse bildet dann einen gleichsam sakralen Raum, eine Art von Kapelle, worin das Größen-Selbst des Patienten in hehrer Einsamkeit thront. — Ein im Sitzen psychoanalytisch behandelter Patient saß über lange Zeit wie eine ägyptische Königsstatue auf seinem Sessel, steil aufgerichtet, die Knie geschlossen, die Arme an den Körper gewinkelt bei gestreckt aufgelegten Händen, mit

---

[13] Um eine integrierte Therapie zu gewährleisten, halten wir es im Fall der Durchführung einer kombinierten Therapie durch *zwei* Therapeuten für unbedingt erforderlich, daß die beiden Behandler sich regelmäßig gegenseitig über den jeweiligen Stand der Therapie ihres gemeinsamen Patienten informieren.

[14] „Solange das Kind nur mit *einer* Beziehungsperson zusammengeschlossen ist, so lange sind interpersonale Aspekte auf magische Weise erklärbar, denn einer frustrations-bedingten Aggression ist z. B. unmittelbar das Erlebnis ‚böse Mutter' korreliert, es ist gewissermaßen nur ein anderer Aspekt einer bestehenden Gesamtsituation. Wird aber das Verhältnis zwischen zwei Personen von außen durch eine dritte gestört, dann wird unmittelbar evident, daß die Störung des Binnensystems durch ein von ihm getrenntes Agens zustandekommt" (L o c h , 1966, S. 214).

starr geöffneten blicklosen Augen, die nichts deutlich wahr-
nahmen, am wenigsten den Therapeuten. — Eine solche
Kapellen-Situation entsteht auch, wenn es sich um eine idealisierende Übertragung handelt; es ist der Analytiker, der dann,
als das allmächtige Objekt, in der Altarnische sitzt, als der
Vollkommene, von dem der Patient ein Teil und somit selbst
vollkommen ist, als der All-einige; der Analytiker, von dem,
wie seinerzeit von der Mutter, allwissende Empathie und Macht
erwartet und dem dafür eine entsprechende Ehrfurcht und
Bewunderung gezollt wird[15].

Bei einer ausschließlichen Einzelanalyse besteht u. E. die Gefahr, daß durch die intensive emotionale Präsenz des Analytikers, der jegliches Eigeninteresse dabei hintanstellt, und durch
seine gerichtete Aufmerksamkeitszuwendung eine Übertragungsgratifikation entsteht, wodurch die Aufarbeitung der
Übertragung erschwert oder verzögert werden kann. Die Konfrontation mit den anderen in der analytischen Gruppentherapie kann dem entgegenwirken. Eine solche Therapie-Kombi-
nation bedeutet gleichsam, daß ein Kleinkind auf dem Arm der
Mutter die Welt, und das ist immer „das andere", gezeigt bekommt, daß sie in seinen Wahrnehmungsbereich gerückt wird.
S p i t z hat darauf hingewiesen, daß die Bildung des Selbst im
Sinne einer „fühlenden und handelnden Einheit" über das
„Nicht-Selbst", also das „Du" zustandekommt[16].

Eine solche Konfrontation mit den anderen bedeutet für den
Patienten, besonders in einer Phase der therapeutischen Wieder-
belebung des Größen-Selbst oder des allmächtigen Objekts, als
Einschränkung oder Aufhebung der eigenen phantasierten
Vollkommenheit und All-Einigkeit freilich Kränkung, die mit
Hilfe von Abwehrmechanismen aus dem bewußten Erleben
mehr oder weniger ausgeschaltet wird. Diese Abwehrmechanismen kommen in der Gruppe bevorzugt zur Darstellung und
werden so für die therapeutische Intervention erreichbar.

Andererseits sind das Größen-Selbst und das allmächtige
Objekt zu kränkungsempfindlich, als daß sie in einer ausschließlichen Gruppentherapie bzw. in einer Gruppentherapie
ohne eine vorgeschaltete Phase ausschließlicher Einzelanalyse

[15] K o h u t , 1973, S. 57—77.
[16] S p i t z , 1959, S. 97, 99, 103.

und ohne deren parallelisierte Weiterführung zur Reaktivierung gelangen könnten. Nur in der Kränkungs-Schutzzone der Einzelanalyse, dadurch geschaffen, daß der Psychoanalytiker von der Bemühung her unter Hintanstellung aller persönlichen Interessen nur Zuhörer ist, nur verstehende Aufmerksamkeit, nur in dieser Sphäre des All-Verstehens können sich narzißtische Phantasien ans Licht wagen; nur in der artifiziellen Realität der klassischen Dyade, in der durch die analytische Grundregel die Verhaltenskonsequenzen, die Normen- und Sanktionsmuster der äußeren Realität aufgehoben erscheinen und nur die Gesetze der inneren Realität gelten, können narzißtische Persönlichkeitsanteile reaktiviert werden. Die Gruppe ist kein Modell der Früh-Dyade von Mutter und Kind, in der sich der primäre Narzißmus entfaltete; sie ist vielmehr ein Modell der ödipalen Situation, in der es neben dem eigenen Selbst die anderen gibt, die je nachdem als Eltern- oder als Geschwisterrepräsentanzen fungieren können; die anderen aber sind für die narzißtisch Gestörten immer die potentiell Kränkenden; sie stellen durch das Element der Unvorhersehbarkeit die eigene All-Einigkeit und All-Macht in Frage; sie sind Rivalen um das allmächtige Objekt, von dessen ausschließlicher Zuwendung das Erleben eigener Vollkommenheit abhängt.

Nach einer Phase ausschließlicher Einzelanalyse und weiterhin mit einer solchen kombiniert, ermöglicht die therapeutische Gruppe eine Konfrontation mit solchen Kränkungen in dosierter, zumutbarer Form — im Schutze der bereits entfalteten narzißtischen Übertragung auf den Einzelanalytiker — „auf dem Arm der Mutter". Die durch die Kränkungen mobilisierten Abwehrmechanismen — vornehmlich die Leugnung der Realität (unliebsamer Aspekte der Realität) in der Phantasie, die horizontale und vertikale Spaltung, die Verdrängung, die Verneinung, die Regression, die defensive Arroganz, die distanzierenden Haltungen [17] werden in der Gruppe im Sinne interpersonaler Abwehr psychosozial ausgeformt, d. h. sie führen im Zuge einer der Gruppe eigentümlichen soziodynamischen Funktionsverteilung zur Übernahme bestimmter Positionen und der diesen Positionen zugeordneten Rollen.

---

[17] K o h u t, 1973, S. 31, 205, 208, 229.

Unter den verfügbaren Positionen innerhalb einer Gruppe bietet sich als Träger der psychosozial transformierten Abwehr narzißtisch gestörter Persönlichkeiten vor allem die sogenannte Omega-Position an (R. S c h i n d l e r 1957/58, 1960/61; H e i g l - E v e r s 1968, 1972), der u. a. die Rollen des Außenseiters, des Sündenbocks, des Desperados, des Prügelknaben, des Hofnarren zugeordnet sind[18].

Soll die Präsenz der anderen, die für den narzißtisch Gestörten eine mehr oder weniger unerträgliche Kränkung bedeuten kann, vom bewußten Erleben mit Hilfe des Abwehrmechanismus der Leugnung der Realität in der Phantasie ferngehalten werden, dann wird der durch solche Kränkung Bedrohte sich bemühen, zum anderen die in der gegebenen Situation größtmögliche Distanz herzustellen. In der Gruppe bietet die der Omega-Position zugeordnete Rolle des Außenseiters eine größtmögliche Distanz zur Gesamtheit, zur Majorität der anderen.

Eine Patientin, die lange Zeit eine idealisierende Übertragung auf ihre Therapeutin entwickelte, von der sie parallel sowohl einzeln wie in der Gruppe behandelt wurde, erlebte es als ängstigend, da im Grunde kränkend und damit Rache provozierend, wenn die anderen durch laute Stimme, körperliche Berührung oder durch stärkeren Körpergeruch ihrer Wahrnehmung zu nahe rückten; entsprechend ängstigend war es auch für sie, wenn die anderen in der Gruppe Kritik, insbesondere laute, heftige Kritik, an der Therapeutin äußerten. Sie bediente sich dann folgender Abwehr: Sie zog sich in ihren eigenen Innenraum und damit an den äußersten Rand der Gruppe zurück und ließ in sich, für andere unhörbar, allerlei Melodien erklingen, die ihr aus einer umfassenden Kenntnis der klassischen und modernen Musik jederzeit verfügbar waren; damit sicherte sie den Zustand der Übereinstimmung und Einheit mit dem allmächtigen Objekt (dem „guten Teilobjekt“)[19]; als Kind hatte sie das Erleben solcher Übereinstimmung auf der Flucht vor einem lauten und rabiaten Vater und vor mehreren Geschwisterrivalen in den Moorwiesen am Rande ihres Heimatortes gesucht, wo sie, auf dem Rücken im Wollgras liegend, den Blick in den Wolken, „es in sich summen ließ“.

---

[18] S. dazu M e r l, 1968, S. 51—67.
[19] S. dazu M e l a n i e   K l e i n, 1952.

Zur Rolle des von den anderen mehr oder weniger in Ruhe
gelassenen Außenseiters tendieren narzißtisch gestörte Persönlichkeiten dann, wenn ihre Abwehr des durch kränkende „An-
dersartigkeit" bestimmten Geschehens in der Gruppe auf dem
Prinzip des Abrückens von der Realität und ihrer Wahrnehmung, auf dem Prinzip des Sich-absonderns beruht wie bei der
jungen Frau, die sich in ihren Musik-durchfluteten Innenraum
zurückzog. Von der Gruppe her gesehen ist die Übernahme der
Außenseiter- oder Sonderling-Rolle durch solche Patienten
dann begünstigt, wenn die anderen Gruppenteilnehmer überwiegend Manifestationen von Übertragungsneurosen zeigen
und sich dem narzißtisch Gestörten gegenüber aus der Situation
des erfahreneren oder gewitzteren oder weltläufigeren Geschwi-
schwisters milde überlegen fühlen können.

Zu den Rollen des von den anderen bekämpften Desperados
oder des Sündenbocks neigen narzißtisch gestörte Persönlichkeiten dann, wenn sie ihr durch Kränkung bedrohtes narziß-
tisches Gleichgewicht durch Rache an den Kränkenden wieder-
herzustellen oder zu stabilisieren versuchen, d. h. wenn sie in
der Gruppe den anderen gegenüber feindselige Affekte mehr
oder weniger deutlich erleben und sie mehr oder weniger deutlich signalisieren und ausdrücken.

Eine (habituelle) Tendenz zur Übernahme einer Sündenbock-
Rolle beobachteten wir z. B. bei einem narzißtisch schwerst gestörten, intellektuell hochbegabten jungen Mann, der zunächst
wegen eines psychosomatischen Symptoms, einer Migräne von
geradezu wütender Intensität, eine Behandlung suchte, und
bei dem neben schweren Kontaktstörungen die hochriskante
Art und Weise auffiel, in der er den Segelflugsport betrieb.
Diesem Patienten wurde nach einer längeren Phase der Einzelanalyse, in der sich das psychosomatische Symptom zurück-
bildete, eine zusätzliche Gruppentherapie empfohlen, die in
diesem Fall von einem anderen Therapeuten durchgeführt
wurde.

Während in der Einzelanalyse weiterhin eine Übertragung
im Sinne der symbiotischen Übertragung den Prozeß bestimmte, entwickelte der Patient zu seinem Gruppentherapeuten eine idealisierende Übertragung. Auf der Ebene der manifesten und latenten Gruppenaktionen geriet er gegenüber der

Majorität der anderen in eine Sündenbockrolle, wobei sich die
Majorität und dieser Patient im Sinne der reziproken Latenzrepräsentanz (H e i g l - E v e r s 1967, 1972) polarisierten.
Dieser Prozeß wurde dadurch bestimmt, daß auch die anderen
Gruppenteilnehmer, wenngleich hinsichtlich der Schwere minder
ausgeprägt, in der Mehrzahl narzißtische Störungen zeigten.
Der genannte Patient repräsentierte für die Majorität deren
latente narzißtische Ansprüche, auf die sie mit Schamgefühlen
und wütenden Tendenzen der Art reagierten, daß der Patient
aus der Gruppe eliminiert, für die Gruppe nicht mehr existent
sein sollte. Für den Patienten stellten sich in den anderen seine
latente brennende Scham und seine latenten Tendenzen zur
Selbstauslöschung dar, die immer dann mobilisiert wurden,
wenn sein Größen-Selbst-System nicht funktionierte, Tendenzen, gegen die er sich während dieser Behandlungsphase im
Sinne wütender narzißtischer Selbstbehauptung anstemmte,
dabei gestützt auf die narzißtischen Übertragungen auf die beiden beteiligten Therapeuten.

Dem Gruppentherapeuten gelang es durch kopulative Interpretationen (H e i g l - E v e r s und H e i g l 1972), die auf
die reziproke Latenzrepräsentanz abzielten, sowohl die Majorität wie den mit der Sündenbockrolle behafteten Patienten auf
den gemeinsamen zugrundeliegenden Prozeß anzusprechen
und dadurch die Gruppe anzuregen, die ihnen allen gemeinsamen unbewußten Phantasien ins Bewußtsein zu heben und
in Worte zu fassen: Die Sehnsüchte nach einem Zustand, in
dem man ohne Worte verstanden wird, in dem Resonanz da
ist, ohne daß erst die Bereitschaft dazu erzeugt werden muß,
ein Zustand unmittelbarer Wunscherfüllung. Seit der Gruppensitzung, in der die Mitglieder sich dieser Gemeinsamkeit bis
dahin abgewehrten Erlebens bewußt wurden, waren die psychodynamischen und soziodynamischen Voraussetzungen für die
Übernahme der Sündenbockrolle bei dem genannten Patienten
nicht mehr gegeben.

Dem zunächst nur einzelanalytisch behandelten Patienten
werden in der parallelisierten therapeutischen Gruppe Möglichkeiten geboten, „den anderen" zu erleben. Eine wichtige Komponente der Erfahrung „des anderen" besteht in folgendem:
Wie zuvor gesagt, wird durch die „Anders-artigkeit" die Vor-

hersehbarkeit des Verhaltens des Nicht-Ich, des Du, mehr oder
weniger eingeschränkt. Diese Einschränkung ist beim narzißtisch Gestörten noch verstärkt, da er die Tendenz hat, innerhalb seines Selbst als eines geschlossenen Systems zu ver-
bleiben, wodurch seine Wahrnehmung entsprechend eingeengt
wird. Aufgrund der von ihm nicht oder nur mangelhaft voll-
zogenen Objektbesetzungen ist er zur Identifikation mit den
anderen und damit zur Empathie und, aus mangelnder Identifikation und Empathie, zu einer vermutungsweisen Vorhersage
der Reaktionen des anderen nicht fähig; er ist darin nicht oder
zu wenig geübt.

In der Gruppe kommt es zur Konfrontation mit den Phänomenen der Unvorhersehbarkeit des anderen. Diese Erfahrungen schlagen sich im Erleben des narzißtisch Gestörten in allen
Schattierungen des Erstauntseins nieder, vom leichten Ver-
wundertsein bis hin zum angstvollen Erschrecken; diese Erfahrungen werden zunächst mit Hilfe von Abwehrmechanismen und deren psychosozialen Ausformungen vom bewußten
Erleben ferngehalten; auch die narzißtische Übertragung auf
den Therapeuten ist im Sinne einer solchen Abwehrfunktion
wirksam. Andererseits kommt es im Schutze dieser Übertragung in der Gruppe gleichsam zum Einsickern von Wahrnehmungen, die aus den von den anderen ausgesandten Reizen
stammen. Diese eingesickerten Wahrnehmungen tangieren die
narzißtische Übertragung zunächst nicht; sie schlagen sich jedoch als Gedächtnisspuren nieder, die zu gegebener Zeit, zunächst meist in der Einzelanalyse, auftauchen und zur Relati-
vierung der narzißtischen Selbst-Phantasien beitragen. Die
zuvor genannte Patientin mit dem „summenden, singenden
Innenraum" sagte eines Tages in der Einzelanalyse: „Ich habe
damals nicht verstanden, was Herr X mir in der Gruppe nahebringen wollte, als er zu mir sagte, er würde nicht wagen, mich
anzufassen; ich sei ihm zu zerbrechlich. — Oder als die anderen
in der Gruppe Angst kriegten, nachdem ich den Traum erzählt
hatte, in dem meine abgezogene Haut neben mir am Boden lag.
— Jetzt verstehe ich es." Sie begann also, das Unerwartete, Un-
verständliche, insbesondere die unerwartete und d. h. unvorhersehbare Wirkung, die sie auf die anderen ausübte, zu ver-

stehen; die narzißtischen Nebel, die über der Wahrnehmung
des Anders-artigen lagen, hatten sich allmählich gelichtet.

Eine weitere therapeutisch wichtige Komponente der mit der
Einzelanalyse kombinierten Gruppe und der durch sie ver-
mittelten Erfahrungen „des anderen" scheint uns darin zu liegen, daß die anderen Gruppenteilnehmer den Gruppenleiter
anders erleben als der narzißtisch gestörte Patient.

Die bereits mehrfach erwähnte Patientin, die lange Zeit eine
idealisierende Übertragung gegenüber ihrer Therapeutin entwickelte, von der sie parallel in Einzelanalyse und Gruppe behandelt wurde, verstand während dieser Phase nicht, wenn in
der Gruppe Kritik an der Therapeutin geäußert wurde; alles
was die Therapeutin tat, erschien ihr vortrefflich, makellos, des
höchsten Lobes würdig. So hatte es sie z. B. überhaupt nicht
gestört, als sie einmal, in einer Phase zeitlicher Überlastung
ihrer Therapeutin, zum gleichen Termin mit einem anderen
Patienten vor deren Haustür stand; sie war sofort fröhlich
bereit gewesen, sich zurückzuziehen und auf den Termin zu
verzichten und verstand gar nicht, warum der andere durch
diese terminliche Doppelvereinbarung Betroffene schimpfte.
Nach Aufarbeitung der durch die idealisierende Übertragung
abgedeckten Ängste geschah es einmal, daß ein Mitpatient in
der Gruppe mit vorwiegend zwanghafter Abwehr der Analytikerin gegenüber im Sinne einer Vaterübertragung auf offenen Kollisionskurs ging. Er spüre, die Therapeutin erwarte,
daß er seine Gefühle offen zeige; er denke nicht daran, das zu
tun; sie möge warten bis sie schwarz werde; sein Vater habe
auch immer so ein distanziertes wie lüsternes Interesse an seinen
Gefühlen gehabt; dem habe er den Gefallen genausowenig getan; er wolle, wolle, wolle nicht!

Während diese Patientin sich in früheren Phasen der kombinierten Behandlung bei der offenen Manifestation von Kritik
an ihrer Therapeutin meistens der schon beschriebenen Abwehr
des Sichabsonderns in ihren Melodien-durchfluteten Innenraum
bedient hatte, fühlte sie sich in dieser Gruppensituation keiner
Abwehr bedürftig; sie verfolgte vielmehr wach und mit ge-
spanntem Interesse die Attacke des Gruppenteilnehmers auf
die Therapeutin. Zur nächsten Einzelstunde erschien sie in sehr
aufgeräumter Stimmung und berichtete vergnügt folgenden

Traum: Sie habe zur gleichen Zeit wie ein anderer zum ver-
abredeten Termin an der Haustür der Therapeutin geklingelt;
diese habe sich über die Sprechanlage gemeldet und erschreckt
ihre versehentliche Doppelverabredung zur Kenntnis genommen; daraufhin habe sie, die Patientin, nachdrücklich erklärt,
daß es sich um ihren gewohnten Termin handle und sie keines-
falls bereit sei, darauf zu verzichten; die Therapeutin möge halt
sehen, wie sie mit der von ihr verursachten Konfusion fertig
werde. —
  Nachdem die in der narzißtischen Übertragung gebundenen
Ängste weitgehend aufgearbeitet wurden, können in der
Gruppe gemachte konfliktbesetzte Wahrnehmungen auch sofort und manifest in den einzelanalytischen Prozeß eingehen.
Dazu folgendes Beispiel:
  Ein Patient, der in der Einzelanalyse lange Zeit eine Spiegel-
übertragung entwickelt, d. h. die Analytikerin als „Spiegel",
als Funktion innerhalb seines Selbst erlebt hatte, erfuhr in
einer Gruppensitzung folgendes: Seiner Analytikerin (in der
Einzeltherapie und in der Gruppe), die in der Rekonvaleszenz
nach einer fieberhaften Erkrankung offenbar zu früh ihre beruflichen Aktivitäten wieder aufgenommen hatte, passierte es,
daß sie während der Gruppensitzung sekundenlang einschlief,
was sich darin kundtat, daß ihr der Kopf nach vorn sackte und
die Augen zufielen. Der Patient hatte, wie er kurz in der Gruppe
und breit in der nächsten Einzelanalyse äußerte, die mit Angst
und Schrecken verbundene Vorstellung: Sie stirbt! Er erlebte:
Dieser, wie es schien für alle Ewigkeit gesicherte Teil meines
Selbst, des Existierenden, das alles andere ausschließt, ist begrenzt und terminiert; er folgt einer Eigengesetzlichkeit, auf
die ich keinen Einfluß habe. Er ist „das andere".
  Derselbe junge Mann erlebte seine Therapeutin im Zusammenhang mit deren bevorstehendem Urlaub als wenig verläßlich; sie hatte, als Selbstobjekt im Sinne einer Spiegel-Übertragung, die stets verfügbare Funktion in seinem Selbst-System
zu sein. Er fühlte sich angesichts dieses Ärgers deswegen etwas
ratlos, weil er sich auf die seinem Erleben nach wenig Verläßliche total angewiesen fühlte; man kann einer eigenen Funktion, etwa einer Organfunktion oder der Funktion eines Organ-
systems nicht kündigen. Es kam ihm also nicht einmal der Ein-

fall, er könnte sich einen anderen Analytiker suchen. In der nächstfolgenden Gruppensitzung kam diesem Patienten — nachdem ein anderer Patient unzufrieden geäußert hatte, die Therapeutin gehe nie auf die Wünsche der Gruppe ein, sie tue nur, was ihr passe —, ganz spontan, wie er sagte, der Einfall: Er wolle den Gruppentherapeuten wechseln; und zwar denke er dabei an Herrn Dr. X und an Herrn Dr. Y. — Bei beiden Therapeuten handelte es sich um eher weiche, feminin-mütterliche Männer, die den Patienten, wie er später (in der nächsten Einzelanalysenstunde) bemerkte, an seinen Vater erinnerten; an den Vater, der zwar schwach war, aber konstant und verläßlich bei ihm blieb, während die Mutter um eigener Entfaltungsmöglichkeiten willen mit einem anderen Mann die Familie verlassen hatte, als der Patient acht Jahre alt war. —

Der narzißtisch gestörte Patient erhält in der zu seiner Einzelanalyse parallelisierten Gruppentherapie nach diesen Beobachtungen die Möglichkeit, die adaptiven und psychosozialen Beziehungen seiner idealisierten oder seiner Spiegel-Übertragung zu erleben, zu verstehen und zu verarbeiten, d. h. mit anderen Worten, auch die psychosozialen Abwehraspekte dieser Übertragungen verstehend zu erfassen. K o h u t bezeichnet es als das wesentliche und spezifische Ziel der Analyse narzißtischer Störungen, daß der beobachtende und analysierende Ich-Anteil des Analysanden versucht, in Zusammenarbeit mit dem Analytiker die idealisierende und die Spiegel-Übertragung in ihren dynamischen, ökonomischen, strukturellen und genetischen Beziehungen durch Konfrontation und allmähliches Verstehen zunehmend zu beherrschen und die mit ihnen verbundenen Forderungen aufzugeben [20]. Die Einbeziehung der adaptiven und psychosozialen Beziehungen der narzißtischen Übertragungen in diesem Prozeß der Aufarbeitung mit Hilfe der Gruppe

---

[20] „Andererseits sind die idealisierende Übertragung und die Spiegelübertragung die *Objekte* der Analyse; d. h., der beobachtende und analysierende Ich-Anteil des Analysanden versucht in Zusammenarbeit mit dem Analytiker durch Konfrontation und ihr allmähliches Verstehen in ihren dynamischen, ökonomischen, strukturellen und genetischen Beziehungen, sie zunehmend zu beherrschen und die mit ihnen verbundenen Forderungen aufzugeben. Das Erreichen einer solchen Beherrschung ist das wesentliche und spezifische therapeutische Ziel der Analyse narzißtischer Störungen" (K o h u t, 1973, S. 237).

bedeutet u. E. eine wichtige Ergänzung, anders gewendet: Die Einbeziehung und Berücksichtigung dieser Aspekte durch eine zusätzliche Gruppentherapie erschließt einen zusätzlichen Zugang zur Analyse des Selbst, wodurch der therapeutische Prozeß im Sinne der von uns eingangs formulierten These insgesamt intensiviert und verkürzt werden kann[21].

Die Bearbeitung der psychosozialen Aspekte eröffnet außerdem einen Zugang zum Verstehen des eigenen Verhaltens in den üblichen Situationen der sozialen Realität, das durch dieselben Positions-Präferenzen und Rollen-Habitualisierungen bestimmt ist wie das Verhalten in der artifiziellen Situation, der besonderen Art von Theater-Wirklichkeit[22] der therapeutischen Gruppe. Die therapeutische Gruppe vermittelt psychosoziale Lernangebote in einem „Übergangsmilieu", das bereits Elemente der sozialen Realität in Form äußerer Objekte bereithält, dabei jedoch frei ist von realen sozialen Verhaltens-Konsequenzen z. B. in Form von sozialen Sanktionen. Der Übergangscharakter der analytisch-therapeutischen Gruppe besteht darin, daß sie von der Einzelanalyse mit ihrer realitätsfremden asymmetrischen Distanzkonfiguration (H o f s t ä t t e r 1964) als dem idealen setting für die Reaktivierung der inneren Objekte mittels der psychosozialen Aspekte überleitet zur sozialen Realität mit ihren sozialen Kontrollen und Sanktionen und damit spezielle Möglichkeiten des Durcharbeitens bietet[23].

So weit die Überlegungen zu einer kombinierten Einzel- und Gruppentherapie bei narzißtischen Persönlichkeitsstörungen. Es soll nun von der Indikation zur kombinierten Therapie bei Übertragungsneurosen die Rede sein:

---

[21] Von G i l l und R a p a p o r t wurde, basierend auf der epigenetischen psychosozialen Auffassung von E r i k s o n und auf den Untersuchungen von B e t t e l h e i m und R e d l, vertreten, „daß die klassische metapsychologische Trias vom dynamischen, strukturellen und ökonomischen Gesichtspunkt durch Hinzufügung eines adaptiven Gesichtspunkts erweitert werden müsse". Beim psychosozialen Gesichtspunkt handelt es sich nach R a p a p o r t um einen spezifischen Aspekt des adaptiven Gesichtspunkts, während der strukturelle Gesichtspunkt den topographischen weiter ausbaute und ersetzte (R a p a p o r t , 1959, S. 70).
[22] S. dazu K o h u t , 1973, S. 240 ff.
[23] S. dazu S a n d l e r et al., 1973, S, 111–117.

b) Indikation bei Übertragungsneurosen

α) bei Patienten mit Übertragungsneurosen empfiehlt sich die Kombination einer Einzelanalyse mit einer psychoanalytischen Gruppentherapie u. E. dann, wenn in der Einzelanalyse Phänomene beobachtet werden, die als eine bestimmte Form des Agierens, als *Spaltung* (G r e e n a c r e 1966, G r e e n - s o n 1967) oder als *Aufsplitterung* [24] *der Übertragung* beschrieben wurden.

Die bei Übertragungsneurosen zu beobachtenden Übertragungsphänomene beziehen sich, anders als bei narzißtischen Neurosen, nicht auf Teil-, sondern auf Ganzobjekte; entsprechend der Natur der übertragenen infantilen Objektbeziehungen sind sie ambivalent. Aufsplitterung der Übertragung bedeutet, daß die beiden Aspekte der ambivalenten Objektbeziehung in der Übertragung aufgespalten, mit anderen Worten, auf zwei verschiedene Personen verteilt werden, auf den Analytiker und auf eine andere Beziehungsperson des Analysanden, häufig in dessen familiärem oder beruflichem Bereich. Bei Ausbildungsanalysen wird nicht selten eine Übertragungsaufspaltung derart beobachtet, daß sich ein Aspekt der betreffenden Objektbeziehung in der Übertragung zum Ausbildungsanalytiker entfaltet, der andere Aspekt dagegen auf einen anderen Analytiker der Ausbildungsinstitution übertragen wird. Darauf hat z. B. G r e e n a c r e (1966) aufmerksam gemacht. Der auf eine Hilfsübertragungsfigur außerhalb der Analyse gerichtete Aspekt verfällt dem Agieren und wird somit der Analyse entzogen. Nach L o c h handelt es sich bei solcher Übertragungsaufsplitterung um Externalisierungen von Über-Ich-Kernen: „Der Patient, der etwa in der einen Richtung den aggressiv-persekutorischen Anteil des Über-Ichs überträgt, überträgt in der anderen womöglich das Ich-Ideal." [25]

Das war z. B. der Fall bei einer unserer Patientinnen, die auf ihre Therapeutin den genannten (aggressiv-persekutorischen) Anteil des Über-Ichs übertrug; das hatte zur Folge, daß sie sich in der Analyse mißtrauisch-ängstlich bemühte, sich den Regeln entsprechend zu verhalten, d. h. eifrig zu den zumeist verfügbaren Träumen oder zu sonstigem Material zu assoziieren, auf

[24] L o c h , 1965, S. 13 f.
[25] L o c h , 1965, S. 13.

Interpretationen einzugehen, sich außerhalb der Analyse um Verhaltenskorrekturen zu bemühen, wie sie ihres Erachtens als Konsequenz aus den analytischen Konfliktlösungsbemühungen resultieren sollten. Soweit die Beziehung zum Ehepartner in den Assoziationen auftauchte, erschien sie uneingeschränkt glücklich und der Ehemann, eine in der Tat reich begabte und ausgewogene Persönlichkeit, als schlechthin vollkommen. Betrübt war die Patientin nur deswegen, weil sie ihrem vorzüglichen Ehemann durch ihre neurotische Symptomatik wohl oder übel erhebliche Einschränkungen seiner Lebensgestaltung zumuten mußte, was dieser klaglos-freundlich zu akzeptieren schien.

Es wurde zunehmend deutlich, daß die Patientin auf den Ehepartner ihr (infantiles) Ich-Ideal übertrug und mit Hilfe der geschilderten Übertragungsspaltung diese für ihre reale Existenz schlechthin tragende Beziehung (der Ehepartner bedeutete für sie Schutz und Sicherheit in jeder Hinsicht) von Gefährdungen aus dem Bereich aggressiver und prägenital-libidinöser Triebhaftigkeit freizuhalten versuchte; außerdem diente diese Spaltung dazu, der Konfrontation und Auseinandersetzung mit ihrer eigenen inneren Spannung zwischen Ich-Ideal und Über-Ich zu entgehen[26]. Sie wußte ja im Grunde, daß sie gemäß der Grundregel auch ihre Ehe in deren sämtlichen Aspekten in ihre analytischen Assoziationen hätte einbeziehen müssen; das eben erschien ihr unzumutbar, da es für sie eine, zum Teil real begründete, Existenzgefährdung bedeutete, wenn sie ihre nur-gute Beziehung zum Ehemann und ihre nur-positive Sicht seiner Person durch Zulassung von Kritik, vor allem durch Zulassung eigener unterschwelliger Destruktivität, gefährdet hätte; eine solche, in der Grundregel implizierte Forderung erschien ihr grausam und fixierte die Übertragung ihres aggressiv-persekutorischen Über-Ichs auf Analyse und Analytikerin. An dieser Übertragung hielt sie auch deswegen fest, weil dadurch die Unzumutbarkeit der Einbeziehung ihrer Eheproblematik in die Analayse zu begründen war. Die Patientin ließ deutlich werden, daß sie, vor die Alternative gestellt, Kritik gegenüber ihrem Ehepartner zuzulassen und damit eventuell zu riskieren, ihre Ehe in Frage zu stellen, oder aber die Ge-

[26] L o c h , 1962, S. 38 f.

sundungschancen der Analyse voll auszuschöpfen, eher auf die Gesundungschancen verzichten würde.

Nachdem sie etwas zögernd den Vorschlag aufgegriffen hatte, zusätzlich zu ihrer Analyse an einer psychoanalytischen Gruppentherapie teilzunehmen, änderte sich die Übertragungssituation: Es kam jetzt zu einer Aufteilung der Übertragung innerhalb der Gruppe. Die Ich-Ideal-Funktion wurde auf die Therapeutin übertragen, die nunmehr gegenüber der Realität der Gruppe in ähnlicher Weise schützend erlebt wurde wie der Ehemann gegenüber der Realität überhaupt. Die Gruppe als die Gesamtheit der anderen wurde von der Patientin als aggressiv-persekutorisches Über-Ich erlebt, dem ihre mißtrauisch-ängstliche Abwehr galt. Doch waren diese Übertragungsaspekte jetzt der Interpretation zugänglich, sowohl in der Gruppe wie in der weitergeführten Einzelanalyse. Auf diese Weise wurde der Patientin nachträglich verständlich, aus welchen Ängsten heraus sie zuvor an der Aufsplitterung ihrer Übertragung auf Ehemann und Therapeutin so zäh festgehalten hatte; und sie konnte das entsprechende Agieren allmählich aufgeben.

Die spezifische Form des Agierens in der Analyse, die als Spaltung oder Aufsplitterung der Übertragung bezeichnet wird, signalisiert sich nach unserer Beobachtung in folgender Weise:

Durch eine der Interpretation nicht oder schwer zugängliche, über lange Zeit rigide festgehaltene Form der Übertragung auf den Analytiker; sie läßt vermuten, daß Impulse, die zu dieser Übertragung in einer ambivalenten Beziehung stehen, auf keinen Fall in Erscheinung treten dürfen[27]. Hinweise auf eine Übertragungsaufspaltung können außerdem in einer anhaltenden idealisierenden Übertragung (Ich-Ideal-Übertragung) auf den Analytiker enthalten sein. Nach G r e e n s o n[28] haben insbesondere solche Patienten eine Tendenz zur idealisierenden Übertragung auf den Analytiker, die einen Elternteil früh durch Scheidung oder Tod verloren haben. Die Idealisierung enthält in solchen Fällen u. E. die Tendenz, den Analytiker quasi als den einzigen verbliebenen Elternteil vor primitiver Destruktion zu schützen, um ihn nicht auch noch zu verlieren.

---

[27] G r e e n s o n , 1967, S. 229.
[28] Ibid., S. 229 u. 237.

Aber auch die habituelle Idealisierung anderer Beziehungspersonen, des Ehepartners, eines Kindes, eines Vorgesetzten,
sollte daraufhin überprüft werden, ob es sich nicht um eine
Übertragungsaufspaltung handelt; das könnte so aussehen, daß
durch gleichzeitige Übertragung des aggressiv-persekutorischen
Über-Ichs auf den Analytiker die betreffende Realbeziehung
vor manifesten Konflikten, vor Aggression und Destruktion
geschützt wird, so wie wir es zuvor kurz exemplifiziert haben.
Wenn es in der Einzelanalyse zur Übertragungsaufspaltung
gekommen ist deswegen, weil entweder eine bestimmte Realbeziehung oder weil die Beziehung zum Analytiker vor der
Analyse quasi geschützt werden soll, dann bietet die Kombination mit der therapeutischen Gruppe eine Möglichkeit, die
Spaltung der Übertragung zwischen dem Therapeuten und einer
Hilfsübertragungsfigur *außerhalb* des therapeutischen Feldes
in eine Aufteilung der Übertragung *innerhalb* des therapeutischen Feldes umzuwandeln und sie so der Interpretation zugänglich zu machen.
Auf diese Weise kann die durch die Analyse als gefährdet
erlebte Realbeziehung innerhalb der analytischen Situation (per
Übertragung) reproduziert werden, bzw. die Gefährdung der
Beziehung zum Therapeuten, die zuvor mittels einer analysen-
externen Hilfsübertragungsfigur ausgeschaltet wurde, kann sich
innerhalb der Gruppe, also der Therapie, darstellen. Letzteres
kann z. B. dadurch eingeleitet werden, daß, bei Ich-Ideal-Übertragung auf den Therapeuten, dieser von anderen Gruppenmitgliedern einmal heftig angegriffen wird und der Patient
mit der Ich-Ideal-Übertragung wegen der aktuellen Bedrohung
der Übertragungsfigur massive Angst erlebt; diese Angst führt
möglicherweise zu einer wilden Verteidigung des Angegriffe-
nen, die dann zumeist der sukzessiven Deutung zugänglich
ist. Diese Zugänglichkeit ist in solchen Fällen in der parallelisierten dyadischen Situation, in der das Element des Öffentlichen praktisch ausgeschaltet ist, zunächst mehr gegeben als
in der Gruppe.
Das doppelte Setting für eine psychoanalytische Aufarbeitung pathogener Subsysteme, die Dyade und die Pluralität,
bieten eine Möglichkeit zur Reproduktion von solchen konflikthaften Realbeziehungen, die der Patient quasi vor der Analyse

schützen möchte. Eine solche Reproduktion ist wegen der in der artifiziellen therapeutischen Situation stark reduzierten Real-Angst der analytischen Klärung leichter zugänglich. — Noch ein Wort zum Problem der Spaltung der Übertragung bei Ausbildungsanalysen! G r e e n a c r e [29] wie G r e e n s o n [30] haben darauf hingewiesen, daß eine Übertragungsaufsplitterung gerade bei Ausbildungsanalysen nicht selten zu beobachten ist. Dabei kann der Ausbildungsanalytiker sowohl zum Träger eines aggressiven Aspektes werden (etwa des aggressiv-persekutorischen Über-Ichs) oder auch zum Träger eines nur guten und freundlichen konfliktfreien Aspektes (etwa des Ich-Ideals), wobei dann der jeweils andere Aspekt (bzw. Über-Ich-Kern) auf eine andere Beziehungsperson, häufig einen anderen Analytiker derselben Ausbildungssituation, übertragen und diesem gegenüber agiert und somit der Analyse entzogen wird.

Eine solche Aufsplitterung ist wahrscheinlich einmal im Zusammenhang damit zu sehen, daß der Analytiker in diesem Fall immer auch eine Ausbilderfunktion hat und hinsichtlich der Beurteilung des Kandidaten und seiner beruflichen Entwicklung und Förderung Einfluß ausübt, im konkreten Fall mehr oder weniger. Dieses Problem gehört unseres Erachtens zum Dilemma der Ausbildungsanalysen, das nicht auszuschalten ist, sondern akzeptiert werden sollte (s. dazu H e i g l - E v e r s und H e i g l 1975).

Der Ausbildungskandidat wird dann je nach seiner eigenen Übertragungsdisposition und unter Einwirkung der Gegenübertragung des Analytikers entweder den freundlichen oder den bedrohlichen Aspekt auf den Analytiker übertragen. D. h. er wird z. B. der vorbildliche Schüler eines von ihm als vorbildlich erlebten Lehrers sein und wird seine Ängste und sein Mißtrauen gegenüber den Ausbildern in der Beziehung zum ausbildenden Institut, zum Unterrichtsausschußleiter oder zu einem Dozenten agieren, oder er wird, seltener, im Sinne einer Übertragung des aggressiv-persekutorischen Über-Ichs in seinem Analytiker den bedrohenden, unfreundlichen, ihm übelwollenden, maßregelnden, überfordernden Meister erleben, dem-

---

[29] G r e e n a c r e , 1966, S. 554.
[30] G r e e n s o n , 1967, S. 267.

gegenüber er nicht entspannt sein, z. B. nicht regredieren, jedenfalls nicht total regredieren dürfe; er wird statt dessen zu einem anderen Analytiker, gelegentlich auch zu einem Psychotherapeuten einer anderen Institution oder zum Vertreter einer ganz anderen Methode eine idealisierende Einstellung entwickeln und in der betreffenden Beziehung das „Entspanntsein", das „Regredieren", agieren, das ihm in der Beziehung zum Ausbildungsanalytiker als nicht realisierbar erscheint.

Nach unserer Erfahrung resultiert daraus die Indikation zu einer parallelisierten Analyse in der Dyade und in der Pluralität während der Ausbildung. Dabei sollte die Entscheidung, wie die Ausbildungsanalyse am besten durchzuführen ist, ob als ausschließlich dyadische Analyse, ob parallelisiert in Standardform und Gruppe oder eventuell auch sukzessiv in beiden Verfahren, entweder mit vorangehender Einzelanalyse oder mit vorangehender analytischer Gruppe, für jeden Ausbildungskandidaten sorgfältig überdacht werden.

β) G r e e n s o n [31] weist darauf hin, daß bei der Spaltung der Übertragung der *ich-syntone Anteil* meist auf den Analytiker übertragen wird, der *ich-fremde* auf die Hilfsübertragungsfigur außerhalb der Analyse. Das führt uns zu der dritten und letzten Indikation einer kombinierten Therapie, die wir wenigstens erwähnen möchten: Die Indikation bei *überwiegend ich-syntoner Abwehr*, bei einer Abwehr also, bei der Ich und Über-Ich übereinstimmen; nach unserer Erfahrung ist sie besonders häufig bei Patienten mit psychosomatischen Störungen zu beobachten, ferner bei manchen zwanghaft strukturierten Persönlichkeiten [32].

Im Fall der ich-syntonen Abwehr wird fast regelhaft das IchIdeal auf den Analytiker übertragen, und es wird quasi eine Analyse „agiert", aber nicht ernsthaft vollzogen. Die Betreffenden versuchen dann z. B. mit Hilfe von Leugnungs- und Verdrängungsmechanismen eine Art heiler, d. h. konfliktfreier, Welt darzustellen. Das kann folgendermaßen aussehen: Aufgewachsen in einem heilen Elternhaus, mit Eltern, die es nur gut meinten und es nur richtig machten (und wenn sie es einmal

---

[31] G r e e n s o n , 1967, S. 267.
[32] S. dazu H e i g l - E v e r s und H e i g l , 1970, S. 93.

falsch machten, dann war das Ergebnis letztlich doch wieder richtig), in gesunden Beziehungen zu den Geschwistern, sind sie selbst auch heil, und die Analyse zwischen einem so erfreulichen Menschen und dem entsprechend freundlich-wohlwollenden Analytiker kann natürlich auch nur Erfreuliches ergeben, bzw. die Analyse wäre ja eigentlich gar nicht notwendig, wenn eben nicht die Kopfschmerzen wären oder die Schlafstörung oder wenn die Ausbildung nicht die Analyse forderte, was natürlich auch wieder völlig einzusehen und vernünftig ist. —

Nicht selten ergibt sich das Problem der Analysierbarkeit ich-syntoner Abwehr auch bei Patienten mit den Subsystemen zwanghafter Abwehr, d. h. mit den Mechanismen der Isolierung, der Reaktionsbildung und der Rationalisierung. Auch in solchen Fällen wird in der Analyse auf der Basis dieser Abwehr eine konfliktfreie Beziehung angestrebt; es wird korrekt assoziiert und inhaltlich z. T. relevantes Material gebracht, jedoch ohne die dazugehörigen Affekte. Interpretationen werden rational überprüft und freundlich oder auch freundlich-kritisch akzeptiert, soweit sie kausal begründet erscheinen, bleiben jedoch ohne irgendeinen Effekt. Ich-syntone Reaktionsbildungen sind deswegen der Analyse schwer zugänglich, weil sie als ureigenste Substanz, quasi als der „gewachsene Fels" der eigenen Persönlichkeit erlebt werden; ihre Problematisierung wäre mit entsprechenden Ängsten vor dem Verlust der eigenen Grundsubstanz verbunden und wird daher explizit oder implizit mit mehr oder weniger Empörung oder auch mehr oder weniger stur zurückgewiesen[33]. So sagte ein Ausbildungskandidat seinem Analytiker in einer bestimmten Phase: Daß wir uns recht verstehen: Sie haben von mir keinen Auftrag, meinen — und er nannte die Landsmannschaft, der er mit Stolz angehörte — Charakter zu analysieren. Unter diesem Charakter verstand er: eine Trias von unveränderlicher Stetigkeit bis Sturheit, eine naiv-gradlinige Argumentation und eine für ewig festgelegte Wertordnung, wozu auch der Glaube an die Superiorität des Mannes gegenüber der Frau gehörte. —

---

[33] G r e e n s o n weist darauf hin, daß eine neurotische Neuinszenierung ich-syntoner Art immer zu einem zusätzlichen Widerstand führe; es sei dann viel schwieriger, zum Patienten eine Arbeitsbeziehung herzustellen (1967, S. 268).

Zusammengefaßt läßt sich zur ich-syntonen Abwehr folgendes sagen. Eine dominante ich-syntone Abwehr ist aus folgenden Gründen der Psychoanalyse schwer zugänglich:

1. Sie ist nicht mit dem Gefühl der inneren Spannung und Problemhaftigkeit verbunden; sie verursacht kein Leidensgefühl.

2. Der Betreffende erlebt sie als Bestandteil seiner Persönlichkeit; er ist mit ihr identifiziert und erlebt ihre Problematisierung als den Versuch, seine ureigenste Substanz zu erodieren; er fühlt sich entsprechend berechtigt, solches zu verhindern.

3. Unter dem Aspekt der Objektbeziehung ergibt ich-syntone Abwehr als Übereinstimmung von Ich und Über-Ich bzw. Ich-Ideal eine konfliktfreie Zone innerhalb der Beziehung zu einem (inneren) Objekt; diese Zone muß deswegen erhalten bleiben, damit nicht andere konfliktbesetzte Zonen in der Beziehung zu demselben Objekt oder zu einem anderen (inneren) Objekt reaktiviert werden.

Eine solche ich-syntone Abwehr bedarf vermehrter therapeutischer Zugangsmöglichkeiten. Die Gruppe bietet mit einer Vielzahl interpersoneller Reize — darauf hat z. B. A r o n s o n (1964) hingewiesen — ein solches Mehr an. Falls im ersten Ansatz eine Lockerung dieser Abwehr in der Gruppe gelingt, werden oft massive Ängste freigesetzt. Diese Ängste sind in der parallelisierten dyadischen Situation, in der das Element des Öffentlichen praktisch ausgeschaltet ist, dem analytischen Einfluß, d. h. aber der Interpretation, zunächst eher zugänglich. Unter dem Aspekt der Übertragung betrachtet: Die Übertragung der betreffenden angstbesetzten Objektbeziehung kann sich unter den Bedingungen der parallelisierten Analyse leichter entwickeln.

3. Zusammenfassung

Es werden zunächst die beiden angewandten Therapieformen, Einzelanalyse und psychoanalytische Gruppentherapie, in ihren Modalitäten und ihrer Differentia specifica skizziert. Es wird dann anhand von klinischen Beispielen die Indikation für das kombinierte Setting dargestellt, und zwar für Patienten mit narzißtischen Persönlichkeitsstörungen und für Patienten mit bestimmten Übertragungs-Neurosen.

Der Gefahr der Übertragungsgratifikation bei ausschließlicher Einzelanalyse narzißtischer Persönlichkeiten wird, nach initialer Einzelanalyse, durch eine parallelisierte Gruppe begegnet. Die Voraussetzungen dazu werden geschildert ebenso wie die Vorteile dieser therapeutischen Kombination: psychosoziale Ausformung der (intrapsychischen) Abwehrmechanismen, therapeutische Bearbeitung der psychosozialen Beziehungen der idealisierenden oder Spiegel-Übertragung, psychosoziale Lernangebote in einem Übergangsmilieu.

Die kombinierte Therapie erscheint ferner als die Methode der Wahl bei jenen Patienten mit Übertragungs-Neurosen, die die besondere Form des Agierens in Form der Spaltung der Übertragung einer ambivalenten Objekt-Beziehung aufweisen; sie findet sich besonders häufig bei Patienten mit psychosomatischen Störungen, bei zwanghaften Patienten mit einem bestimmten Abwehrgefüge und auch bei Ausbildungskandidaten. Das kombinierte Setting eignet sich besonders zur Darstellung und zur Bearbeitung der aufgespaltenen Übertragungsanteile in den parallelisierten therapeutischen Situationen. Die kombinierte Therapie kann ferner der Darstellung und Bearbeitung einer ich-syntonen Abwehr dienen.

VIERTES KAPITEL

Indikation zur klinischen Psychotherapie*

Psychotherapie in der Klinik ist eine Psychotherapieform sui generis, d. h. mit anderen Worten: Die Klinik ist nicht nur der Rahmen der Psychotherapie, sie ist vielmehr ein die Therapie veränderndes Umfeld, das damit selbst zum therapeutischen Agens wird; sie darf nicht nur regressiven Schutz anbieten, soll vielmehr auch eine steuerbare Entsprechung der extramuralen sozialen Wirklichkeit sein. Daraus resultieren besondere Ziele, besondere Indikationen und besondere therapeutische Methoden und Techniken. Sieben ineinander verschränkte spezifische Qualitäten einer (analytisch orientierten) psychotherapeutischen Klinik sind anzuführen:

— für die stationäre Psychotherapie ist einmal essentiell, daß sie in der Regel zeitlich begrenzt ist
— stationäre Psychotherapie ist immer kombinierte Therapie
— sie zeichnet sich durch die besondere Bedeutung aus, die der Gruppenpsychotherapie zufällt
— für die Neuroseklinik ist ferner spezifisch, daß sie nicht nur einen Therapieraum, sondern auch einen Realitätsraum anbietet, der ebenso einer therapeutischen Beeinflussung zugänglich ist
— zu den Eigenarten der stationären Psychotherapie gehört weiterhin die Herausnahme des Patienten aus seinem sozialen Alltag
— ferner ist einer Klinik für Neurose- und psychosomatisch Kranke eigen, daß sie über Möglichkeiten der ständigen ärztlichen Betreuung verfügt

* Bei den folgenden Darlegungen beziehe ich mich auf einen Typus psychotherapeutischer Kliniken, für den Psychotherapie als die vorherrschende Behandlungsmethode gilt und der durch eine psychoanalytische Betrachtungsweise bestimmt ist, auch wenn im einzelnen, je nach Indikation, auch nicht-aufdeckende Verfahren angewandt werden. Die durchschnittliche Aufenthaltsdauer der Patienten beträgt acht Wochen. Konkret handelt es sich um das Niedersächsische Landeskrankenhaus Tiefenbrunn, Fachklinik für psychogene und psychosomatische Erkrankungen.

— schlußendlich gehört die Aufstellung eines Gesamtbehandlungsplanes zu den Spezifika einer klinischen Psychotherapie.

Ich möchte nun versuchen, aus den genannten Eigenarten
einer stationären Psychotherapie die entsprechenden Indikationen zu entwickeln. Dabei wird es nicht zu umgehen sein, die
einzelnen Charakteristiken samt den korrespondierenden Indikationen voneinander isoliert zu behandeln, während sie in
Wirklichkeit alle miteinander zusammenhängen und einander
bedingen.

1. Zeitliche Begrenzung

Aus der Tatsache der zeitlichen Begrenzung einer stationären
Psychotherapie ergibt sich, daß die therapeutischen Ziele im
Vergleich zu einer ambulanten Langzeittherapie nur begrenzt
sein können. So umfassen die in einer analytisch orientierten
Klinik angewandten mehr oder minder aufdeckenden Verfahren wie psychoanalytische Kurztherapie, analytisch orientierte
Kurztherapie, analytisch orientiertes Gespräch, normoplastische
Kurztherapie (K ö n i g 1975), psychoanalytische Gruppentherapie (H e i g l und H e i g l - E v e r s 1973 und 1976) und
analytisch orientierte (tiefenpsychologisch fundierte) Gruppenpsychotherapie (H e i g l und H e i g l - E v e r s 1975) im allgemeinen nur einen Zeitraum von Wochen oder ein paar Monaten. Demnach wird es in vielen Fällen von neurotischer oder
psychosomatischer Erkrankung nicht möglich sein, in der Klinik den Patienten zu Ende zu behandeln, oder mit anderen
Worten, die Teilziele einer psychotherapeutischen Klinik werden sein müssen:

— Symptomerleichterung durch partielle Umstrukturierung des
   Patienten
— Behandlungsversuch
— Herstellung eines Zustandes beim Patienten, der ihm ent
   weder den Beginn einer ambulanten Langzeittherapie oder
   deren Fortsetzung ermöglicht
— Einleitung der Intervalltherapie (siehe dazu am Schluß des
   Kapitels).

Die Indikation zur psychotherapeutischen Vorbehandlung des Patienten in der Klinik zwecks Vorbereitung auf eine klassische Langanalyse oder eine Langzeitpsychotherapie wird häufiger von frei praktizierenden Psychoanalytikern und Psychotherapeuten als vom praktischen Arzt oder Allgemeinarzt gestellt werden. R i e m a n n (1965) und E l h a r d t (1965) haben auf die Funktion einer psychosomatischen und psychotherapeutischen Klinik, der Vorbehandlung und Vorbereitung in Richtung auf eine Langzeitpsychotherapie, sei es in Einzel- oder Gruppenform, hingewiesen. Dem Arzt für Allgemeinmedizin bietet sich u. E. mit einer Neuroseklinik die Chance, Patienten mit seelisch bedingten oder seelisch mitbedingten Symptomen zwecks eines Behandlungsversuchs in eine solche Klinik einzuweisen; hier ist es ohnehin meist leichter, den Patienten für eine konfliktorientierte Behandlung zu motivieren (K ö n i g 1975). Der praktische Arzt wird außerdem oft weder die Kenntnisse noch die Zeit haben, um bei einem neurotischen oder psychosomatisch-erkrankten Patienten mit Hilfe einer tiefenpsychologisch fundierten Anamnese die Prognose zu stellen; so gehört auch die prognostische Klärung zu den Aufgaben einer solchen Fachklinik.

2. Mehrdimensionaler therapeutischer Ansatz

Aufnahme in die Klinik ist ferner dann angebracht, wenn eine Indikation zur Anwendung mehrerer psychotherapeutischer Methoden, also zu einem mehrdimensionalen therapeutischen Ansatz gegeben ist, worauf schon L a n g e n (1966) hingewiesen hat. Gerade dieses Merkmal einer Neuroseklinik, vielfältige einzel- und gruppenpsychotherapeutische Methoden in Kombination mit Soziotherapie, Beschäftigungstherapie, Musiktherapie, Sporttherapie etcetera anbieten zu können, ist Voraussetzung für die Erfüllung des Auftrages: psychotherapeutische Versorgung der Bevölkerung, denn dadurch kann sie der unterschiedlichen Problematik von Patienten aus verschiedenen Schichten und sozialen Gruppen und der unterschiedlichen Art und Schwere der seelischen Störungen und Behinderungen besser gerecht werden.

J. Z a u n e r (1969) weist ferner auf eine in der Klinik Tiefenbrunn entwickelte „therapeutische Visite" hin, die sich der psychoanalytischen Denk- und Beobachtungsmethode und psychoanalytischer Interventionsformen bedient. So werden begleitend und ergänzend zur gesamten Psychotherapie in der Visite umschriebene Widerstände fokussierend angesprochen oder Aspekte der Ich-Stärkung akzentuiert.

Zumindest in größeren psychotherapeutischen Kliniken wird es unter den genannten Gesichtspunkten nicht sinnvoll sein, etwa nur *eine* einzel- oder gruppentherapeutische Methode zu praktizieren und damit den Indikationsbereich der stationären Behandlung einzuengen.

Fast alle Rehabilitationspatienten ebenso wie ein Teil der neurotischen und psychosomatisch erkrankten Patienten zeichnen sich dadurch aus, daß sie wegen der Unterentwicklung ihrer Ich-Funktionen (z. B. Störungen in der Kontaktinitiative und Kontakterhaltung, Defekte in der Wahrnehmungsfunktion) und wegen sozialer Lerndefizite (unangemessene Aggressivität, Rollenfixierung etc.) neben einer konfliktaufdeckenden Einsichts-Psychotherapie auch übender Verfahren oder Hilfen zum Nachholen von sozialem Lernbedarf, also sozio-therapeutischer Maßnahmen bedürfen. Für Rehabilitationspatienten und für alle Neurosekranken mit unterentwickelten oder defekten Ich-Funktionen ist darüberhinaus meist auch ein Arbeitsversuch indiziert. — Gelegentlich ist auch eine Umschulung angezeigt, die aber wegen der begrenzten Aufenthaltsdauer des Patienten in einer psychotherapeutischen Klinik zumeist erst nach der Entlassung infrage kommt.

Eine besondere Indikation fällt *den* psychotherapeutischen Kliniken zu, die wegen der Überweisung von Patienten durch Rentenversicherungsträger besonders mit den Problemen der beruflichen Wiedereingliederung dieser Patienten in allen Differenzierungsgraden konfrontiert werden. Z a u n e r (1969) weist in seiner Arbeit über die „berufliche Wiedereingliederung durch klinische Psychotherapie" auf die besonderen Schwierigkeiten von Rehabilitationsmaßnahmen gerade bei solchen Patienten hin, bei denen Leistungsminderung durch psychische Störungen eine mehr oder minder ausgeprägte Rolle spielt. In solchen Fällen führen soziale Maßnahmen, ärztliche Behandlung und herkömmliche Kuren häufig nicht zum gewünschten Erfolg. Man übersieht dabei die Beeinträchtigung

des Gesamterlebens der mitmenschlichen Beziehungen, die derselben Grundstörung entstammen wie die klinischen Krankheitserscheinungen. Andererseits macht man die Erfahrung,
daß in vielen Fällen eine psychotherapeutische Behandlung
allein diesen Kranken nicht zu einer sozialen Integration verhelfen kann. Die Ursachen können vielfältiger Natur sein wie:
ungünstige, eine Neurose stabilisierende Umweltverhältnisse,
Mechanisierung der Symptome, inzwischen eingetretene somatische Veränderungen und Verarbeitungen in Richtung sekundären Krankheitsgewinnes.

Z a u n e r weist ferner darauf hin, daß eine Fachklinik gerade solchen Patienten eher gerecht werde, weil sie in der Lage
sei, innerhalb eines Gesamtbehandlungsplanes dem psychotherapeutischen Verfahren vielfältige medizinische und soziale
Maßnahmen sinnvoll zuzuordnen. Im Schutze der Kliniks-
atmosphäre ist es vielen Kranken möglich, überhaupt erst oder
schneller als in der sozialen äußeren Realität, begrenzte Belastungen und Aktivitäten zu wagen und Risiken auf sich zu
nehmen. Man kann diese Belastungen stufenweise bis zu
Arbeitsversuchen in benachbarten Betrieben noch während des
Kliniksaufenthaltes ausdehnen. Z a u n e r führt noch an, daß
sich für diese Gruppe von Patienten mit beruflichen Leistungs-
minderungen aufgrund seelischer Störungen die Kombination
von analytischer Gruppentherapie oder analytisch orientierter
Kurztherapie mit übenden Verfahren als besonders geeignet
erwiesen hat.

3. Gruppentherapie

Die besondere Bedeutung der Gruppentherapie für Indikation und Prognose erklärt sich aus den Umständen, die der
Patient in der Klinik vorfindet*; er bewegt sich in der Klinik
sehr häufig in Gruppen: auf seiner Station, in seinem Zimmer
(außer im Einzelzimmer), beim Essen, bei Sport und Spiel, in
den Mitbestimmungsgremien der Patienten. Daraus sind u. E.
für die Indikation und Differentialindikation in der Neuroseklinik vor allem zwei Folgerungen zu ziehen:

Es sollte ein gruppendynamischer Denk- und Beobachtungsstil entwickelt werden (H e i g l und N e r e n z 1975). Da-

---

* Siehe dazu auch K ö n i g (1974 b und 1975).

durch kann verhindert werden, Verhalten und Symptomatik des Patienten einseitig nur als Ausdruck seiner neurotischen Persönlichkeit zu verstehen. Mit Hilfe dieses Denk- und Beobachtungsstils wird es besser möglich sein, das Verhalten und die Symptome des Patienten immer *auch* als Ausdruck einer bestimmten Art von Subkultur auf der Station zu verstehen. Der Patient wird bei dieser Wahrnehmungseinstellung auch als Mittelpunkt eines Beziehungsnetzes, als Träger von Rollen im Interesse anderer verstanden.

Ferner sollte eine Therapie in der Stationsgruppe entwickelt werden. Dadurch kann das Leben der Patienten in und mit Gruppen in der Neuroseklinik therapeutisch nutzbar gemacht werden. Der Stationsalltag und das Zusammenleben der Patienten und der Mitarbeiter der Institution Klinik bieten dabei sowohl die Chance zum sozialen Lernen wie auch zum Durcharbeiten der Probleme und Konflikte, die in einer analytischen Einsichts-Psychotherapie deutlicher geworden sind.

Für eine solche Stationsgruppen-Therapie haben sich, zumindest in der Klinik Tiefenbrunn, vor allem die themenzentrierte interaktionelle Stationsgruppe (H e i g l und H e i g l - E v e r s 1973; M a h r 1979) und die interaktionelle Stationsgruppe (H e i g l und H e i g l - E v e r s 1973; H e i g l und H e i g l - E v e r s und M ü n c h 1976) bewährt. Bei jeder Stationsgruppen-Therapie ist darauf zu achten (He i g l und N e r e n z 1975), die Erfahrungen des Patienten, die er durch soziales Lernen gewinnt, im Kontext mit den Prozessen, die in der *psychoanalytischen* Therapie durch Konfliktbearbeitung und Analyse der Widerstände angeregt werden, zu sehen. Durch wechselseitige Informationen der beteiligten Ärzte über das bei einem Patienten in der Stationsgruppe und auf der Station sowie in den analytischen settings zu beobachtende Verhalten kann diagnostische Einsicht vertieft und therapeutisches Handeln differenzierter gestaltet werden. Auf diese Weise kann durch Einführung der Stationsgruppenmethode erreicht werden, daß der Heilungsprozeß insgesamt intensiviert und die zeitliche Begrenzung der stationären Therapie so z. T. kompensiert wird. Nur so kann erreicht werden, die scheinbar parallel zueinander sich entwickelnden Prozesse in verschiedenen settings therapeutisch nutzbar zu machen.

Dabei besteht für die themenzentrierte interaktionelle Stationsgruppe (H e i g l und H e i g l - E v e r s 1973; M a h r 1976) keine krankheitsspezifische Indikation. Mit ihren Zielen: Eröffnung eines Zugangs zu den symptomauslösenden Situationen — Durcharbeiten von Problemen — modellhaftes Durchspielen neuen Sozialverhaltens wird sie sich im allgemeinen nur als flankierende Maßnahme zu anderen, vor allem analytisch orientierten Verfahren empfehlen.

Etwas anders liegt es in dieser Hinsicht bei der interaktionellen Stationsgruppe (H e i g l - E v e r s , H e i g l und M ü n c h 1976); sie ist nicht nur ein soziotherapeutisches Verfahren, sondern auch eine eigenständige Form der Gruppenpsychotherapie. Sie kann bei bestimmten Patienten oder Patientengruppen in spezifischer Weise indiziert sein:

— Als Vorbereitung bei allen solchen Patienten, die die Psychogenese ihrer Symptome noch nicht anerkennen können, wie z. B. bei vielen psychosomatisch Kranken.

— Bei Patienten mit schichtspezifischen Eigentümlichkeiten der Art, daß sie sich mit introspektiven Methoden infolge der Unterentwicklung oder Störung der Subfunktion der Innenwahrnehmung schwer tun.

— Bei Patienten, die durch eine analytische Methode nicht mehr zu beeinflussen sind wie z. B. bei zwangsneurotisch strukturierten Persönlichkeiten mit ausgeprägten Immobilisierungstendenzen, d. h. einem analyse-resistenten Abwehrgefüge von Isolieren, Ungeschehenmachen, Rationalisieren und Intellektualisieren.

— Bei allen Patienten mit ganz bestimmten Formen der Charakterabwehr wie masochistischem Triumph, negativer therapeutischer Reaktion, und bei solchen, „die am Erfolge scheitern"; bei diesen Patienten hat sich gezeigt, daß sich ihre Charakterabwehr besonders deutlich in einer habituellen Rolleneinnahme in der interaktionellen Stationsgruppe manifestiert.

— Ferner ist die interaktionelle Stationsgruppe besonders geeignet für dissoziale Patienten sowie Sucht- und Perversionskranke leichteren bis mittleren Ausmaßes. Diese Patienten zeigen das gemeinsame Merkmal der reduzierten oder

gestörten Ich-Funktion der Trieb- und Affektkontrolle; sie
werden bei Anwendung dieser Methode vor stärkerer Regression geschützt. Das Bewußtwerden ihrer habituellen
Rollenübernahmen verhilft diesen Patienten oft zu einer
größeren Rollenflexibilität; natürlich ist mit dieser Methode
die Grundstörung nicht anzugehen und aufzuheben, vielmehr könnnen damit nur deren psychosoziale Auswirkungen therapiert werden.

4. Therapieraum und Realitätsraum

Aus dem Konzept von Therapieraum und Realitätsraum in
der Neuroseklinik (Z a u n e r 1975) leitet sich ebenfalls ein
spezieller Indikationsbereich der klinischen Psychotherapie ab.
Therapieraum bedeutet in diesem Zusammenhang, daß darin
von Patienten die üblichen sozialen Normen *verbal* übertreten
werden können, ohne daß mit irgendwelchen Sanktionen zu
rechnen wäre. Im Realitätsraum dagegen haben die sozialen
Normen Geltung, und es gibt dort positive und negative Sanktionen sowohl von seiten des Klinikpersonals wie der anderen
Patienten auf der Station. Dieser Realitätsraum umfaßt den
Umgang der Patienten mit dem therapeutischen Personal auf
der Station, den Umgang der Patienten miteinander auf der
Station und in den Mitbestimmungsgremien, die Kommuni-
kationsformen in den Zusammenkünften zwischen Vertretern
der Patienten und den Vertretern der Klinik.

Diese konzeptuelle Teilung in Therapieraum und Realitätsraum bedeutet ein zweifaches Angebot einer Neuroseklinik:
einmal das Angebot einer spezifisch indizierten therapeutischen
Methode oder einer Kombination von Therapieformen; zum
zweiten das Angebot eines Übungsfeldes mit der Chance für
den Patienten, das im Therapieraum Erlernte oder zum erstenmal einsichtig Gewordene, eine neue Einstellung oder ein neues
Verhalten, im Realitätsraum auszuprobieren und einzuüben.
Mit anderen Worten, die psychotherapeutische Klinik erleichtert damit den Transfer, d. h. die Umsetzung von neu erlernten Einstellungen oder Verhaltensweisen im Therapieraum in
die soziale Realität oder, mit einem psychoanalytischen Terminus ausgedrückt, der Realitätsraum der Klinik erlaubt dem
Patienten ein schnelleres und besseres Durcharbeiten: schneller

und besser deswegen, weil er das im Therapieraum neu Erlernte
in der geschützteren — L a n g e n (1966) spricht vom Schonklima der psychotherapeutischen Klinik — sozialen Realität der
Klinik gleich und ohne stärkere Sanktionsgefahr ausprobieren
und einüben kann. Das ist auch deshalb so wichtig, weil Neurose-Patienten zu den Übersteuerten gehören, d. h. von über-
starken Überich-Impulsen getrieben sind; jede analytische
Therapie bedeutet auch Überich-Analyse des Patienten, wobei
es dann oft nicht zu vermeiden ist, daß der Patient im Übergang
von der automatisierten Überich-Steuerung zu einer autonome-
ren Ich-Steuerung Grenzüberschreitungen vornimmt, d. h. Normen des Zusammenlebens verletzt. In solchen Fällen ist eine
Korrektur durch soziale Erfahrungen in der Klinik im allgemeinen leichter möglich als in der äußeren sozialen Realität.

Damit ist eine Indikation für alle dissozialen Patienten leichteren Grades, für alle Rehabilitationspatienten mit starken Ein-
ordnungsschwierigkeiten in Beruf und Familie und überhaupt
für alle sogenannten unterstcuerten Patienten gegeben, d. h.
solche, die eine schwach entwickelte Ich-Funktion der Trieb-
und Affektkontrolle aufweisen.

5. Schutzfunktion der Klinik

Die Herausnahme des Patienten aus seinem sozialen Alltag
hat vor allem zwei Vorteile, auf die schon E l h a r d t (1965)
hingewiesen hat: die Entlastung des Patienten vom Alltag mit
seinen Pflichten, seiner Routine und seiner Frustration und die
Chance zur Besinnung auf sich selbst und zum In-Frage-Stellen
der bisherigen Lebensgestaltung. Diese Funktion der Klinik
als Initiator einer seelischen Umorientierung dürfte für die
meisten Neurose-Patienten sehr wichtig sein.

Aus dieser Schutz- und Schonfunktion einer psychotherapeutischen Klinik ergeben sich vier, nicht ganz scharf voneinander zu trennende, Indikationsbereiche:

Der *Schutz für den Patienten* oder der Krisenschutz des
Patienten im Verlauf einer ambulanten psychotherapeutischen
oder psychoanalytischen Behandlung. Diese Indikation dürfte
vor allem den frei praktizierenden Psychotherapeuten und
Psychoanalytiker interessieren; sie ist immer dann zu erwägen,
wenn die Psychoanalyse oder Psychotherapie allein das Krank-

heitsgeschehen nicht mehr aufhalten kann, wenn — in einem Bild von R i e m a n n (1965) — im Wettlauf zwischen Therapie und Krankheitsprozeß der letztere zu siegen droht.

R i e m a n n schildert ferner folgende strukturspezifische Gefährdungen von Patienten während einer analytischen Behandlung:

Bei schizoiden Patienten kommen präpsychotische Grenzfälle vor, die vielleicht erst während der Therapie deutlicher zu erkennen sind. Die Gefahr der Psychose kann sich u. a. in wiederkehrenden Träumen von existentieller Bedrohung und Gefährdung oder von völliger Isolierung des Patienten, in Landschaftsträumen von archaischem Charakter oder in Träumen mit sonstigen archetypischen oder grob inzestuösen Inhalten zeigen. Oder es kommt auf längere Zeit hin keine erkennbare emotionale Übertragung zustande, oder aber der Therapeut wird so ambivalent oder negativ erlebt, daß er nicht mehr als Helfer angenommen werden kann.

Bei depressiven Patienten ist in diesem Zusammenhang an Suizidgefahr zu denken. Dabei sind bekanntlich die asthenischen Patienten, die oft längere Zeit klagend von ihren Selbstmordimpulsen sprechen, weniger akut gefährdet als die sthenischen, die ihre Suizidneigung gar nicht erwähnen; Hinweis darauf kann das Fehlen von Affekten, von Forderungen und Haßgefühlen gegenüber dem Therapeuten sein. Auch häufiges Versäumen der Behandlungsstunde stellt bei depressiven Patienten evtl. eine Indikation zur Klinikseinweisung dar, da der Therapeut dann zu wenig Übersicht über das Erleben des Patienten hat; außerdem ist das Fortbleiben oft Ausdruck selbstzerstörerischer Tendenzen. Ebenso ist bei depressiv-süchtigen Patienten häufig eine Klinikseinweisung — evtl. verbunden mit einer Entziehungskur — erforderlich. Bei schwer depressiven Patienten ist es auch ratsam, sie während des Urlaubs des Therapeuten in einer Klinik betreuen zu lassen — wobei der letztere Hinweis natürlich für alle gefährdeten Patienten gleich welcher Struktur gilt.

Bei zwangsneurotischen Patienten kommt die Klinik als Krisenschutz dann in Frage, wenn die Symptome lebensbedrohend sind, ferner auch dann, wenn der Patient dadurch präpsychotisch wird, daß seine Sicherungen durch Zwänge in der analytischen Arbeit gelockert werden und massive Angst frei wird. — Für schwerer zwangsneurotisch gestörte Patienten gibt es noch einen anderen Grund[1] für die Indikation zu einer klinischen Psychotherapie: Für diese Gruppe von Patienten bedeutet jeder kleinste Schritt der Abgrenzung oder der Selbstbehauptung eine unerträgliche Aggression gegenüber dem Objekt, der inneren Imago wie der äußeren Beziehungsperson. In einer ambulanten Therapie vermeiden es solche Patienten sehr häufig, in der Psychotherapie neu gewonnene progressive Ansätze in die Realität umzusetzen; in der Klinik sind sie dazu gegenüber den Objekten des Klinikpersonals und der anderen Patienten deswegen in der Lage, weil hier negative soziale Konsequenzen weniger zu fürchten sind.

Starkes Agieren bei hysterischen Patienten kann ebenfalls eine Klinikeinweisung indiziert erscheinen lassen. Der stationäre Aufenthalt an sich unterbricht oder beschränkt meist dieses Agieren, da die Appellfunktion, die das Agieren immer auch hat, im fremden Milieu an Wirksamkeit verliert; allein mit den ambulanten Behandlungsstunden und den Mitteln der Analyse erscheint ein solches Agieren oft nicht genügend angehbar. Daß unter diesem Agieren gelegentlich auch die Beziehungspersonen leiden können und deshalb eine Klinikeinweisung nötig ist, leitet über zu dem zweiten Bereich der Indikation, der sich auf die Schutzfunktion der Klinik bezieht.

Es geht dabei um den *Schutz für die Beziehungspersonen*, bei Untragbarkeit des Patienten im häuslichen oder beruflichen Milieu. Dabei wäre zu denken an Charakterneurosen, depressive Unruhe- und Verwirrtheitszustände, Willkürdurchbrüche bei zwangsneurotischen Patienten und das oben erwähnte Agieren bei hysterischen Patienten. Kranke mit psychotischen Erscheinungen kommen wohl nur zur Einweisung in eigens dafür eingerichtete Kliniken oder Abteilungen und nicht für die übliche psychosomatische oder psychotherapeutische Klinik in Frage. Der Fall schwerer Ehekrisen mit beiderseitigem Agieren der Partner und Abreagieren der eigenen Konflikte aneinander kann ebenfalls die Klinikeinweisung eines der beiden Partner notwendig machen, um einem von ihnen durch Distanzierung überhaupt erst einmal eine Chance der Selbst-

---

[1] J. Z a u n e r , mündliche Mitteilung.

besinnung zu geben; diese kann sowohl aus Gründen des
Schutzes für die Beziehungspersonen wie auch — das führt zum
nächsten Punkt — zum Schutz vor dem häuslichen Milieu angebracht sein.

Schutz des Patienten vor dem häuslichen Milieu, vor dem
negativen Einfluß der Umgebung. Jeder Arzt kennt häusliche
Zustände, in denen es zumindest zeitweilig dem Patienten
nahezu unmöglich gemacht wird, die zur Symptomaufhebung
nötige Umorientierung vorzunehmen. Die Umwelt verhindert
therapeutische Fortschritte, worauf u. a. S c h w i d d e r (1962)
und W i e g m a n n (1968) hingewiesen haben; die Beziehungspersonen sind so sehr gegen eine Wandlung des Patienten eingestellt, der Patient ist noch so stark an sein Milieu
fixiert, daß erst die Herausnahme des Patienten aus seiner
gewohnten Umgebung ihn in den Stand setzt, sich innerlich
von seiner Umwelt abzugrenzen; die räumliche Distanz erleichtert die innere Abgrenzung und damit die Umorientierung. —
R e i m e r s [2] „Psychotherapie-Defekt", ein Begriff, der sich
auf Neurosekranke beziehen soll, die angeblich zu lange psychotherapeutisch (vor allem in psychotherapeutischen Kliniken
und Institutionen) behandelt wurden, soll hier kurz erwähnt
werden. Wie K ö n i g [3] bereits gezeigt hat, hat R e i m e r s
anscheinend die Folgen bestimmter Neuroseformen wie Kontaktscheu, Ansprüchlichkeit, Überspielen von Verstimmungen
und Ängsten, Gefügigkeit und Angepaßtheit etwas vorschnell
mit den Folgen einer psychotherapeutischen Behandlung gleichgesetzt. Auch im einschlägigen Kontext „Schutz des Patienten
vor dem häuslichen Milieu" gilt selbstverständlich immer das
Prinzip der zeitlichen Begrenzung und der speziellen Indikation zur klinischen Psychotherapie. Zu Fehleinschätzungen wie
denen von R e i m e r s im Bereich der Psychotherapie kommt
es dann besonders leicht, wenn nur nach Symptomen oder Syn-
dromen diagnostiziert wird statt nach neurose-strukturellen
Kriterien.

Als weiterer Indikationsbereich, der sich aus dem Schonklima
der Klinik ergibt, ist schließlich die *symptombedingte Unmöglichkeit* zu nennen, eine ambulante Behandlung bei Patienten

---

[2] Nervenarzt 46: 214—215 (1975).
[3] Nervenarzt 47: 209—210 (1976).

durchzuführen. S c h w i d d e r (1962) hat in diesem Zusammenhang schwere Platzangst und ähnliche Phobien, gewisse Zwangssymptome — zu denken wäre an einen ausgeprägten Waschzwang —, schwere Angstneurosen, hysterische Symptome (z. B. Gangstörungen) und bestimmte in der Sozietät kaum tragbare Ticerscheinungen (Bell-Tic) genannt.

Bei schweren Ehe- und Familienkrisen ist an und für sich eine Ehepaar- oder Ehepaar-Gruppen-Therapie oder eine Familien-Psychotherapie indiziert, kann jedoch häufig wegen der mangelnden Bereitschaft der Familienmitglieder zur Teilnahme an einer solchen Therapie nicht eingeleitet werden, so daß eine stationäre Therapie als, zunächst wenigstens, einzige Möglichkeit verbleibt.

6. Ständige ärztliche Betreuung

Aus der Chance der Neuroseklinik zu einer ständigen ärztlichen Betreuung und Überwachung leitet sich eine Indikation aus vorwiegend internistischen oder psychiatrischen Gründen ab, worauf u. a. W i e g m a n n (1968) hinweist. Zu denken ist dabei an Patienten mit Anorexia nervosa, mit sonstigen schwer beeinträchtigenden psychosomatischen Symptomen (Asthma bronchiale, Colitis ulcerosa, Ulcus ventriculi) oder anderen seelisch-bedingten ausgeprägten Funktionseinschränkungen, die unter Umständen ein schnelles therapeutisches Eingreifen erforderlich machen. Ferner kommen borderline-Patienten, suizidgefährdete Depressive oder süchtige Patienten in beschränktem Umfang für eine (dafür eingerichtete) psychosomatische oder psychotherapeutische Klinik in Betracht.

Bei den Suchtkranken trifft W i e g m a n n (1968) folgende Unterscheidung: Er empfiehlt, sich bei der stationären Aufnahme von Suchtkranken auf *die* Patienten zu beschränken, „bei denen die Süchtigkeit nicht das Primärsymptom darstellt, sondern als Reaktion auf eine überdurchschnittlich gewichtige Belastung angesehen werden kann, auf Fälle, bei denen bisher keine Vorbehandlung, insbesondere keine stationäre Entziehung durchgeführt worden war". Die Darstellung der Indikation zur klinischen Psychotherapie bei Suchtkranken bedürfte eines eigenen Kapitels, wozu hier nicht der Raum ist. Nicht allein das Ausmaß der Symptomatik spielt dabei eine Rolle,

sondern der Grad der Ich-Defekte und der basalen Beziehungs-
störung.

Als Vorteil einer Neuroseklinik gegenüber einer ambulanten
Psychotherapie muß noch erwähnt werden: In der Klinik besteht die Chance zu breiterer und detaillierterer Beobachtung
des Patienten durch die Ärzte und das sonstige Klinikpersonal;
der Kontakt- und Verhaltensstil eines Patienten läßt sich in der
Klinik oft genauer und schneller erfassen als in einer ambulanten Psychotherapie. Diese zusätzlichen Informationen
über den Patienten aus den verschiedenen therapeutischen Settings und vor allem aus dem Realitätsraum erleichtern zum Beispiel eine Kurztherapie, d. h. mit anderen Worten: Die Indikation zu einer analytischen oder analytisch orientierten Kurztherapie ist in der Klinik breiter als in der ambulanten Praxis.
— Es handelt sich oft nicht nur um eine zusätzliche Informa-
tionsquelle, sondern auch um eine objektivere: In der ambulanten Psychotherapie lernen wir das Sozialverhalten des Patienten nur über seine subjektive Schilderung kennen. Diese
Art der Information wird dann ungenügend, wenn beim Patienten primitivere Abwehrmechanismen wie Leugnung, Spaltung, Projektion etc. besonders ausgeprägt sind und der
Therapeut nur ausgesprochen entstellte Mitteilungen über die
soziale Realität seines Patienten bekommt.

7. Gesamtbehandlungsplan

Aus dem klinikspezifischen Konzept eines Gesamtbehandlungsplanes läßt sich weniger eine besondere Indikation ableiten; es stellt vielmehr den Versuch dar, die vorher genannten sechs spezifischen Qualitäten einer psychotherapeutischen
Klinik unter einem übergeordneten Gesichtspunkt, dem der
psychoanalytischen Betrachtungsweise, zusammenzufassen. Es
geht mit anderen Worten um die Integration der verschiedenen
Behandlungsansätze, um das Aufeinanderbeziehen von Beobachtungen aus dem Therapie- und Realitätsraum und um das
Formulieren innerer und äußerer Ziele für den Patienten mit
Hilfe psychoanalytischen Verstehens, das die Fülle der aus dem
therapeutischen System Klinik zu gewinnenden Daten über

einen Patienten diagnostisch und therapeutisch in einem fort-
laufenden Prozeß ausschöpft.

Auf diese Weise ist eine einheitliche Basis für alle angewandten Verfahren garantiert, insofern, als in der Praxis bei
jeder Methode, auch bei nichtanalytischen Verfahren, die
psychoanalytische Denk- und Beobachtungsmethode eingesetzt
wird.

Besonders der Stationsarzt wird den Gesamtbehandlungsplan im Auge haben müssen und sich für das Sammeln von
Informationen über den Patienten und dessen Integrierung
verantwortlich fühlen. Erst der Gesamtbehandlungsplan ermöglicht es, den Therapieverlauf differenziert zu beurteilen,
breit begründete Zwischenbilanzen hinsichtlich des Behand-
lungserfolges mit dem Patienten durchzuführen und evtl. Be-
handlungsmodifikationen vorzunehmen.

Nur aufgrund einer solchen planenden Übersicht ist gewähr-
leistet, daß sich der mehrdimensionale therapeutische Ansatz
einer Psychotherapie-Klinik fruchtbar auswirkt. — Es ist gesagt worden: „F r e u d s besondere Form des Midaseffekts
besteht darin, daß sich ihm die Wahrheit in innerpsychische
Kausalitäten und Strukturen verwandelt."[4] Diesen Midaseffekt
gibt es in einer psychotherapeutischen Klinik kaum. Man lernt
hier den Patienten nicht nur in seiner innerseelischen Wirklichkeit kennen, sondern auch in seinem realen Sozialverhalten
und dessen Auswirkungen auf Mitpatienten und Klinikpersonal. Diese Kenntnisse für die Behandlung des Patienten auszu-
werten, ist eine der großen Chancen einer *klinischen* Psychotherapie.

8. Grenzen der klinischen Psychotherapie

Kurz möchte ich noch auf die Grenzen zu sprechen kommen,
die einer klinischen Psychotherapie gesetzt sein *können.* Es
handelt sich dabei um eine Gruppe von Patienten mit dem
gemeinsamen Merkmal eines pathologischen Überichs in dem
Sinne, daß die Trieb- und Affektregulierung in einem beson-

---

[4] In: C. F. v o n W e i z s ä c k e r : Der Garten des Menschlichen.
Zweites Kapitel. Zur Biologie des Subjekts. Carl Hanser Verlag, München
1977, S. 272.

deren Ausmaß ungenügend oder defekt ist. Es handelt sich in diesem Zusammenhang um psychosekranke Patienten, ferner um suizidale, süchtige und dissoziale Patienten mit einem besonderen Schweregrad der Erkrankung.

Eine Grenze für die Indikation zur klinischen Psychotherapie kann aus folgenden Gründen gegeben sein:

— Die Situation einer psychotherapeutischen Klinik mit ihrer hinsichtlich Erkrankung und Symptomatik gemischten Klientel wirkt sich für diese Patientengruppe u. U. deswegen ungünstig aus, weil sie nicht genügend vor den paratherapeutischen Aktivitäten anderer Patienten auf der Station schützt; diese Aktivitäten sind nicht selten destruktiver Art (z. B. in Form von schweren Kränkungen).

— In ähnliche Richtung weist der nächste Faktor: Es ist oft schwierig bis unmöglich, ein therapeutisches Klima, d. h. ein Klima, das durch akzeptierende *und* grenzensetzende Einstellungen gekennzeichnet ist, auf der Station zu schaffen, wenn der Anteil der „untersteuerten" Patienten zu groß ist. Im Interesse dieser Patienten ist die Toleranzgrenze der Station zu beachten, mit anderen Worten die Toleranzgrenze des klinischen Personals und der in anderer Weise gestörten Mitpatienten. Beachtet man diese Toleranzgrenzen nicht, so kann es zu regressiven Prozessen der Patienten im Realitätsraum der Klinik kommen, zu einer malignen Regression, die es den Patienten erschwert oder unmöglich macht, zwischen Therapieraum und Realitätsraum, zwischen psychischer und objektiver Realität ausreichend zu unterscheiden.

Maligne Regression bedeutet nach B a l i n t (1968), daß der Patient die therapeutische Ich-Spaltung nicht mehr aufrechterhalten kann, mit anderen Worten, daß er nicht mehr in der Lage ist, sich in ein erlebendes und ein beobachtendes Ich zu spalten und d. h. zwischen innerer und äußerer Realität zu unterscheiden. Eine Station zur Hälfte mit solchen untersteuerten Patienten zu besetzen, ist, zumindest in einer offenen psychotherapeutischen Klinik, weder für die Patienten nützlich noch für das Personal zumutbar.

244   Indikation zur klinischen Psychotherapie

B e e s e (1975)[5] hat die folgenden Faktoren zusammengestellt, die eine *Kontraindikation* zur klinischen Psychotherapie darstellen, wobei er selbst einschränkend hinzufügt, daß
eine Übertragung dieser Aussagen auf andersstrukturierte
psychotherapeutische Kliniken nicht möglich sei:

1. Fehlender oder zu geringer primärer subjektiver Leidensdruck der Patienten. — Dies wäre sicher für andere psychotherapeutische Kliniken, z. B. die Klinik Tiefenbrunn, keine
   Kontraindikation, es gehört vielmehr zu den Aufgaben dieser Klinik, den Patienten trotz geringen momentanen Lei-
   densdrucks und geringen Leidensgefühls (siehe Seite 39 f.)
   auf eine angemessene Psychotherapieform, eventuell eine
   Intervalltherapie, vorzubereiten; das erste Intervall wird
   dann nur dazu benutzt, den Patienten für die Psychotherapie zu motivieren (siehe auch K ö n i g 1975).

2. Fixierter sekundärer Krankheitgewinn, insbesondere fixierte
   Renten- und Entschädigungserwartungen. — Auch solche
   Patienten wird eine Klinik aufnehmen müssen, die nicht
   bloß Psychotherapie in der Klinik betreibt. Dabei ist zuzugeben, daß es bei den fixierten Rentenerwartungen und ausgeprägten Wiedergutmachungsansprüchen oft nicht gelingt,
   mit dem Patienten ein ausreichend funktionsfähiges Arbeitsbündnis einzugehen.

3. Agieren in einem Ausmaß, das nicht mehr analysiert werden kann. Hierzu gehören alle Zustände, die mit fließenden
   Übergängen zu Verwahrlosungshaltungen hinführen. —
   Hier gilt das bereits Gesagte, wonach u. E. in einem gewissen beschränkten Umfang auch solche Patienten entsprechend der Toleranzgrenze der Station in einer Klinik aufgenommen werden können.

4. Neurotische Erkrankungen, bei denen eingefahrene Ersatz-
   befriedigungshaltungen im Vordergrund stehen, insbesondere alle fixierten Suchthaltungen.

---

[5] Die psychotherapeutische Klinik Stuttgart-Sonnenberg, auf die sich
der Autor bezieht, stellt wie Tiefenbrunn den Typ der psychotherapeutischen Klinik mit psychoanalytischer Orientierung dar. Sie ist in ihrer
Indikationsstellung deswegen begrenzter, weil sie ihr therapeutisches Angebot auf die Einzelanalyse zentriert. Die durchschnittliche Behandlungsdauer beträgt drei bis vier Monate.

5. Neurosen mit sexuellen Perversionen als Hauptsymptom.
6. Neurotische Patienten mit akuten, ernsthaften Suizidimpulsen. Sie können im Hinblick auf das Fehlen ausreichender Kontrollmöglichkeiten, wie sie nur auf geschlossenen psychiatrischen Stationen vorhanden sind, nicht in der psychotherapeutischen Klinik aufgenommen werden.
7. Es versteht sich von selbst, daß bei allen Erkrankungen, deren psychische Symptomatik nicht neurotischer Natur ist, also bei endogenen und exogenen Psychosen, epileptischen Wesensänderungen und hirnorganisch bedingten psychischen Alterationen, eine klinische Psychotherapie nicht indiziert ist.

H a u (1975) schreibt zur Indikation: Der Befund in einem psychotherapeutischen Verfahren, auch innerhalb der Klinik, müsse immer den organischen, den psychischen und den sozialen Status des Patienten erfassen, damit schon von dieser Orientierung her der adäquate therapeutische Ansatz gefunden werden könne. Der organmedizinische, der psychische und der soziale Befund seien nach ihrem psychodynamischen Gewicht und Stellenwert, d. h. nach dem Grad der Wandelbarkeit des Patienten zu untersuchen. — Hier liegen anscheinend ähnliche Gedankengänge vor, wie wir sie im Begriff des Gesamtbehandlungsplanes zusammenfassen. Damit ist bei H a u auch unausdrücklich gesagt, daß man den Patienten in einer Klinik nicht nur organisch und nicht nur in psychodynamischer Hinsicht untersuchen solle, sondern auch sein Sozialverhalten erfassen müsse, und das heißt mit unseren Worten, daß es notwendig ist und die besondere Chance der stationären Psychotherapie darstellt, den Patienten und sein Verhalten nicht nur im Therapieraum, sondern auch im Realitätsraum teilnehmend zu beobachten.

Die Entwicklung geht wohl bei den meisten psychotherapeutischen Kliniken in den letzten Jahren eindeutig in Richtung einer vermehrten Aufnahme von schwer und schwerstgestörten Neurose- und psychosomatisch Kranken ebenso wie einer zunehmenden Überweisung der zuvor genannten untersteuerten Patienten mit unausgebildeter oder gestörter Trieb- und Affektkontrolle. Die Gruppe der sogenannten klassischen Neu-

rosen mit leichteren bis mittelschweren schizoid und depressiv
Strukturierten, mit Zwangsneurose-Kranken und hysterischen
Patienten nimmt wohl objektiv weltweit an Zahl ab, während
die Zahl schwerer narzißtischer Störungen und Suchtkran-
ker eindeutig zunimmt. Dazu komt als erfreuliche Entwicklung, daß die eben genannten klassischen Neurosefälle heutzu-
tage häufiger als früher ambulant behandelt werden können
dank der zunehmenden Zahl von niedergelassenen Psychoanalytikern und Allgemein- oder Fachärzten mit der Zusatzbezeichnung Psychotherapie.

Um dem Bedarf nach stationärer Aufnahme der obengenann-
ten Patientengruppen, der psychosomatisch Kranken, der Re-
habilitationsbedürftigen, der Verhaltensgestörten und der
schwerer schizoid- und depressiv Kranken mit ausgeprägtem
archaischen Über-Ich besser gerecht werden zu können, haben
wir in der Klinik Tiefenbrunn eine fraktionierte Therapieform
entwickelt.

9. Die Intervalltherapie in der klinischen Psychotherapie

Bei der Schilderung der spezifischen Qualitäten einer psychotherapeutischen Klinik wurde im Zusammenhang mit der zeitlichen Begrenzung der Therapie die Bezeichnung Intervall-
Therapie bereits eingeführt und auf ihre gesonderte Skizzie-
rung verwiesen. Intervall-Therapie heißt: Nach Abschluß der
Diagnostik und der Klärung von Prognose und Indikation wird
bei allen Fällen, bei denen eine konfliktzentrierte Psychotherapie indiziert erscheint, jedoch eine einmalige Kurztherapie von
5—30 Einzel- oder Gruppensitzungen nicht ausreicht, eine
langfristige Planung entwickelt, die eine einmalige oder auch
mehrmalige Wiederholung der stationären Therapie in Abständen von ¹/₄ bis zu 1¹/₂ und 2 Jahren vorsieht.

Die Ziele der Therapiephasen sind dabei phasenweise begrenzt und so definiert, daß der Patient eine Chance hat, mit
den jeweils erreichten Konflikteinsichten und emotionalen Neu-
erfahrungen im Intervall in eigener Regie umzugehen und den
Lernprozeß weiter zu fördern.

Dabei hat sich uns (H e i g l - E v e r s und H e i g l 1972)
der therapeutische Wert des Intervalls in folgendem ergeben:

— Im verstärkten Erleben des Patienten von Übertragungs-
abhängigkeiten und von deren Abwehr- und Widerstands-
charakter als Resultat einer Versuchung für andrängende
Tendenzen nach Autonomie und einer Versagung von Bedürfnissen nach passiver Abhängigkeit; das therapeutische
Intervall stellt also eine Versuchungs- und Versagungssituation dar;

— im Anreiz, in der nachfolgenden Therapiepause kooperativ
zu sein;

— in einer mit der vermehrten Eigenaktivität verbundenen An-
hebung des Selbstvertrauens und Minderung des Ohn-
machtsgefühls, das mit dem Ausgeliefertsein an unbewußte
pathogene Konflikte verbunden ist;

— ferner darin, daß ein von vornherein mit dem Patienten
geplantes Intervall mit der anschließenden Wiederaufnahme
der Therapie durch erneuten Aufenthalt in einer psychotherapeutischen Klinik oder Fachabteilung den Patienten vor
Mißdeutungen von seiten seiner Umgebung schützt etwa in
dem Sinne, daß die bisherige Behandlung ergebnislos gewesen und er rückfällig geworden sei und einer neuen Behandlung bedürfe. Die therapiefreien Intervalle sind vielmehr ebenso wie die Behandlungsphasen Bestandteile einer
aufgrund sorgfältiger Indikation und Differentialindikation
entwickelten langfristigen Planung.

Mit der Einführung dieser analytisch orientierten oder tiefenpsychologisch fundierten Intervalltherapie kann unseres Erachtens der Indikationsbereich einer Neurose- und Psychosomatischen Klinik erheblich erweitert werden und auch die
Gruppe der untersteuerten Patienten, natürlich nach Einschätzung der oben geschilderten Frustrationstoleranz der Station,
in bestimmtem Umfang in der psychotherapeutischen Klinik
aufgenommen werden.

10. Zusammenfassende Übersicht über die Indikation zur klinischen Psychotherapie

Abschließend zu diesem Kapitel sollen die Indikationen zur stationären Psychotherapie nochmals in einem Schema zusammengestellt werden. Die Anordnung erfolgt nach den verschiedenen therapeutischen Notwendigkeiten, die eine Klinikseinweisung erforderlich erscheinen lassen. Die Reihenfolge ist anders gewählt als im Text; es wird nach der ärztlichen Dringlichkeit der psychotherapeutischen Klinikbehandlung eingeteilt.

A. 1. Die ständige ärztliche Überwachung in der Klinik
Indikation aus internistischen Gründen: Magersucht, beeinträchtigende psychosomatische Symptome wie Asthma bronchiale, Ulcus ventriculi, sonstige Organ-Funktionseinschränkungen
Indikation aus psychiatrischen Gründen: borderline-Patienten, Suizidgefahr, Süchte

2. Das Schonklima der Klinik
   a) Schutz für den Patienten: Krisenschutz während laufender ambulanter Analyse
      bei schizoiden Patienten
         präpsychotische Grenzfälle
      bei depressiven Patienten
         Suizidgefahr, häufiges Nicht-Erscheinen des Patienten in der Analyse, Entziehungskur
      bei zwangsneurotischen Patienten
         lebensbedrohende Symptome, präpsychotische Zustände
      bei hysterischen Patienten
         Agieren
   b) Schutz für die Beziehungspersonen bei
      Charakterneurosen, Unruhe- und Verwirrtheitszuständen, Willkürdurchbrüchen, Agieren, psychotischen Erscheinungen
   c) Symptombedingte Unmöglichkeit der ambulanten Therapie bei
      Agoraphobie, sonstigen Phobien, gewissen Zwangssymptomen, Angstneurosen, Gangstörungen, sozial untragbaren Tics

d) Schutz vor dem negativen Einfluß der Umgebung bei
Ehekrisen, Fixierung an das häusliche Milieu

3. Die größere Effektivität zeitlich limitierter Therapie in
der Klinik
Indikation zur Kurztherapie (Gruppentherapie,
Einzeltherapie, analytisch orientiertes Gespräch)
zur Vorbehandlung und als Vorbereitung einer
Langzeit-Psychotherapie
Indikation zum Behandlungsversuch mit gleich-
zeitiger prognostischer Klärung
Indikation zur Intervalltherapie

4. Die Breite der psychotherapeutischen und soziotherapeu-
tischen Möglichkeiten in der Klinik
Indikation zur Anwendung mehrerer psychotherapeutischer Methoden
bei Rehabilitationspatienten
bei Patienten mit Unterentwicklung oder
Defekten ihrer Ich-Funktionen

B. Indikation aus regionalen Gründen
Fehlen von Psychotherapeuten am Wohnort des Patienten

FÜNFTES KAPITEL

Indikation zur analytischen und analytisch orientierten Kurztherapie

1. Definition des Verfahrens

Immer schwingt bei Verwendung des Begriffes „Kurztherapie" dessen Gegensatz „Langtherapie" mit. Die Grenze zwischen beiden ist schwer zu ziehen und wird immer etwas willkürlich gesetzt sein, noch dazu, als der Begriff „Kurztherapie" einmal auf die Dauer der Behandlung, ein andermal auf die Zahl der analytischen Sitzungen bezogen wird. A l e x a n d e r und F r e n c h (1946) sowie M a l a n (1965) wie in jüngerer Zeit B e c k (1974) haben sich besonders eingehend mit dem Problem der Kurztherapie auseinandergesetzt. Die bei den erstgenannten Autoren geschilderten Behandlungsverläufe umfassen einen Zeitraum von einem Tag bis zu 17 Monaten mit 1—65 Sitzungen; von M a l a n wird eine Behandlungsdauer von 1—15 Monaten und eine Stundenzahl von 5—40 angegeben. B e c k spricht von 10—30 Sitzungen, wobei meist eine Sitzung pro Woche stattfindet. Soll man eine Behandlungsdauer von 15 oder 17 Monaten wie bei M a l a n noch als kurz bezeichnen? Nach den üblichen Maßstäben ärztlicher Behandlung sicher nicht. Verglichen jedoch mit der klassischen Psychoanalyse und bezogen auf die Zahl der Sitzungen handelt es sich wirklich um eine kurzzeitige Therapie; sind doch 150 Sitzungen und mehr für die Behandlung von Patienten mit chronischen psychoneurotischen und psychosomatischen Beschwerden und gar mit Charakterstörungen eher die Regel als die Ausnahme.

Der Begriff Kurztherapie ist also einmal in Relation zur Lang- oder Standard-Analyse zu verstehen. Der Begriff bezieht sich ferner darauf, daß es sich bei dieser Behandlungsform um eine von vornherein *kurzfristig geplante* Art von Psychotherapie handelt. Die Tatsache der zeitlichen Begrenzung der Therapie durch den Behandler trifft das Wesen des mit dem Begriff „Kurztherapie" bezeichneten Sachverhalts am genauesten.

2. Entwicklung der prognostischen Kriterien aus der Eigenart der Kurztherapie

Die Kurztherapie, vor allem in ihrer tiefenpsychologisch fundierten oder analytisch orientierten Form, dürfte die wichtigste Psychotherapieform des freipraktizierenden Arztes mit der Zusatzbezeichnung „Psychotherapie" oder des therapeutisch geschulten klinischen Psychologen sein; auch in der klinischen Psychotherapie wird sie einen bevorzugten Platz einnehmen. Ich möchte im folgenden darangehen, die Indikationskriterien aus der Struktur, aus der Eigenart der Kurztherapie abzuleiten und werde deshalb eingangs versuchen, die Differentia specifica der Kurztherapie zu beschreiben:

a) Es handelt sich einmal, wie oben erwähnt, um eine zeitlich begrenzte Therapie, wobei diese Beschränkung mehr die Stundenzahl als die Zeitdauer betrifft. Im allgemeinen wird es sich dabei um eine Stundenzahl von 3—15 Sitzungen mit einer Frequenz von einer Sitzung pro Woche handeln. Bei dieser Frequenz sollte nach den bisher vorliegenden Erfahrungen die Sitzungsdauer eine halbe Stunde nicht unterschreiten, bei der Frequenz von zwei Sitzungen pro Woche mögen auch jeweils 20 Minuten ausreichen. Vor der initialen Sitzung müssen Diagnose und Prognose durch Anamnesenerhebung und Erstinterview abgeklärt sein. — Man muß sich klarmachen, daß aus der Begrenzung der Zeit eine Begrenzung des Zieles der Therapie folgt. Man kann nicht erwarten, daß in zehn Sitzungen soviel an Besserung beim Patienten zu erreichen ist wie in 100 Sitzungen.

b) Aus der Tatsache des begrenzten Zieles einer Kurztherapie ergibt sich eine weitere Eigenart: Kurztherapie muß immer Fokaltherapie sein, d. h. eine Behandlungsform, die auf einen Fokus, einen psychischen Krankheitsherd, einen abgrenzbaren Konflikt beim Patienten ausgerichtet ist. Dieser Krankheitsherd muß, soll er in relativ kurzer Zeit mit Erfolg behandelt werden, einen relativ oberflächlichen, einen verhältnismäßig bewußtseinsnahen Konflikt darstellen, dessen Aufdeckung beim Patienten keinen allzu starken Widerstand auslöst. Oder mit anderen Worten, Ziel dieser Therapieform ist die Verhaltensänderung des Patienten in einem begrenzten Bereich.

c) Aus den beiden genannten Momenten, begrenztes Ziel und Fokussierung, folgt mit Notwendigkeit, daß die Kurztherapie eine besondere Technik erfordert. Die Charakteristiken dieser Technik in der Fokaltherapie sollen nur eben angedeutet werden, geht es doch in diesem Zusammenhang nicht um eine Darstellung von Methode und Technik der Kurztherapie, vielmehr um die Indikation dazu; allerdings muß die Technik wenigstens skizziert werden, weil sie die Indikation mitbedingt:

— Der in der Kurztherapie zu bearbeitende Fokus wird vom Therapeuten und vom Patienten gemeinsam bestimmt. In praxi sieht das meist so aus, daß der Therapeut ein Thema vorschlägt, das dem von ihm diagnostizierten unbewußten Konfliktherd entspricht. Der Patient setzt sich damit auseinander, je nachdem akzeptierend, modifizierend oder ablehnend, bis ein Thema gefunden ist, das Patient und Therapeut gemeinsam bearbeiten wollen.

— Mit dem Patienten wird ein Zeitplan festgelegt und vereinbart, nach Ablauf dieser Zeitspanne in einer Art Zwischenbilanz zu klären, ob Patient und Therapeut eine zeitbegrenzte Fortführung der Kurztherapie für nötig oder günstig halten.

— Die Behandlung findet im Gegenübersitzen statt; der Therapeut ist also für den Patienten optisch voll wahrnehmbar; diese Situation läßt der freischweifenden und regressiven Phantasie des Patienten weniger Spielraum; es entsteht vielmehr eine Dialog-Konstellation.

— Der Therapeut interveniert häufiger als in der klassischen Einzelanalyse, und er bezieht sich dabei vorwiegend auf das Thema des Fokus.

— Der Behandler läßt die Übertragung nicht gleichsam anwachsen; es soll keine Übertragungsneurose entstehen; die sogenannte negative Übertragung wird relativ schnell angesprochen, ebenso wie jedwede Form des Widerstandes.

— Wichtig ist dabei die Technik des selektiven Weglassens (M a l a n) : der Therapeut greift nicht jedes vom Patienten eingebrachte Material auf, vielmehr nur jenes, das mit dem Fokus in Zusammenhang steht; damit wird ein Ausufern der Einfälle des Patienten vermieden und einer tieferen Regression Halt geboten.

— Auch das Durcharbeiten, d. h. die Bearbeitung jener Widerstände, die mit dem Transfer, der Umsetzung neuer Einsichten in Verhalten zu tun haben, ist im Vergleich mit der Langzeittherapie beschränkt.

— Während M a l a n allein bei der deutenden Technik der Psychoanalyse bleibt, schlägt B e c k zusätzlich noch andere Interventionsformen vor. In einer analytisch orientierten Kurztherapie ist es oft unumgänglich, nichtdeutende Interventionsformen neben der Deutung anzuwenden, vor allem solche, die auf eine Stützung des Selbstwertgefühls und auf eine Verbesserung gestörter Ich-Funktionen abzielen.

3. Die wesentlichen prognostischen Kriterien für die Indikation zur Kurztherapie

Nach dieser Skizze von Methode und Technik der Fokaltherapie und einer ersten Ableitung prognostischer Kriterien möchte ich an die weiter oben angeführten Merkmale (siehe S. 79) zur Bestimmung des Schweregrades einer Neurose anknüpfen und untersuchen, welche dieser Merkmale für die Indikation zur Fokaltherapie verwendbar sind:

a) In Zusammenhang mit dem Kriterium „Dauer der Symptomatik" war die Rede davon, daß bei längerem Bestehen der Symptomatik das Erinnern der auslösenden Konfliktsituation immer schwieriger wird. Eine Kurztherapie dürfte demnach im allgemeinen dann nicht möglich sein, wenn sich der Patient nicht wenigstens in Umrissen an die Symptomatik auslösende Konflikt-Situation erinnern kann. Ohne eine solche Erinnerung wäre therapeutisch zunächst die allmähliche Umwandlung der Symptomneurose in eine Konfliktneurose anzustreben. Dieser Transformationsprozeß ist im allgemeinen in 5—20 Sitzungen nicht zu bewerkstelligen.

Es läßt sich demnach als erste Voraussetzung für die Anwendung einer Kurztherapie formulieren:
Die symptomauslösende Konfliktsituation sollte im allgemeinen nicht länger als ein Jahr zurückliegen, und ein Konfliktherd sollte dem Patienten wenigstens in Umrissen bekannt sein. B e c k (1974) fordert die Erinnerbarkeit der auslösenden Situation durch den Patienten als erste Voraussetzung für die Indikation zur Kurztherapie.

b) Vielleicht ist auch verständlich, daß eine Kurztherapie dann nicht indiziert ist, wenn der Patient von der Somatogenese seiner körperlichen Beschwerden überzeugt ist. Es würde zunächst längere Zeit brauchen, um dem Patienten die seelische Bedingtheit seiner Symptome nahezubringen; erst danach wäre der Patient zur Mitarbeit an der Konfliktlösung in der Lage und eventuell bereit. Tatsächlich hat auch B e c k nachgewiesen, daß sich für Patienten mit einer psychischen Symptommanifestation die Kurztherapie im allgemeinen besser eignet als für Patienten mit einer körperlichen Symptommanifestation. — Bei psychosomatisch Kranken ist höchstens der Versuch angebracht, die Einstellung des Patienten zu seiner körperlichen Symptomatik oder den Umgang mit ihr zum Thema der Therapie zu machen.
Demnach ist die zweite Voraussetzung für die Einleitung einer Kurztherapie:
Nur für Patienten, die von der Psychogenese ihres Leidens wenigstens halbwegs überzeugt sind, ist Kurztherapie indiziert. Das ist vorwiegend bei Patienten mit psychischer Symptommanifestation der Fall.

c) Ferner ist hier der Faktor „Umgang mit der Symptomatik" und in diesem Zusammenhang das Stichwort „sekundärer Krankheitsgewinn" zu bedenken. In einer Kurzzeittherapie ist im allgemeinen dann kein Erfolg zu erreichen, wenn die Patienten ihre Symptomatik bereits zur Verfolgung ihrer Interessen verwenden, wenn Symptome in den Dienst von Machtansprüchen oder von oralen Bedürfnissen gestellt oder zur Durchsetzung sonstiger Befriedigungen gebraucht werden.

Demnach läßt sich als drittes Indikationsmerkmal für eine analytische oder analytisch orientierte Kurztherapie formulieren:

Nur das Fehlen eines stärkeren sekundären Krankheitsgewinnes bietet die Voraussetzung für die Anwendung einer Kurztherapie.

d) Auch der früher genannte Leistungstest des Lebens nach A l e x a n d e r ist hier zu erwägen. Es geht dabei um die Beantwortung der Frage: Wie ist der Patient bisher mit Konfliktsituationen fertig geworden? Für die Indikation zur Kurztherapie hat sich vor allem die Frage nach der Arbeitsfähigkeit als wesentlich herausgestellt. Alle von M a l a n und Mitarbeitern erfolgreich behandelten Patienten waren berufstätig. Wer berufs- und erwerbsunfähig ist, weist immer schwerere Behinderungen in verschiedenen Bereichen der Lebenspraxis auf. Eine solche Unfähigkeit ist nie bloß eine Folge von Arbeitsstörungen; sie hängt vielmehr auch mit Problemen der Soziabilität, des sozialen Status, der Fremd- und Selbstbeurteilung, der Identität zusammen.

So ist als vierte Voraussetzung für die Indikation zur Kurztherapie zu benennen:

Der Patient muß berufs- und erwerbsfähig sein, damit eine analytische oder analytisch orientierte Kurztherapie für ihn angezeigt ist.

e) M a l a n bezeichnet als eine wichtige Voraussetzung für die Indikation zur Fokaltherapie die Fokalisierbarkeit, also die Fähigkeit von Therapeut *und* Patient, einen umschriebenen und aktuellen, die Symptomatik mitunterhaltenden Konflikt des Patienten zu finden und zu bearbeiten. Es geht dabei um die Ichfunktion der gerichteten, fokussierenden Aufmerksamkeit, die bei allen schwerer schizoiden Persönlichkeiten unterentwickelt oder sogar defekt ist. Zumeist läßt sich schon beim Erstgespräch mit dem Patienten feststellen, ob er bei einem Thema bleiben kann oder ob er immer wieder davon abirrt.

Als fünfte, nun methodenspezifische, Voraussetzung für die Indikation einer Kurztherapie gilt:

Der Patient muß über die Fähigkeit zur gerichteten, fokussierenden Aufmerksamkeit verfügen.

f) Ein weiteres Merkmal für die Indikation zu einer analytischen oder analytisch orientierten Kurztherapie hängt mit der Art der Antwort zusammen, die der Patient auf die auf einen aktuellen Konfliktherd bezogene Versuchsinterpretation des Therapeuten gibt. Dabei ist für die Indikation bzw. Differentialindikation wichtig, ob und wie der Patient auf die Versuchsinterpretation des Therapeuten in *derselben*, und wie er in der nächstfolgenden Sitzung reagiert. Es geht mit anderen Worten um die Frage: Wie läßt sich der Patient auf die Versuchsinterpretation des Behandlers ein, zeigt er überhaupt eine emotionale Reaktion und welche, wie hat er sich in der Zeit zwischen den Sitzungen mit dem vom Therapeuten angedeuteten Konfliktherd auseinandergesetzt?

Demnach ist als ein anderes methodenspezifisches Kriterium für die Indikation zur Kurztherapie anzuführen:

Die Art und Weise des Sich-Einlassens des Patienten auf die vom Therapeuten formulierte Versuchsinterpretation hinsichtlich des aktuellen Konfliktherdes gibt Auskunft über die Bereitschaft und Fähigkeit des Patienten zur Mitarbeit.

Ein weiteres, nonisch bestimmtes Merkmal der Indikation zur Kurztherapie besteht in folgendem: Nach Erfahrungen in der Klinik Tiefenbrunn ebenso wie in der psychotherapeutischen Ambulanz ist es bei Patienten mit stärkeren Arbeitsstörungen, mit Gefühlen von Leistungsinsuffizienz und diffusen Gefühlen des eigenen Ungenügens nicht möglich, eine Fokaltherapie anzuwenden. Gemeinsam ist diesen Patienten ein stark ausgebildetes archaisches anales Über-Ich, dessen permanente rigorose Forderungen nach analer Effizienz, nach Produktivität und Output nie erfüllt werden können und deshalb zu unbewußten Schuldgefühlen führen; diese zeigen sich in Form von oft vagen Gefühlen, nichts zu können, nichts zu taugen, nie zu genügen bis hin zur Panik und zu Vernichtungsanfällen als Zeichen des Zusammenbruchs der Selbstwertregulierung (Sistieren der narzißtischen Zufuhr).

Diese Gruppe von Patienten, die bei unterschiedlicher Symptomatik übereinstimmt hinsichtlich der Substruktur eines (analen) archaischen Über-Ichs, erlebt jeden Vorschlag eines Themas im Sinne einer Fokaltherapie nicht als Hilfsangebot, sondern als ungeheure Aufgabe, als bloße Forderung. Meist können diese Patienten auf das vorgeschlagene Thema schon von vornherein nicht eingehen; wenn dies in seltenen Fällen doch einmal vorkommt, dann geschieht es in einer gequälten Form, die den Therapeuten stutzig machen sollte. Diesen Patienten darf eine Fokaltherapie nicht zugemutet werden; es ist vielmehr — wenn überhaupt eine Einsichtspsychotherapie angezeigt ist —, je nach der sonstigen Strukturiertheit des Patienten eine klassische Psychoanalyse oder ein analytisch orientiertes Gespräch indiziert, d. h. Verfahren, die es den Patienten eher erlauben, sich gehen zu lassen als die Fokaltherapie, die dieser Gruppe von Patienten zu aufgabenzentriert erscheint.

Schließlich möchte ich noch den prognostischen Faktor erwähnen, der aus der Persönlichkeit des Therapeuten resultiert. D ü h r s s e n (1969) nennt folgende Eigenschaften des Behandlers als besonders nützlich bei der Praxis einer analytischen oder analytisch orientierten Kurztherapie:

— ein optimistisch getönter Realismus;
— ein besonderes Maß an Präsenz, d. h. die Fähigkeit zur gerichteten Aufmerksamkeit und Empathie;
— ein guter Überblick über sehr variable Lebenssituationen von Menschen, also mit anderen Worten eine breite Lebenserfahrung;
— besonders detaillierte psychodynamische Grundkenntnisse.

4. Ein Fallbeispiel

Ein 45jähriger Hauptschullehrer an einer Gesamtschule in Süddeutschland kommt in die psychotherapeutische Klinik wegen chronifizierter Schlafstörungen, Kontakt- und Arbeitsbehinderungen, depressiver Verstimmungen, angedeuteter Zwangsvorstellungen i. S. des gedanklichen Ordnens und Zwangsgrübelns über seine berufliche Situation und wegen leichter Zwangshandlungen in Form von Geraderücken von schiefliegenden Gegenständen. Der Patient leidet am meisten unter den Ein- und Durchschlafstörungen, die bereits seit 15 Jahren in wechselnder Intensität bestehen. Sie hatten nach Beendigung seiner Ausbildung als Lehrer begonnen, wobei

er zu der damaligen Zeit überhaupt keine Lust zum Berufs-
antritt hatte; dieser Unlust lag wahrscheinlich folgender später zutage getretener Ambivalenzkonflikt zuggrunde:

Die Schlafstörungen und depressiven Verstimmungen waren
im Frühjahr 1972 ziemlich verstärkt aufgetreten und zwar in
folgender Situation: er war aus einer „mehr rechten Kollegen-
gruppe" ausgetreten und hatte sich einer „mehr linken" angeschlossen. Dabei war er weitgehend mitverantwortlich gewesen für den Sturz des alten Direktors der Schule und für die
Inthronisation eines neuen. Er hatte sich danach jedoch mit dem
neuen Direktor auch wieder angelegt, nicht zuletzt deswegen,
weil er gegen dessen Wunsch und Willen sein Amt als Fach-
bereichsleiter niedergelegt hatte. „Vom Chef wurde die Abgabe
als Niederlegung des Amtes eines Ministers angesehen", der
neue Direktor habe ihm zu verstehen gegeben, daß er seiner
Auffassung nach pflichtvergessen gehandelt habe.

Unser Patient fühlt sich dem Druck der neuen Schulleitung
ausgesetzt, was sich u. a. auch in der Verpflichtung zu vermehrten Unterrichtsstunden ausdrücke. Er steht unter erheblicher
Angstspannung, weil er sich jetzt in der linken Gruppe zu
schroff verhalten haben könnte und sich bereits wieder mit dem
neuen Chef angelegt hat. Zur auslösenden Konfliktsituation
gehört auch noch, daß er seit zwei Jahren in analytischer Einzeltherapie steht, in der es seit einiger Zeit auch nicht weitergeht.
Der überweisende Kollege schreibt: „Seit etwa einem Jahr un-
lösbarer Übertragungskonflikt, kann nicht offen mit Vorwür-
fen und Kritik gegen mich herauskommen, stattdessen zuneh-
mende Selbstschädigungen in der Realität und im Beruf, aus-
geprägter masochistischer Triumph und negative therapeutische
Reaktion."

Folgende Merkmale sprechen für die Indikation zu einer
Kurztherapie, in diesem Falle zu einer Kurztherapie innerhalb
einer psychotherapeutischen Klinik:

— Zumindest *ein* Konfliktherd in der Symptom-auslösenden
bzw. Symptom-intensivierenden Situation ist dem Patienten
im Ansatz bewußt: seine Auflehnung gegen die jeweilige
Schulleitung, überhaupt gegen jede väterliche Autorität; er
hatte zunächst gedacht, sein Protest richte sich nur gegen den
Rechtsdrall des früheren Direktors; er ist aber jetzt aufgrund

der Evidenz der Tatsachen selbst mehr oder minder davon überzeugt, daß seine umstürzlerischen Tendenzen relativ wenig mit der politischen Richtung der einschlägigen Autorität zu tun haben: Mit dem eindeutig links-orientierten Direktor hat er sich genauso angelegt, und in der ihrer Art nach unpolitischen Situation einer Psychoanalyse kommt es zu ganz ähnlichen Schwierigkeiten; nur zeigt sich hier, eher als die andere Seite der Ambivalenz, seine Übergefügigkeit und Unterwerfungsbereitschaft.

— Der Patient ist von der seelischen Bedingtheit seiner Störungen überzeugt.

— Es besteht kein sekundärer Krankheitsgewinn, vielmehr kommt der Patient mit stärkerer Angst, also mit wirklichem Leidensgefühl in die Therapie.

— Der Patient ist prinzipiell berufs- und erwerbsfähig, soll nur vorübergehend „aus dem Verkehr gezogen werden" — dies ist eine Indikation zur *klinischen* Psychotherapie: neben einer bestimmten Psychotherapieform ist die Schutz- und Schonfunktion einer psychotherapeutischen Klinik notwendig, wenn es bei der ambulanten Psychotherapie zu schweren Krisen kommt oder wenn der Patient sich in der sozialen Realität durch sein Verhalten schaden würde.

— Es besteht Fokalisierbarkeit, d. h. der Patient ist befähigt, mit dem Therapeuten zusammen einen umschriebenen und aktuellen, die Symptomatik unterhaltenden Konflikt aufzuspüren.

Zur psychodynamischen Formulierung:

Der Patient befindet sich habituell in einem Vater-Konflikt der Art, daß er, in interpersoneller Sicht, zwischen Rebellion und Revolution auf der einen Seite und Unterwürfigkeit und Übergefügigkeit auf der anderen Seite gegenüber Autoritätspersonen als Vater-Substituten hin- und herschwankt. Unter innerseelischem Aspekt hat er sich einerseits sehr stark mit dem väterlichen restriktiv sadistischen Über-Ich identifiziert, er neigt sehr stark zu Selbstvorwürfen immer dann, wenn er, wie er meint, nicht genügend leistet (der Vater war übrigens auch Lehrer), auf der anderen Seite protestiert er gegen das restriktive väterliche Über-Ich durch häufiges Gammeln und Trödeln.

Dem Einzeltherapeuten gegenüber war er in einer Einstellung steckengeblieben, in der sich Protest und Vorwürfe wegen dessen angeblich starrer Haltung und starke Anlehnung (jede Interpretation des Therapeuten erlebte er auch als sehr starke und zwingende Orientierungshilfe) die Waage hielten. Zum Thema des Fokus:

Das vom Therapeuten dem Patienten vorgeschlagene Thema hieß: „Rebellion und Unterwürfigkeit — zwei Seiten meiner Einstellung zur Autorität."

Der Patient läßt sich auf dieses Thema ein, d. h. er schildert Beispiele aus seiner Beziehung zu Autoritäten als Zeichen dafür, daß er die Problematik verstanden hat. Es wurde mit ihm vereinbart, diesen Fokus zunächst drei Wochen lang mit einer Frequenz von zwei Sitzungen pro Woche, also für sechs Sitzungen zu bearbeiten, dann war eine Zwischenbilanz vorgesehen, nach der man weitersehen wollte.

In einer interaktionellen Stationsgruppe, an der der Patient teilnahm, zeigte sich die angedeutete Problematik ebenfalls sehr schnell: Er attackierte bereits in der ersten Sitzung die momentane Führungsperson dieser Gruppe, eine Frau; er warf ihr autoritäre Haltung vor und trachtete sehr schnell danach, sie zu entthronen. Als dies nicht so recht gelang, geriet er relativ bald in die Außenseiter-Position; er zog sich schweigend und deutlich gekränkt zurück. Seine Ambivalenz zwischen Protest und Übergehorsam kam auch in einem Brief an seinen Schulleiter hinsichtlich Benotungsfragen zum Ausdruck; auch nach zehnmaligem Entwurf gelang ihm dieses Schreiben deswegen nicht, weil er dauernd zwischen einem devoten und aufsässigen Ton hin- und herpendelte.

Das nach drei Wochen formulierte weitere Thema lautete:

„Wie kann ich mit meinem Protest und mit meinen Anlehnungsbedürfnissen gegenüber Vater-Figuren besser umgehen?"

Wenn die Arbeit am ersten Fokus bewirken sollte, daß er sich der genannten Ambivalenz noch bewußter wurde und ihre Wirksamkeit in den verschiedensten interpersonellen Beziehungen erfuhr, so war der zweite Fokus mehr darauf ausgerichtet, ihm zur Einübung neuer Verhaltensweisen zu verhelfen i. S. einer Äußerung von Protest und Kritik, wo es

angebracht war, auch i. S. der Anlehnung und des Sich-führen-
Lassens. ohne sich dabei selbst aufzugeben.

5. Zusammenfassung der prognostischen Kriterien

Eine Indikation zur analytischen oder analytisch orientierten
Kurztherapie ist dann gegeben:
— wenn die Symptom-auslösende Situation nicht länger als
  ein Jahr zurückliegt;
— wenn der Patient von der seelischen Bedingtheit oder Mit-
  bedingtheit seines Leidens überzeugt ist;
— wenn kein sekundärer Krankheitsgewinn vorliegt;
— wenn der „Leistungstest des Lebens" positiv ausfällt;
— wenn der Patient über die Fähigkeit zur fokussierenden Aufmerksamkeit verfügt;
— wenn der Patient sich auf eine Probedeutung des Therapeuten einläßt d. h. mit ihr zweifelnd oder fragend oder weiter-
  führend umgeht.

Literatur

Abraham, K.: Versuch einer Entwicklungsgeschichte der Libido auf
Grund der Psychoanalyse seelischer Störungen (1924). Psychoanaly-
tische Studien zur Charakterbildung. In: Conditio humana. S. 113—183.
S. Fischer.

Ackerman, N. W., Some structural problems in the relations of psychoanalysis and group psychotherapy. Int. J. Gr. Psychother. 4: 131—145
(1954).

—: Sympton, defense, and growth in group process. Int. J. Gr. Psychother.
11: 131—142 (1961).

Adler, A.: Über den nervösen Charakter. Verlag J. E. Bergmann, München 1928.

Adorno, Th. W. und Dirks, W.: Soziologische Exkurse. Europäische
Verlagsanstalt, Frankfurt 1956.

Alexander, F.: Psychoanalysis and psychotherapy. Norton and Company, New York 1956.

—: Psychoanalytic contribution to short-term psychotherapy. In: Short-
term psychotherapy, hrsg. von L. R. Wolberg. Grune and Stratton,
New York 1965.

Alexander, F. and French, Th. M.: Psychoanalytic therapy. The
Ronald Press Company, New York 1946.

Allport, G.: Personality. Constable and Co., London 1938.

Arendt, Hannah: Vita activa oder vom tätigen Leben. Kohlhammer-
Verlag, München 1960.

Argelander, H.: Die Analyse psychischer Prozesse in der Gruppe.
Psyche 17: 450—515 (1963/64).

—: Gruppenanalyse unter Anwendung des Strukturmodells. Psyche 22:
913—933 (1968).

—: Das Erstinterview in der Psychotherapie. Wissenschaftliche Buchgesell-
schaft, Darmstadt 1970.

Aronson, M. L.: Technical problems in combined therapy. Int. J. Gr.
Psychother. 14: 425—432 (Diskussionen von D. Cappon und Helene
Durkin, 1964),

Bach, G. R.: Observations on transference and object relations in the
light of group dynamics. Int. J. Gr. Psychother. 7: 74—76 (1967).

Bales, R. F.: The equilibrium problem in small groups. In: Working
papers in the theory of action, ed. T. Parsons, R. F. Bales, E. A.
Shiles, Free Press 1953.

Balint, M.: Der Arzt, sein Patient und die Krankheit. Ernst-Klett-Verlag,
Stuttgart 1957.

Bally, G.: Die Psychoanalyse Sigmund Freuds. In: Handbuch der Neurosenlehre und Psychotherapie, Bd. 3. Urban und Schwarzenberg, München-Berlin 1959.

B a t t e g a y , R.: Die Gruppe als Medium zur Behandlung Süchtiger. In: Analytische Gruppenpsychotherapie, hrsg. von H. P r e u s s . Urban und Schwarzenberg, München=Berlin=Wien 1966.

—: Der Mensch in der Gruppe. Bd. 2. Verlag Hans Huber, Bern und Stutt= gart 1967.

—: Gruppenpsychotherapie und ärztliche Praxis. Die Therapiewoche (1972).

B a u m e y e r , F.: Zur Symptomatologie und Genese der Agoraphobie. Z. psychosomat. Med. 6: 231—245 (1960).

B e c k , D.: Die Indikation zur psychoanalytischen Kurztherapie. Z. psy= chosomat. Med. 13: 257—265 (1967).

—: Die Kurztherapie. Verlag Hans Huber, Bern 1974.

B e e s e , F.: Indikation zur klinischen Psychotherapie, Fortschr. Med. 89 208—210 u. 234—238 (1971).

—: Indikation zur klinischen Psychotherapie. Th. Hau (Hrsg.) Klinische Psychotherapie in ihren Grundzügen. Hippokrates, Stuttgart und Vandenhoeck & Ruprecht, Göttingen 1975.

B e l l a k , L., M. H u r v i c h und H e l e n K. G e d i m a n : Ego func= tions in Schizophrenics, Neurotics and Normals. John Wiley and Sons, New York 1973.

B e n n i s , W. C.: Patterns and vicissitudes in T=Group development. In: T=Group theory and laboratory method, hrsg. von B r a d f o r d , G i b b u. B e n n e. John Wiley and Sons, New York-London-Sidney 1964.

B e r a n , Marianne: Combined individual and group therapy within a hospital team set=up. Int. J. Gr. Psychother. 11: 313—318 (1961).

B i o n , W. R.: Experiences in groups. Tavistock Publications 1961.

B l a s i u s , W.: Die Klagessche Lehre als Ergänzung. In: Hestia, Erste Jah= resausgabe der Klages=Gesellschaft (1963/64).

B r o d y , M.: Clinical manifestations of ambivalence. Psychoanal. Quart. 25: 505—514 (1956).

B r o d y , S.: Bioenergetics and growth. Reinhold Publication Corp., New York 1945.

B ü h l e r , Charlotte: Der menschliche Lebenslauf als psychologisches Pro= blem. Verlag für Psychologie Dr. Hogrefe, Göttingen 1959.

B ü h l e r , K.: Kindheit und Jugend. Hirzel, Leipzig 1930.

B u m k e , O.: Lehrbuch der Geisteskrankheiten. Verlag J. H. Bergmann, München 1942.

C a r u s o , L.: Prolegomena eines Seminars über psychoanalytische Tech= nik. Im Manuskript (1964).

C l a r k , D. H.: Administrative therapy. Tavistock Publications 1964.

C o l b y , K. M.: An Introduction to Psychoanalytic Research. Basic Books, New York 1960.

C o o l y , C. H.: Primary groups. In: Small groups, hrsg. von H a r e , B o r g a t t a and B a l e s. Alfred Knopf, New York 1955.

C o u l t r e , R. Le: Probleme bei der Behandlung des Narzißmus (unver-
öffentlicht, übersetzt von K. Klüwer). Amsterdam 1948.

D e r b o l o w s k y , U.: Gruppenarbeit unter dem Gesichtspunkt der Freud-
schen Abstinenzregel. Gruppenpsychotherapie und Gruppendynamik 2:
96–103 (1968).

D ü h r s s e n , Annemarie: Psychopathie und Neurose. Psyche 3: 380–400
(1949).

—: Psychogene Erkrankungen bei Kindern und Jugendlichen, Verlag f. Medizinische Psychologie, Göttingen 1955.

—: Psychotherapie bei Kindern und Jugendlichen. Verlag f. Medizinische
Psychologie, Göttingen 1960.

—: Katamnestische Ergebnisse bei 1004 Patienten nach analytischer Psychotherapie. Z. psychosomat. Med. 8: 94–113 (1962).

—: Katamnestische Untersuchungen bei 150 Kindern und Jugendlichen nach
analytischer Psychotherapie. Praxis Kinderpsychol. 12: 241–255 (1964).

—: Möglichkeiten und Probleme der Kurztherapie. Z. psychosomat. Med.
15: 229–238 (1969).

—: Analytische Psychotherapie in Theorie, Praxis und Ergebnissen. Verlag für Medizinische Psychologie, Göttingen 1972.

D u m o n t , M. P. und C h r i s t , J.: Gruppenpsychotherapie mit schizophrenen Patienten. In: Analytische Gruppenpsychotherapie, hrsg. von
H. P r e u s s . Urban u. Schwarzenberg, München-Berlin-Wien 1966.

D u r k i n , Helen: Combined individual and group psychotherapy. Int.
J. Gr. Psychother. 14: 444–449 (1964).

E i s s l e r , K. R.: Remarks on some variations in psychoanalytic technique.
Int. J. Psychoanal. 36: 222 (1958).

E l h a r d t , S.: Diskussionsbeitrag zu „Möglichkeiten und Grenzen einer
psychosomatischen Klinik". In: Praxis der klinischen Psychotherapie,
hrsg. von H. P r e u s s . Urban und Schwarzenberg, München-Berlin
1965.

E n g l i s h , H. B. and E n g l i s h , Ava C.: A comprehensive dictionary
of psychological and psychoanalytical terms. Longmans 1958.

E n k e , H.: Möglichkeiten und Grenzen einer psychosomatischen Klinik.
In: Praxis der klinischen Psychotherapie, hrsg. von H. P r e u s s . Urban
u. Schwarzenberg, München-Berlin 1965.

—: Analytisch-orientierte, stationäre Gruppenpsychotherapie und das psychoanalytische Abstinenzprinzip. Gruppenpsychotherapie und Gruppendynamik 1: 28–40 (1968).

E r i k s o n , E. H.: Insight and responsibility. Norton and Company, New
York 1964.

E r n s t , K., K i n d , H. und R o t a c h - F u c h s , M.: Ergebnisse der Verlaufsforschung bei Neurosen. Springer, Berlin-Heidelberg-New York
1968.

E z r i e l , H.: A psychoanalytical approach to group treatment. Brit. J. Medical Psychology 23: 59—74 (1950).

—: A psychoanalytic approach to the treatment of patients in groups. J. Mental Science 96: 774—779 (1950).

—: Notes on psychoanalytic group therapy: Interpretation and research. Psychiatry 15: 119—126 (1952).

—: Experimentation within the psychoanalytic session. Brit. J. f. Philosophy of Science 7: 29—48 (1956).

—: The role of transference in psychoanalytic and other approaches to group treatment. Acta psychother. 7: 101—116 (1959).

F e n i c h e l , O.: The psychoanalytic theory of neurosis. Routledge and Kegan Paul, London 1955.

F l e m i n g , Joan: What analytic work requires of an analyst. J. Amer. psychoanal. Ass. 9: 719—729 (1961).

F o u l k e s , S. H.: On group analytic psychotherapy. In: Gruppenpsychotherapie, hrsg. von R. S c h i n d l e r , P. B e r n e r , H. S t r o t z k a. Bd. 2. Verlag der Wiener Medizinischen Akademie, 1968.

F o u l k e s , S. H. and A n t h o n y , E. J.: Therapeutic group analysis. Allen and Unwin, London 1964.

—: Group psychotherapy. 2. Aufl. Penguin Books, 1965.

F o x , R.: Gruppenpsychotherapie mit Alkoholikern. In: Analytische Gruppenpsychotherapie, hrsg. von H. P r e u s s. Urban u. Schwarzenberg, München=Berlin=Wien 1966.

F r e e d m a n , B. M. and S w e e t , S. B.: Some specific features of group psychotherapy and their implications for selection of patients. Int. J. Gr. Psychother. 4: 355—368 (1954).

F r e n c h , Th. M.: The integration of behavior. Vols. I u. II. University of Chicago Press, Chicago 1952.

F r e u d , Anna: Das Ich und die Abwehrmechanismen. Imago Publishing Co., London 1946.

—: Einführung in die Technik der Kinderanalyse. Imago Publishing Co., London 1949.

F r e u d , S.: Das Ich und das Es (1923), In: Ges. Werke. Bd. 13. Imago Publishing Co., London 1940.

—: Neue Folge der Vorlesungen zur Einführung in die Psychoanalyse (1933). In: Ges. Werke, Bd. 15. Imago Publishing Co., London 1940.

—: Vorlesungen zur Einführung in die Psychoanalyse (1917). In: Ges. Werke, Bd. 11 Imago Publishing Co., London 1940.

—: Bruchstück einer Hysterie=Analyse (1905): In: Ges. Werke, Bd. 5. Imago Publishing Co., London 1942.

—: Drei Abhandlungen zur Sexualtheorie (1905). In: Ges. Werke, Bd. 5. Imago Publishing Co., London 1942.

—: Zur Einleitung der Behandlung (1913). In: Ges. Werke, Bd. 8. Imago Publishing Co., London 1943.

—: Ratschläge für den Arzt bei der psychoanalytischen Behandlung (1912). Ges. Werke, Bd. 8. Imago Publishing Co., London 1943.

—: Bemerkungen über die Übertragungsliebe (1915). In: Ges. Werke, Bd. 10. Imago Publishing Co., London 1946.

—: Einige Charaktertypen aus der psychoanalytischen Arbeit (1915). In: Ges. Werke, Bd. 10. Imago Publishing Co., London 1946.

—: Bemerkungen über einen Fall von Zwangsneurose (1909). In: Ges. Werke, Bd. 7. Imago Publishing Co., London 1947.

—: Wege der psychoanalytischen Therapie (1918). In: Ges. Werke, Bd. 12. Imago Publishing Co., London 1947.

—: Vorlesungen zur Einführung in die Psychoanalyse (1917). In: Ges. Werke Bd. 11. S. 430. Imago Publishing Co., London 1948.

—: Hemmung, Symptom und Angst (1926). In: Ges. Werke, Bd. 14. Imago Publishing Co., London 1948.

—: Die endliche und die unendliche Analyse (1937). In: Ges. Werke, Bd. 16. Imago Publishing Co., London 1950.

—: Massenpsychologie und Ich-Analyse (1921). Ges. Werke, Bd. 13, S. 73—161, Imago Publishing Co., London 1955.

—: Die Verdrängung. In: Die Traumdeutung (1900). Ges. Werke Bd. 2/3, S. 593—614, Imago Publishing Co., London 1958.

Fromm, E.: Man for himself. Routledge and Kegan Paul, London 1950.

—: The art of loving. Harper and Row, New York 1956.

—: The sane society. Routledge and Kegan Paul, London 1956.

—: The heart of man. Harper and Row, New York-Evanston-London 1964.

Fromm-Reichmann, Frieda: Principles of intensive psychotherapy. The University of Chicago Press, Chicago 1950.

Fuchs-Kamp, Adelheid: Jugendliche Fortläufer und Diebe. Praxis Kinderpsychol. 1: 109, 133, 177 (1952).

Gebsattel, V. von: Die anankastische Fehlhaltung. In: Handbuch der Neurosenlehre und Psychotherapie, Bd. 2. Urban und Schwarzenberg, München-Berlin 1959.

Gehlen, A.: Der Mensch. Athenäum-Verlag, Bonn 1955.

Gerson, W.: Zur Frage der Unerziehbarkeit. Die Sammlung (März 1954).

—: Probleme der Jugendkriminalität und Jugendgerichtsbarkeit. In: Handbuch der Erziehungsberatung, Ernst-Reinhardt-Verlag, München-Basel 1964.

Glover, E.: The technique of psychoanalysis. Baillière, Tindall, and Cox, London 1955.

Görres, A.: Denkschrift zur Lage der ärztlichen Psychotherapie und der Psychosomatischen Medizin. Franz Steiner Verlag, Wiesbaden 1964.

Greenacre, Phyllis: Problems of training analysis. Psychoanal. Quart. 35: 540—567 (1966).

—: The role of transference: Practical considerations in relation to psychoanalytic therapy. J. Amer. Psychoanal. 2: 671—684 (1954).

Greenson, R. R.: The technique and practice of psychoanalysis. International Universities Press, New York 1967.

Grinberg, L.: Projectice identification and projective counteridentification in the dynamics of groups. In: L. R. Wolberg und E. K. Schwartz (Hrsg.), Group therapy 1973. Intercontinental Medical Book Corp., New York 1973.

Grinberg, L., Langer, M. and Rodrigué, E.: Psychoanalytische Gruppentherapie. Ernst-Klett-Verlag, Stuttgart 1960.

Grotjahn, M.: Diskussion zu Kubie, S. L.: Some theoretical concepts underlying the relationship between individual and group psychotherapies. Int. J. Gr. Psychother. 8: 25–30 (1958).

—: Psychoanalysis and the family neurosis. Norton and Company, New York 1960.

Hadden, S. B.: Gruppenpsychotherapie mit Homosexuellen. In: Analytische Gruppenpsychotherapie, hrsg. von H. Preuss. Urban u. Schwarzenberg, München=Berlin=Wien 1966.

Hagspihl, K.: Das Besitzproblem im auslösenden Konflikt bei Magen=Darmerkrankungen. Z. psychosomat. Med. 1: 21–28 (1954).

Hartmann, H.: Ich=Psychologie und Anpassungsproblem. Ernst=Klett=Verlag, Stuttgart 1970.

Hau, T.: Stationäre Psychotherapie: Ihre Indikationen und ihre Anforderungen an die psychoanalytische Technik. Z. Psychosomat. Med. 14: 116–120 (1968).

—: Indikation der psychotherapeutischen Behandlungsmethoden nach dem Befund. Th. Hau (Hrsg.), Klinische Psychotherapie in ihren Grundzügen. Hippokrates, Stuttgart und Vandenhoeck & Ruprecht, Göttingen 1975.

Havighurst, R. J.: Older people. Longmans, Green and Co., New York 1953.

Heigl, F.: Vergleichende Betrachtung der prognostischen Faktoren bei Schultz=Hencke und Alexander. Z. psychosomat. Med. 4: 108–114 (1958).

—: Über Bedeutung und Handhabung der Gegenübertragung. Z. psychosomat. Med. 6: 110–123 (1960).

—: Ein prognostisch entscheidender Charakterzug bei verwahrlosten Jugendlichen. Praxis Kinderpsychol. 11: 197–201 (1962).

—: Die analytische Psychotherapie im Heim. Jubiläumsschrift des Niedersächsischen Landesjugendheimes, pp. 39–52 (Göttingen 1962).

—: Die analytische Gruppenpsychotherapie im Heim. Praxis Kinderpsychol. 12: 115–122 (1963).

—: Über eine spezielle Gegenübertragungsreaktion in der psychoanalytischen Behandlung. Z. psychosomat. Med. 8: 41–50 (1963).

—: Gemeinsamkeiten der Neurosenlehren von E. Fromm, K. Horney und H. Schultz=Hencke, verglichen mit der Psychoanalyse S. Freuds. In: Fortschritte der Psychoanalyse, Bd. 1. Verlag f. Psychologie Dr. Hogrefe, Göttingen 1964.

—: Persönlichkeitsstruktur und Prognose. Z. psychosomat. Med. 10: 102—114 (1964).

—: Die analytische Gruppenpsychotherapie im Heim. Indikation und Prognose I—III. Praxis Kinderpsychol. 12: 115—122 (1963) und 13: 113—116 (1964) und 14: 46—51 (1964).

—: Zur Toleranzgrenze. Z. psychosomat. Med. 11: 64—66 (1965).

—: Zur Handhabung der Gegenübertragung. In: Fortschritte der Psychoanalyse, Bd. 2: 124—140. Verlag f. Psychologie Dr. Hogrefe, Göttingen 1966.

—: Was ist wirksam in der psychoanalytischen Therapie. Z. psychosomat. Med. 12: 282—292 (1966).

—: Zum strukturellen Denken in der Psychoanalyse. In: Aspekte der Psychoanalyse, hrsg. von A. Schelkopf und S. Elhardt. Verlag f. medizin. Psychologie, Göttingen 1969.

—: Zur Psychodynamik der Lernstörungen. Z. psychosomat. Med. 15: 239—252 (1969).

—: Einige Gedanken zur Gruppendynamik. Z. psychosomat. Med 16: 80—98 (1970).

—: Indikation zur Psychotherapie. Nervenarzt 47: 217—224 (1976).

Heigl-Evers, Annelise: Die Gruppe unter soziodynamischem und antriebspsychologischem Aspekt. In: Analytische Gruppenpsychotherapie, hrsg. von H. Preuss. Urban und Schwarzenberg. Berlin-Wien 1966.

—: Einige psychogenetische und psychodynamische Zusammenhänge beim Krankheitsbild des endogenen Ekzems. Z. psychosomat. Med. 12: 163—178 (1966).

—: Gruppendynamik und die Position des Therapeuten. In: Klinische Praxis, hrsg. von K. Höck. VEB Gustav Fischer Verlag, Jena 1967.

—: Zur Frage der hysterischen Abwehrmechanismen, dargestellt an kasuistischem Material. Z. psychosomat. Med. 13: 116—130 (1967).

—: Zur Behandlungstechnik in der analytischen Gruppenpsychotherapie. Z. psychosomat. Med. 13: 266—276 (1967).

—: Rache als Gekränktheitsaggression. In: Fortschritte der Psychoanalyse, Bd. 3. Verlag f. Psychologie Dr. Hogrefe, Göttingen 1968.

—: Einige technische Prinzipien der analytischen Gruppenpsychotherapie. Z. psychosomat. Med. u. Psychoanal. 14: 282—291 (1968).

—: Zum sozialen Effekt klinischer analytischer Gruppenpsychotherapie. Psychother. Psychosom. 17: 50—62 (1969).

—: Konzepte der analytischen Gruppenpsychotherapie. Verlag für Med. Psychologie, Göttingen 1972 (2. neubearbeitete Auflage 1978).

Heigl-Evers, Annelise und Heigl, F.: Zum Problem der Einsamkeit in der Ehe und bei Unverheirateten. In: Einsamkeit in medizinisch-psychologischer, theologischer und soziologischer Sicht, hrsg. von W. Bitter. Ernst-Klett-Verlag, Stuttgart 1968.

—: Analytische Einzel- und Gruppenpsychotherapie: Differentia specifica. Gruppenpsychotherapie und Gruppendynamik. 2: 21—52 (1968).

—: Gesichtspunkte zur Indikationsstellung für die analytische Gruppen-psychotherapie. Gruppenpsychotherapie und Gruppendynamik 3: 179–198 (1970).

—: Gesichtspunkte zur Indikationsstellung für die kombinierte Einzel- und Gruppenpsychotherapie. Gruppenpsychotherapie und Gruppendynamik 4: 82–99 (1970).

—: Rolle und Interventionsstil des Gruppenpsychotherapeuten. Gruppen-psychotherapie und Gruppendynamik 5: 151–171 (1972).

—: Gruppentherapie: interaktionell-tiefenpsychologisch fundiert (analy-tisch orientiert) — psychoanalytisch. Gruppenpsychotherapie und Grup-pendynamik 7: 132–157 (1973).

—: Zur Kombination von analytischer Einzel- und Gruppenpsychotherapie. Gruppenpsychotherapie und Gruppendynamik 8: 97–121 (1974).

—: Ausbildung in der individuellen und Gruppenpsychotherapie. In: Psychiatrie der Gegenwart. Bd. III, Springer, Heidelberg 1975.

—: Zur tiefenpsychologisch fundierten oder analytisch orientierten Grup-penpsychotherapie des Göttinger Modells. Gruppenpsychotherapie und Gruppendynamik 9: 237–266 (1975).

—: Zum Konzept der unbewußten Phantasien in der psychoanalytischen Gruppenpsychotherapie des Göttinger Modells. Gruppenpsychotherapie und Gruppendynamik 11: 6–22 (1976).

H e i g l - E v e r s , Annelise, H e i g l , F. und M ü n c h , J.: Die therapeu-tische Kleingruppe in der Institution Klinik. Gruppenpsychotherapie und Gruppendynamik 10: 50–63 (1976).

H e i g l - E v e r s , Annelise und O. S c h u l t e - H e r b ü g g e n : Zur Geschichte der Gruppenpsychotherapie im Anglo-Amerikanischen Be-reich: Umrisse und Tendenzen. In: Handbuch der Ehe-, Familien- und Gruppentherapie, Bd. 1, hrsg. von J. S a g e r und Helen S i n g e r - K a p l a n (Ed. der dt. Ausg. Annelise H e i g l - E v e r s), Kindler, München 1973.

H e i m a n n , Paula: On countertransference. Int. J. Psa. 31: 81 (1950).

H o c h , P.: Short-term versus long-term therapy. In: Short-term psycho-therapy, hrsg. von L. R. W o l b e r g . Grune and Stratton, New York 1965.

H o f s t ä t t e r , P. R.: Gruppendynamik. 6. Aufl. Rowohlt, Hamburg 1964.

H o l l i n g s h e a d , A. B. and R e d l i c h , F. C.: Social class and mental illness: A community study. John Wiley and Sons, New York 1958.

H o m a n s , G. C.: Theorie der sozialen Gruppe. Westdeutscher Verlag, Köln und Opladen 1960.

H o p m a n n , W.: Zur Aetiologie, Vorbeugung und Behandlung der Ju-gendverwahrlosung. Praxis Kinderpsychol. 5: 87 u. 119 (1956).

H o r n e y , Karen: Neurosis and Human Growth. Routledge and Kegan Paul, London 1951.

J a f f e , J. and C r o w l e y . R. M.: Implicit sociological criteria in the selection of psychoanalytic patients. From the Research Division, Low Cost Clinical Services of the William Alanson White Institute of Psychiatry, Psychoanalysis and Psychology. New York 1959.

J o n e s , E.: Rationalization in everyday life. Papers on Psychoanalysis. Wood and Co., New York 1913.

J o n e s , M.: The therapeutic community. Basic Books, New York 1953.

—: Beyond the therapeutic Community. Yale University Press, 1968.

K a d i s , A. L., K r a s n e r , J. D., W i n n i c k , Ch., and F o u l k e s . S. H.: A practicum of group psychotherapy. Harper and Row, New York 1963.

K a h n , R. L., P o l l a c k , M. and F i n k , M.: Sociopsychologic aspects of psychiatric treatment in a Voluntary Mental Hospital. A.M.A. Arch. gen. Psychiat. 1: 565–574 (1959).

K e l m a n , H. C.: The role of the group in the induction of therapeutic change. Int. J. Gr. Psychother. 13: 399–451 (1963).

K e m p e r , W.: Die Gegenübertragung. Psyche 7: 593–626 (1953/54.)

—: Grundregeln für die psychotherapeutische Praxis. In: Handbuch der Neurosenlehre und Psychotherapie. München-Berlin 1959.

—: Das Problem der Gleichzeitigkeit von Individual= und Gruppen=analyse. Psyche 18: 314–320 (1964/65).

K i l i a n , H.: Der LSD=Rausch als Hilfsmittel psychosomatischer For=schung. In: Praxis der klinischen Psychotherapie. München-Berlin 1965.

K l a p m a n , J. W.: An observation on the interrelationship of group and individual psychotherapy. J. Nerv. Ment. Dis. 101: 242–246 (1945).

K l e i n , Melanie: Psychoanalyse des Kindes. Internationaler psychoanaly=tischer Verlag, Wien 1932.

—: Some theoretical conclusions regarding the emotional life on the infant. In: Development of Psychoanalysis. Ed. Rivière. Hogarth, London 1952.

K l ü w e r , K.: Stationäre Psychotherapie bei jugendlichen Dissozialen. Z. f. Psychother. u. med. Psychol. 18: 3 (1968).

K n o b l o c h , F.: Das System einer gruppenzentrierten Psychotherapie der Neurosen. In: Gruppenpsychotherapie in Klinik und Praxis, hrsg. v. K. H ö c k. VEB Gustav-Fischer-Verlag, Jena 1967.

K ö h l e r , A.: „Statistische" Untersuchung einiger prognostischer Merk=male. Z. psychosomat. Med. 11: 137–146 (1965).

K ö n i g , K.: Die Risikobereitschaft des Patienten als prognostisches Kri=terium zur psychoanalytischen Behandlung. Z. Psychosomat. Psycho=anal. 20: 304–311 (1974 a).

—: Analytische Gruppenpsychotherapie in einer Klinik. Gruppenpsycho=therapie und Gruppendynamik 8: 260–279 (1974 b).

—: Der Einfluß des klinisch-psychotherapeutischen Settings auf die kon=fliktorientierte Behandlungsmotivation des Patienten. Psychother. med. Psychol. 25 103–108 (1975).

—: Normoplastische Interventionen in der konfliktorientierten Kurzthera=pie. Z. Psychosomat. Psychoanal. 21: 165–178 (1975).

K o h u t , H.: Die psychoanalytische Behandlung narzißtischer Persönlich=keitsstörungen. Psyche 23: 321–348 (1969).

—: Narzismuß. Suhrkamp, Frankfurt 1973.

K r i s , E.: Psychoanalytic explorations in art. International Universities Press, 1936.

K ü h n e l , G.: Die Indikation zur klinischen Psychotherapie bei psycho=
somatischen Erkrankungen. In: Analytische Psychotherapie und Erzie=
hungshilfe, Kongreßbericht. Elwert und Meurer, Berlin 1952.

K ü n z e l , E.: Kombinierte Einzel= und Gruppentherapie bei konfliktge=
störten Jugendlichen. In: Gruppenpsychotherapie und Gruppendyna=
mik. 2: 153—165 (1968).

—: Jugendkriminalität und Verwahrlosung. Verlag f. Medizinische Psycho=
logie, Göttingen 1968.

K u t t e r , P.: Aspekte der Gruppentherapie. Psyche 24: 721—738 (1970).

—: Übertragung und Prozeß in der psychoanalytischen Gruppentherapie.
Psyche 25: 856—873 (1971).

—: Methoden psychoanalytischer Gruppenarbeit, I. u. II. Zeitschr. für
Psychother. u. med. Psychol. 23: 15—23, 51—54 (1973).

L a g a c h e , D. Some aspects of transference. Int. J. Psychoanal. 34:
1—10 (1953).

L a n g e n , D.: Indikation und Prognose in der klinischen Psychotherapie.
Z. psychosomat. Med. 12: 128—131 (1966).

L e r s c h , P.: Der Aufbau der Person. Johann Ambrosius Barth, München
1964.

L e u n e r , H. und H o l f e l d , H.: Ergebnisse und Probleme der Psycho=
therapie mit Hilfe von LSD=25 und verwandten Substanzen. Psychiatr.
Neurol. 143: 379—391 (1962).

L e w i n , K.: Frontiers in group dynamics: Concept, method, and reality
in social science: Social equilibria and social change. Human Rela=
tions I, pp 5—41 (1947).

—: Feldtheorie in den Sozialwissenschaften (Field theory in social science,
1951). Verlag Hans Huber, Bern=Stuttgart 1963.

L i e b e r m a n n , M. A., M. L a k i n und Dorothy S t o c k - W h i t -
a k e r : Problems and potentials of psychoanalytic and group-dynamic
theories for group psychotherapy. Int. J. Gr. Psychother. 19: 131—141
(1969).

L o c h , W.: Biologische und gesellschaftliche Faktoren der Gewissensbil-
dung. Wege zum Menschen 14: 346—361 (1962); wieder abgedruckt
in: L o c h , W.: Zur Theorie, Technik und Therapie der Psychoanalyse,
S. 24—44, Fischer, Frankfurt 1972.

—: Psychoanalyse und Kausalitätsprinzip. Psyche 16: 401—419 (1962/63).

—: Übertragung — Gegenübertragung. Anmerkungen zur Theorie und
Praxis. Psyche 19: 1—23 (1965).

—: Über einige allgemeine Strukturmerkmale und Funktionen psychoanalytischer Deutungen. Psyche 20: 377—396 (1966).

L o c k e , N.: Group psychoanalysis: Theory and technique. International
Universities Press, New York 1961.

L o r a n d , S. and C o n s o l e , W.: Therapeutic results in psychoanalytic
treatment without fee. Int. J. Psychoanal. 39: 59—65 (1958).

L o r e n z , K.. Darwin hat recht gesehen. Opuscula 20. Verlag Günther
Neske, 1965.

L o w i n g e r , P. L. and D o b i e , Shirley: Attitudes and emotions of the psychiatrist in the initial interview. Amer. J. Psychother. 20: 17–34 (1966).

M a c L e n n a n , Beryce W.: Co=therapy. Int. J. Gr. Psychother. 15: 154–166 (1965).

M a h r , A.: Die Störungsprioritätsregel in TZI-Gruppen. Verl. f. Medizinische Psychologie i. Verl. Vandenhoeck & Ruprecht, Göttingen 1979.

M a l a n , D. H.: Psychoanalytische Kurztherapie. Huber und Klett=Verlag, Bern=Stuttgart 1965.

M e a d , G. H.: Mind, self and society (hrsg. v. C. H. M o r r i s), Chicago 1934 (dt. Ausg.: Geist, Identität und Gesellschaft, Frankfurt 1968).

M e r l , H.: Die Omega-Position in der analytischen Gruppe. Gruppenpsychotherapie und Gruppendynamik 1: 51–67 (1968).

M e u r s , J. H. van: De samenwerking tussen de sociaalpsychiaters en de gevestigde zenuvarts en buisarts. Voordrachtenveeks Ned. Ver. v. Psychiaters in dienstverband Nr. 1 (1962).

M e y e r , A.=E.: Probleme der Es=Ich=Überich=Gliederung. Psyche 23: 561–591 (1969).

M i t s c h e r l i c h : A.: Zur psychoanalytischen Auffassung psychosomatischer Krankheitsentstehung. Psyche 7: 561–578 (1953/54).

–: Auf dem Weg zur vaterlosen Gesellschaft. Piper und Co., München 1963.

M i t t e l m a n n , B.: The concurrent analysis of married couples. Psychoanal. Quart. 17: 182–197 (1948).

M o s e r , T.: Jugendkriminalität und Gesellschaftsstruktur. Suhrkamp Verlag, Frankfurt 1970.

N a c h t , S.: Variations in technique. Int. J. Psychoanal. 39: 235 (1958).

N u n b e r g , H.: Allgemeine Neurosenlehre. Verlag Hans Huber, Bern=Stuttgart 1959.

–: Practice and theory of psychoanalysis. Coolidge Foundation, New York 1948.

O p p e r m a n n , Ingeborg: Versuch einer Klärung des Begriffes „Ich=Stärke" unter besonderer Berücksichtigung der Interpretationen Freuds, Federns und Hartmanns. Im Manuskript (1964).

P a t z i g , G.: Über die Begründbarkeit moralischer Forderungen. In: Festschrift für Joseph Klein zum 70. Geburtstag. Vandenhoeck & Ruprecht, Göttingen 1967.

P i e c h a , W.: Die Lebensbewährung der als „unerziehbar" entlassenen Fürsorgezöglinge. Göttinger Rechtswissenschaftliche Studien, Bd. 27. Verlag Otto Schwartz und Co., Göttingen 1959.

P o h l e n , M.: Gruppenanalyse. Verlag für Med. Psychologie, Göttingen 1972.
P o w d e r m a k e r , Florence B. and F r a n k , J. D.: Group psychotherapy. Harvard University Press, Cambridge 1953.
P o w e r s , W. T., C l a r k , R. K., M a c F a r l a n d , R. J.: A general feed-back theory of human behavior. Perceptual and motor skills 11: 71—88 (1960).

Q u i n t , H.: Deutung und Interpretation in der psychoanalytischen Thera-pie. Z. psychosomat. Med. 7: 119—129 (1961).

R a c k e r , H.: The meanings and uses of countertransference. Psychoanal. Quart. 26: 303—257 (1957).
R a d o , S.: Psychoanalysis of behavior. Grune and Stratton, New York-London 1956.
—: Relationship of short-term psychotherapy to developmental stages of maturation and stages of treatment behavior. In: Short-term psycho-therapie, hrsg. von L. W. W o l b e r g. Grune and Stratton, New York 1965.
R a p a p o r t , D.: Die Struktur der psychoanalytischen Theorie. Ernst-Klett-Verlag, Stuttgart 1959.
R i c h t e r , H.-E.: Eltern, Kind und Neurose. Ernst-Klett-Verlag, Stuttgart 1963.
—: Patient Familie. Rowohlt, Hamburg 1970.
R i c k m a n , J.: The factor of number in individual and group dynamics (1950). In: Selected contributions to psychoanalysis. Basic Books, New York 1957.
R i e m a n n , F.: Die Struktur des Therapeuten und ihre Auswirkung in der Praxis. Psyche, Heidelberg 13: 150—159 (1959).
—: Erwartungen des frei praktizierenden Psychotherapeuten an eine Kli-nik. In: Praxis der klinischen Psychotherapie. Urban und Schwarzen-berg, München-Berlin 1965.

S a g e r , C. J.: Insight and interaction in combined therapy. Int. J. Gr. Psychother. 14: 403—412 (Diskussionen von T. Bieber, D. Cappon und Helen Durkin, 1964).
—: Transference in conjoint treatment of married couples. Arch. Gen. Psychiat. 16: 185—193 (1967).
S a l z m a n , L.: Developments in psychoanalysis. Grune and Stratton, New York-London 1962.
S a n d l e r , J., C. D a r e und A. H o l d e r : Die Grundbegriffe der psycho-analytischen Therapie. Klett, Stuttgart 1973.
S b a n d i , P.: „Feedback" im Sensitivity Training. In: Gruppenpsycho-therapie und Gruppendynamik 4: 17—32 (1970).

S c h e f l e n , A. E.: Communication and regulation in psychotherapy. Psychiatry 26: 126 (1963).

S c h e u n e r t , G.: Zum Problem der Gegenübertragung. Psyche 13: 574–593 (1959/60).

S c h i n d l e r , R.: Soziodynamik der Krankenstation. Zeitschrift f. diagnostische Psychologie. Sonderheft Gruppenpsychotherapie, hrsg. v. H. H i l t m a n n , K. H. W e l z e r und H. R. T e i r i c h , ²1957.

—: Grundprinzipien der Psychodynamik in der Gruppe. Psyche 11: 308–314 (1957/58).

—: Der soziodynamische Aspekt in der „bifokalen" Gruppentherapie. Acta Psychother. 7: 207–219 (1959).

—: Über den wechselseitigen Einfluß von Gesprächsinhalt, Gruppenposition und Ichgestalt in der analytischen Gruppenpsychotherapie. Psyche 14: 382–392 (1960/61).

—: Der Gruppentherapeut und seine Position in der Gruppe. Praxis Psychother. 6: 1–8 (1961).

—: Personalisation in der Gruppe. In: Personalisation, hrsg. von E d e l · w e i s s , T a n c o D u q u e und S. S c h i n d l e r . Herder Verlag, Wien-Freiburg-Basel 1964.

S c h i n d l e r , W.: Family pattern in group formation and therapy. Int. J. Gr. Psychother. 1: 100–105 (1951).

—: Übertragung und Gegenübertragung in der „Familien"-Gruppentherapie. Praxis der Kinderpsychologie und Kinderpsychiatrie 4: 101–105 (1955).

—: Fraktionierte Selbsterfahrungsgruppen. Ernst-Klett-Verlag, Stuttgart 1969.

S c h n e i d e r , K.: Die psychopathischen Persönlichkeiten. Verlag Franz Deuticke, Wien 1943.

—: Psychopathie und Neurose. Paracelsus-Beiheft vom 13. Ärztetreffen in Kärnten, Mai 1961.

S c h o e c k , H.: Kleines soziologisches Wörterbuch. S. 320/21, Herder, Freiburg/Basel/Wien 1969.

S c h u l t z , I. H.: Die seelische Krankenbehandlung. Gustav-Fischer-Verlag, Stuttgart 1958.

S c h u l t z - H e n c k e , H.: Schicksal und Neurose. Gustav-Fischer-Verlag, Jena 1931.

—: Lehrbuch der Traumanalyse. Georg Thieme Verlag, Stuttgart 1949.

—: Lehrbuch der analytischen Psychotherapie. Georg Thieme Verlag, Stuttgart 1951.

S c h u t z , W. C.: What makes groups productive. In: Human relations 8: 429–466 (1955).

S c h w i d d e r , W.: Zur sogenannten positiven und negativen Übertragung in der analytischen Psychotherapie. Acta psychother. 5: 54–62 (1957).

—: Diagnose, Prognose und differentielle Indikation in der klinischen Psychotherapie. In: Aktuelle Psychotherapie. J. F. Lehmann Verlag, München 1958.

—: Grundsätzliches zur Entstehung psychosomatischer Krankheitssymptome. Z. psychosomat. Med. 5: 238—245 (1959).

—: Neopsychoanalyse (Harald Schultz-Hencke). In: Handbuch der Neurosenlehre und Psychotherapie. Urban und Schwarzenberg, München und Berlin 1959.

—: Einleitung der psychoanalytischen Behandlung. Z. psychosomat. Med. 6: 201—210 (1960).

—: Alles über Dein Kind. Hrsg. von W. H o f m e i e r , W. S c h w i d d e r , F. M ü l l e r . Verlag Ernst und Werner Gieseking, Bielefeld 1961.

—: Erfahrungen mit klinischer Psychotherapie. Vortrag gehalten auf der 4. Ärztlichen Fortbildungstagung des Landschaftsverbandes Rheinland (1962).

—: Zur Bedeutung des Vaters bei der Entstehung und Behandlung von Neurosen. Praxis Kinderpsychol. 16: 193—202 (1967).

S l a v s o n , S. R.: Analytic Group Psychotherapy. Columbia Univ. Press, New York 1950.

—: Some problems in group psychotherapy as seen by private practitioners. Int. J. Gr. Psychother. 2: 54—66 (1952).

—: A contribution to a systematic theory of group psychotherapy. Int. J. Gr. Psychother. 6: 3—29 (1954).

S p e r l i n g , E.: Funktion und Struktur eines studentischen Gesundheitsdienstes. In: Confin. psychiat. 11: 43—50 (1968).

S p i t z , R. A.: Nein und Ja. Die Ursprünge der menschlichen Kommunikation. (Engl. Ausgabe: No and Yes, 1957), Klett, Stuttgart 1959.

S t e i n , A.: The nature of transference in combined therapy. Int. J. Gr. Psychother. 14: 413—424 (Diskussionen von T. Bieber und Helen Durkin, 1964).

S t o c k W h i t a k e r , Dorothy and L i e b e r m a n , M. A.: Psychotherapy through the group process. Tavistock Publications, London 1965.

S t o n e , L.: The widening scope of indications for psychoanalysis. J. Amer. Psa. Assoc. 2: 567—594 (1954).

S u l l i v a n , H. St.: The interpersonal theory of psychiatry. Tavistock Publications, London 1955.

T h o m a e , H.: Anorexia nervosa. Huber und Klett-Verlag, Bern-Stuttgart 1961.

V a e s s e n , M. L. J.: Kriterien für die Indikation zur Psychotherapie. Z. psychsomat. Med. 10: 198—209 (1964).

W a e l d e r , R.: Die Grundlagen der Psychoanalyse. Huber und Klett-Verlag, Bern-Stuttgart 1963.

W a l d h o r n , H.: Assessment of analyzability. Psychoanal. Quart. 29: 478—506 (1960).

276 Literatur

W e i z s ä c k e r, C. F. **v o n** : Der Garten des Menschlichen. S. 272. Carl Hanser Verlag, München/Wien 1977.

W e s i a c k, W.: Grundzüge der psychosomatischen Medizin. Verlag C. H. Beck, München 1974.

W h i t m a n, R. M. Psychodynamische Prinzipien der T-Gruppenprozesse. In: Gruppen-Training, T-Gruppentheorie und Laboratoriumsmethode, hrsg. v. L. P. **B a d f o r d**, J. R. **G i b b** und K. D. **B e n n e**. (Amerik. Original 1964), Klett, Stuttgart 1972.

W i e g m a n n, H.: Besondere Umstände analytischer Therapie bei stationärer Neurosenbehandlung. In: Analytische Psychotherapie und Erziehungshilfe, Kongreßbericht. Elwert und Meurer, Berlin 1952.

–: Grundlagen korrekter Neurosenbeurteilung. Z. psychosomat. Med. 1: 206–210 und 294–307 (1954/55).

–: Der Neurotiker in der Klinik. Verlag für Medizinische Psychologie, Göttingen 1968.

W i t t i c h, G. H. und **K l u g**, K.: Die Bedeutung homogener Gruppen für das Verständnis und die Behandlung der Colitis ulcerosa. Gruppenpsychotherapie und Gruppendynamik 2: 166–174 (1968).

W o l b e r g, L. R.: Short=term psychotherapy. Grune and Stratton, New York 1965.

W o l f, A. und **S c h w a r t z**, E. K.: Psychoanalysis in groups. Grune and Stratton, New York=London 1962.

Z a n d e r, W.: Spezielle Überlegungen zur kombinierten Behandlung (Einzel- und Gruppentherapie) aufgrund von Erfahrungen mit einer Demonstrationsgruppe. Gruppenpsychotherapie und Gruppendynamik 8: 122–130 (1974).

Z a u n e r, J.: Berufliche Wiedereingliederung durch klinische Psychotherapie. Psychother. Psychosom. 17: 63–72 (1969).

–: Analytische Psychotherapie und soziales Lernen in Klinik und Heim. Praxis Kinderpsychol. 21: 166–170 (1972).

–: Analytische Kindertherapie in der Klinik. T h. **H a u** (Hrsg.) Klinische Psychotherapie in ihren Grundzügen. Hippokrates, Stuttgart und Vandenhoeck & Ruprecht, Göttingen 1975.

Z u i t h o f f, D.: Bevolkingsgroep en geestestoornissen. Voordrachtenreeks Ned. Ver. v. Psychiaters in dienstverband Nr. 1 (1959).

Z u l l i g e r, H.: Bausteine zur Kinderpsychotherapie. Verlag Hans Huber, Bern=Stuttgart 1957.

Namenregister

Abraham, K. 137
Ackerman, N. W. 186, 193
Adler, A. 30, 31, 103
Adorno, Th. W. 107
Aichhorn, A. 20
Alexander, F. 53, 54, 58, 63, 64, 66, 69, 77, 83, 86, 122, 132, 133, 145, 149, 250, 255
Allport, G. 76
Anthony, E. J. 152, 153, 179, 189, 204
Arendt, H. 154, 158, 166, 203
Argelander, H. 11, 146, 153, 170, 171, 172, 180, 189, 204
Aronson, M. L. 226

Bach, G. R. 151, 158
Bales, R. F. 151
Balint, M. 16, 146, 243
Bally, G. 167
Battegay, R. 191, 197
Baumeyer, F. 24
Beck, D. 250, 253, 254
Beese, F. 244
Bellak, L. 136, 138, 139
Bennis, W. C. 150
Bion, W. R. 152, 159, 162, 171, 179, 180, 189, 204
Blasius, W. 76
Bleuler, M. 104
Brody, M. 104
Brody, S. 76
Bühler, Ch. 64, 76, 144
Bühler, K. 139
Bumke, O. 19

Caruso, L. 22, 29, 63, 65, 69, 97, 132, 133
Christ, J. 191
Colby 12
Coultre, R. Le 164
Cremerius, J. 12

Derbolowski, V. 176
Dirks, W. 107
Dührssen, A. 17, 19, 45, 59, 65, 71, 72, 73, 74, 75, 82, 141, 143, 257
Dumont, M. P. 191

Elhardt, S. 230, 236
English, A. C. 193
English, H. B. 193
Enke, H. 152
Ernst, K. 12
Ezriel, H. 152, 173, 174, 179, 181, 189, 204

Fairbairn 171
Fenichel, O. 28, 89
Fleming, J. 138
Foulkes, S. H. 151, 152, 153, 158, 170, 171, 179, 181, 182, 183, 189, 191, 194, 196, 204
Fox, R. 191
Frank, J. D. 174
Freedman, B. M. 156
French, Th. M. 64, 201, 250
Freud, A. 65, 86, 87, 96, 136, 164, 166
Freud, S. 12, 14, 25, 28, 29, 31, 38, 40, 66, 84, 85, 86, 90, 91, 93, 95, 96, 97, 99, 102, 104, 112, 117, 126, 136, 137, 138, 142, 149, 167, 175, 182, 203, 242
Fromm, E. 12, 57, 58, 65, 70, 75, 99, 114, 115
Fromm-Reichmann, F. 93
Fuchs-Kamp, A. 19

Gebsattel, V. von 167
Gehlen, A. 35
Gerson, W. 20, 72, 74
Glover, E. 88, 89
Görres, A. 10
Greenacre, Ph. 219, 223

Greenson, R. R. 207, 219, 221, 223, 224
Grinberg, L. 153, 171, 172, 174, 179, 180, 181, 182, 186, 189, 204, 205
Grotjahn, M. 60

Hadden, S. B. 191
Hagspihl, K. 47
Hartmann, H. 95, 136, 138
Hau, Th. 245
Havinghurst, R. J. 64
Heigl, F. 16, 19, 81, 82, 83, 84, 99, 107, 115, 116, 120, 125, 141, 142, 143, 146, 154, 167, 168, 170, 171, 175, 180, 181, 182, 183, 186, 188, 191, 193, 195, 200, 204, 205, 213, 223, 229, 232, 233, 246
Heigl-Evers, A. 114, 118, 141, 152, 153, 159, 160, 162, 163, 165, 166, 167, 168, 169, 170, 171, 179, 181, 185, 186, 187, 188, 189, 193, 198, 200, 204, 205, 211, 213, 223, 229, 233, 246
Heimann, P. 180
Hofstätter, P. R. 151, 154, 172, 218
Homans, G. C. 192
Hopmann, W. 19
Horney, K. 12, 23, 38, 40, 56, 99, 102, 104, 105, 108, 114, 115, 118, 119, 120

Jones, E. 29

Kadis, A. L. 182
Kelman, H. C. 188, 189, 191
Kemper, W. 17, 180
Klein, M. 65, 171
Klüwer, K. 164
Klug, K. 192
Knobloch, F. 197, 198
Köhler, A. 60, 62, 64, 147
König, K. 229, 230, 239, 244
Kohut, H. 95, 96, 206, 207, 217
Kretschmer, E. 75
Kris, E. 137
Künzel, E. 19, 164
Kutter, P. 204

Lagache, D. 171
Langen, D. 230, 236
Langer, M. 153, 171, 172, 204
Lersch, P. 75
Lewin, K. 151, 192
Lieberman, M. A. 151, 152, 171, 174, 175, 176, 181, 188, 189, 190, 191, 194, 195, 204, 205
Loch, W. 201, 206, 219
Locke, N. 170, 204
Lorenz, K. 48

Mac Lennan, B. W. 177, 178
Mahr, A. 233
Malan, D. H. 250, 252, 253, 255
Mead, G. H. 202
Meurs, van J. H. 54
Meyer, A. E. 27, 82, 112, 132
Mitscherlich, A. 23, 49, 157
Mittelmann, B. 60
Moser, T. 19
Münch, J. 233

Nerenz 232, 233
Nietzsche, F. 85
Nunberg, H. 86, 87, 88

Piecha, W. 72
Pohlen, M. 204
Powdermaker, F. B. 174

Racker, H. 179, 180
Rado, S. 12, 96, 102, 111, 117, 120, 121, 125, 126, 127
Rapaport, D. 81, 95, 148, 149
Reimers 239
Richter, H.-E. 49, 60, 95, 101
Rickmann, J. 171
Riemann, F. 146, 230, 237
Rodrigué, E. 153, 171, 172, 204

Sager, C. J. 173
Salzman, L. 87
Scheunert, G. 146
Schindler, R. 181, 187, 189, 198, 204, 211
Schindler, W. 153, 171, 191, 196, 204

Schneider, K. 72, 73, 74
Schultz, I. H. 30, 83
Schultz-Hencke, H. 12, 21, 29, 30,
  31, 32, 38, 45, 68, 69, 73, 74, 86, 87,
  99, 102, 103, 112, 119, 120, 128,
  144, 155, 183
Schwartz, E. K. 170, 204
Schwidder, W. 31, 33, 39, 45, 46, 49,
  101, 108, 125, 127, 128, 157, 239,
  240
Seiff, M. 25, 49, 74, 92
Slavson, S. R. 152, 204
Sperling, E. 183
Spitz, R. A. 209
Stock-Whitaker, D. 151, 152, 171,
  174, 175, 176, 177, 181, 188, 189,
  190, 191, 194, 195, 204
Stone, L. 146

Sullivan, H. St. 149, 156
Sweet, S. B. 157

Thomä, H. 24

Vaessen, M. L. J. 54, 62, 66

Waelder, R. 90, 91, 92
Waldhorn, H. 28, 82, 93, 95, 96, 97,
  98, 99, 129, 146, 187
Whitman 205
Wiegmann, H. 53, 62, 92, 239, 240
Wittich, G. H. 192
Wolf, A. 170, 204

Zander, W. 199
Zauner, J. 230, 231, 232, 235
Zuithoff, D. 54
Zulliger, H. 65

Sachregister

Abstinenzregel 154, 175
Abwehrform der Somatisierung 157
Abwehrmechanismen 138, 139, 141, 210, 211, 241
Abwehrmechanismus des Nicht-Ernst-Nehmens 166
adaptive Regression (Ich-Funktion) 137
Affektkontrolle 136
Agieren 219, 238, 244, 248
Alkoholismus 89
alkoholkranke Patienten 191
allmächtiges Objekt 210, 211
Allmachtsansprüche 161, 162
Alter 15, 62, 64, 89, 91, 188
altruistische Abtretung von Triebansprüchen 164
Ambivalenz 104, 131
analytische Dyade 200, 201
Angstneurosen 240
Angsttoleranz 143
Anorexia nervosa 15, 22, 240
Antinomien 99
Arbeitsfähigkeit 255
Arbeitshemmungen 89
Arbeitsstörungen 41, 55, 103, 143, 256
Arbeitstechnik 103
Arbeitsversuche 231, 232
archaisches-anales Über-Ich 256
arroganter Rächer 115, 118
Asthma bronchiale 22, 240, 248
Ausbildungsanalysen 219, 223
Autonomes Funktionieren (Ich-Funktion) 138

Begabungen 91
Begabungen und Talente 67
Bequemlichkeit 103, 128
berufliche Wiedereingliederung 231
Berufstätigkeit 255
Beziehungsidee 52

Beziehungskonstanz 137, 140
Bildungsgrad 14, 188, 190, 191
borderline-Patienten 240, 248

Charakterabwehr 141, 234
Charakterwiderstände 85
chronische körperliche Erkrankungen 77
circuli vitiosi 27
conjoint therapy 199

Dauer der Symptomatik 79, 253
defensives Funktionieren (Ich-Funktion) 138
Denken (Ich-Funktion) 137
Depressionen 18, 47, 89, 97
depressiv strukturierte Patienten 95, 96, 114, 158, 159, 237
Dichotomien 99
Differentialindikation in bezug auf Einzelanalyse 153, 181
dissoziale Persönlichkeiten 164, 236
Dissozialität 19
Drogensüchtigkeit 89
Durcharbeiten 234, 235, 253
dynamische Psychotherapie 141, 143

Eheprobleme 89
Eigenart des Analytikers 85, 146
Einzelkinder 161
emotionaler Analphabet 157
emotionale Vermeiderhaltung 58
empathische Qualität 93
Entschädungsanspruch 85
Errötungsfurcht 21, 43, 44
Ersatzbefriedigung 18, 84, 128, 129, 135
Erziehbarkeit 14, 95
Es-Faktoren 98

Fähigkeit zur Introspektion 95
Fähigkeit zur Mitarbeit 91, 256

Faktoren der äußeren Realität 98
Fehlerwartungen 104
Fetischismus 89
fetischistische und perverse
  Syndrome 97
Finalisierung 30
Fixierung auf der organischen Ent-
  stehung 37
Fixierung auf organogene Vorstel-
  lungen 34, 36
Fokalisierbarkeit 255, 259
Fokaltherapie 251, 252, 255, 257
Fokus 260
fokussierende Aufmerksamkeit 255
Freizeitgestaltung 133, 135
Frustrationstoleranz 94, 135, 137,
  140, 143, 187
Funktionslust 139

Gangstörungen 240
Gehemmtheiten 100, 101, 102, 108,
  109
Gehemmtheits- und Haltungsstruk-
  tur 108, 109, 134, 157
Gekränktheitsaggression 114
Gesamtbehandlungsplan 229, 232,
  241, 242, 245
Gewöhnung 29
Grenzfälle 90, 92
Größen-Selbst 207, 208, 209
gruppendynamischer Denk- und
  Beobachtungsstil 173, 232

Haltung 102, 108
Haltungsstruktur 157
Händezittern 40, 110, 132
Härte 101
Heilungswunsch 111
Hemmung 100, 102
Herzbeschwerden 34
Homosexualität 87, 88
homosexuelle Patienten 191
Homosexueller 18
Hypermotorik 74
Hypersensibilität 74
Hypersexualität 74
Hysterie 89

hysterisch-strukturierte Patienten
  238
hysterisch zwangsneurotische
  Struktur 159

Ich-Funktionen 94, 95, 136, 137, 138,
  139, 141, 142, 231
Ich-Ideal 142
Ich-Ideal-Forderungen 142
Ich-Interessen 138
Ich-Sphäre 138
Ich-Stärke 88, 91, 136, 139, 143
ich-syntone Abwehr 224, 225, 226
Ich-Veränderung 85
Ideale und Ideologien 28, 57, 88,
  105, 112, 135
idealisierende Übertragung 207,
  211, 212
Innenwahrnehmung 140
integrative Funktion des Ichs 53
Intellektualisierung 97, 234
Intelligenz/-grad 65, 66, 95, 188, 190,
  191
interaktionelle Stationsgruppe 233,
  234
Interessen 91, 132
Interessen des Patienten 132
interpersonelle Bezogenheit 137,
  140
Intervall-Therapie 229, 244, 246, 247
Introjektion 158
introspektive Fähigkeit 140
Isolierung 97, 225, 234

Kind-Eltern-Einstellung 120, 124,
  126, 135
Kinder und Jugendliche 65
kombinierte Therapie 228
Kompensationen einer Neurose 67
Konfliktherd 258
Kontaktinitiative 137, 140
körperliche Defekte 69
Kränkbarkeit 45, 105, 134
Kränkungsschutz 210
Krankheitseinsicht 86
Kriminalität 90, 97
Krisenschutz des Patienten 236, 237

Kriterien einer optimalen Zusammensetzung therapeutischer Gruppen 190
Kurztherapie 241, 250

latente Aktion 205
Lebenslauf 144, 145
Leidensdruck 20, 39, 40, 55, 84, 86, 87, 96, 110, 111, 244
Leidensgefühl 40, 45, 109, 110, 111, 134, 244, 259
Leistungstest 53, 54, 128, 145, 255
Leitlinie 103
Lernstörungen 143
Leugnung der Psychogenese 187
Lustkontrolle 117

Magengeschwür 21
magische Einstellung 120, 121, 126, 135
maligne Regression 243
manifeste Aktion 205
manisch-depressive Zustände 89
Marotten 32
Masochismus 85, 97
masochistischer Triumph 115, 116, 117, 234
Mechanisierung 29
mehrdimensionaler therapeutischer Ansatz 230, 242
Meisterschaft und Kompetenz (Ich-Funktion) 139
Minimalstrukturierung 205
Mißbildungen 69
Mitarbeitsbereitschaft 97
Modifizierbarkeit der Lebenssituation 58, 91
Motivation 96
multiple Sklerose 77

Narzißmus 137
narzißtische Neurosen 95, 206
narzißtische Übertragung 207, 208, 209, 210, 216, 217
narzißtischer Großheitswahn 164
negative therapeutische Reaktion 85, 97, 117, 234
neurotische Ansprüche 104

Normalzustand 15
normoplastische Kurztherapie 229

Objektbeziehungen 137
Objektliebe 137
Opfer- und Helfereinstellung 58
Organminderwertigkeiten 69
Organschäden 22
outcasts 191

Paranoia 89
Patienten mit psychosomatischen Störungen 186
Penisneid 86
Persönlichkeit des Therapeuten 98, 145, 257
Perversionen 18, 40, 90
Phobien 23, 24, 240
Pluralität der Gruppe 202, 203, 204
primäre Autonomie 138, 141
primärer Narzißmus 102
Primitivität 66
Probehandeln 137
psychodynamische Formulierung 259
Psychogenese 254
Psychosen 90
psychosexuelle Gehemmtheiten 89
psychosomatisch Erkrankte 140, 231, 246, 254
psychosomatische Störungen 156
psychosomatische Symptome 22, 33, 34, 248
„Psychotherapie-Defekt" 239
Psychotiker 92

Rache 114, 115, 116, 117, 118, 134
Rationalisierung 29, 225, 234
Reaktionsbildungen 160, 168, 225
Realangst 86
Realitätsprüfung 94, 136, 139
Realitätsraum 228, 235, 241, 245
Rehabilitationspatienten 231, 246
Reizbarriere (Ich-Funktion) 138
Renten- und Begehrungsneurosen 38, 39
Rentenwunsch 38

Restimpulse 102
reziproke Latenzrepräsentanz 213

Schicksal und Neurose 144
schizoider Objektverlust 156
schizoide Persönlichkeiten 90
schizoid-strukturierte Patienten 66, 95, 96, 155, 186, 237
schizophrene Patienten 191
Schizophrenie 89
Schönheit und Häßlichkeit 70
Schonklima 235, 236
Schuldgefühle 85, 88, 97
Schutz für die Beziehungspersonen 238, 248
Schutz vor dem häuslichen Milieu 239, 259
Schwachsinn 89
Schwellensituation 48
Schwierigkeiten im Umgang mit Autoritäten 163
sekundäre Autonomie (Ich-Funktion) 138, 141
sekundärer Krankheitsgewinn 28, 36, 89, 90, 96, 97, 129, 254, 255, 259
sekundärer Narzißmus 114
Selbstbetrug 112, 132
Selbsthaß 22, 105, 118, 119
Selbstkritik 142
Selbstrespekt 102
selbstvertrauende Einstellung 120, 125, 126
Selbstwertgefühl 34
selective inattention 156
selektives Weglassen 252
sich einlassen 256
Sinn für Realität der Welt und des Selbst (Ich-Funktion) 136
Somatogenese 254
soziales Funktionieren 23
soziales Lernen 231
soziodynamische Funktionsverteilung 210
Soziopathen 140
Spiegelübertragung 207, 208, 217
Sprechstörungen 90, 94

stabilisierende und chronifizierende Bedingungen 31
Störung des Selbstwertgefühls 102, 103, 108, 112, 134
Stottern 39
Strafbedürfnis 85
strebende Einstellung 120, 126
Sublimierungen 91, 98, 141
Süchte 18, 40
süchtige Patienten 191, 240
Süchtigkeit 55
Sündenbock-Rolle 212, 213
suizidgefährdete depressive Patienten 237, 240
suizidgefährdete süchtige Patienten 240
symbiotische Phantasien 158
symbiotische Übertragung 207, 208, 212
symptomauslösende Konfliktsituation 27, 45, 47, 52, 54, 253, 254
synthetisch-integrative Funktion 139

Tagträume 102, 130, 138
themenzentrierte interaktionelle Stationsgruppe 233, 234
therapeutische Visite 230
Therapieraum 228, 235, 245
Tic 240
Till-Eulenspiegel-Übertragung 183
Todeslinie 49
Todestrieb 86
Toleranzgrenze 154, 182
Toleranzgrenze der Station 243, 244
Traumen 85
Triebabwehr 102, 103
Triebregulierung 136
Triebstärke 85
Trinken 54
Turmschädel 69, 70

Überempfindlichkeit 114
Überich-Angst 86
Überich-Faktoren 97, 136, 139, 142
Überkompensation 131, 132
übersteuerte Patienten 236

Übertragungsaufsplitterung 219, 220, 221, 222
Übertragungsneurosen 90, 95, 206, 219
Umgang mit der Symptomatik 254
Ungeschehenmachen 167, 234
untersteuerte Patienten 243, 245
Urteilen (Ich-Funktion) 136

Verkehrung ins Gegenteil 160
Verletzbarkeit 134, 190, 191
Verletzlichkeit 114
Verleugnung 97
Versuchsinterpretation 122, 123, 135, 256
Versuchungs- und Versagungs-situation 25, 45, 46, 247

verwahrloste Patienten 191
Verwahrlosung 89, 90, 97
Verwahrlosungserscheinungen 18, 19, 40
Verwöhnung 92, 101

Weiblichkeitskomplex 86
Wiederkehr des Verdrängten 102

Zwangsbefürchtungen 25
Zwangsimpulse 25
Zwangsneurose 88
zwangsneurotisch-schizoide Struktur 168
zwangsneurotisch strukturierte Patienten 22, 162, 167, 234, 237
Zwangssymptome 240
Zwillings-Übertragung

Psychoanalyse – Psychotherapie

Die biographische Anamnese unter tiefenpsychologischem Aspekt

Von *Annemarie Dührssen*. 2., durchgesehene und um ein Sachwortverzeichnis erweiterte Auflage 1986. 159 Seiten, kartoniert

Therapeutische Anwendungen der Psychoanalyse

Herausgegeben von *Theodor F. Hau* und *Frederick Wyatt*. Mit einem Vorwort von Ina Weigeldt. 1985. 245 Seiten mit 5 Abbildungen, kartoniert

Zwischen Anpassung und Konflikt

Theoretische Probleme der ichpsychologischen Diagnostik
Von *Thea Bauriedl*. 1982. 160 Seiten, kartoniert

Lebensgeschichte und Dialog in der Psychotherapie

Tiefenpsychologie, Anthropologie und Hermeneutik im Gespräch
Von *Walter A. Schelling*. 1985. 142 Seiten, kartoniert

Umgang mit dem Widerstand

Eine anthropologische Studie zur psychotherapeutischen Praxis
Von *Hans Stoffels*. 1986. 216 Seiten, kartoniert

Wann ist eine Psychoanalyse beendet?

Vom idealistisch-normativen zum systemischen Ansatz. Von *Eva Stoltzenberg*. Mit einem Nachwort von Peter Fürstenau. 1986. 119 Seiten, kartoniert

Die Mehrgenerationen-Familientherapie

Von *Eckhard Sperling, Almuth Massing, Günter Reich, Hans Georgi* und *Elke Wöbbe-Mönks*. 1982. 208 Seiten, kartoniert

V&R **Verlag für Medizinische Psychologie im Verlag**
Vandenhoeck & Ruprecht · Göttingen / Zürich

Psychotherapie in Klinik und Praxis

Band 1   **Stationäre Psychotherapie**

Modifiziertes psychoanalytisches Behandlungsverfahren und therapeutisch nutzbares Gruppengeschehen
Herausgegeben von *Friedrich Beese*. 1978. 314 Seiten mit 11 Abbildungen, kartoniert

Band 2   **Psychotherapie im Krankenhaus**

Behandlungskonzepte und -methoden in der stationären Psychotherapie
Herausgegeben von *Franz Heigl* und *Heinz Neun*, in Zusammenarbeit mit *Arno Hellwig*. 1981. 302 Seiten, kartoniert

Band 3   **Die psychosomatische Kurklinik**

Herausgegeben von *Gerhard Mentzel* unter Mitarbeit von *Andor Harrach, Christoph Kurtz* und *Uwe Seeger*. 1981. 192 Seiten, kartoniert

Band 4   **Die Vierzigstundenwoche für Patienten**

Konzepte und Praxis teilstationärer Psychotherapie
Herausgegeben von *Annelise Heigl-Evers, Ursula Henneberg-Mönch, Celal Odag* und *Gerhard Standke* unter Mitarbeit von *Marianne Aupke, Wolfgang Beck, Friedhold H. Hempfling, Klaus Hoffmann, Mechtild Langenberg* und *Helga Tellbüscher*. 1986. 262 Seiten mit 15 Abbildungen, kartoniert

Band 5   **Psychosomatische Einrichtungen**

Was sie (anders) machen und wie man sie finden kann
Im Auftrage des Deutschen Kollegiums für Psychosomatische Medizin (DKPM) herausgegeben von *Heinz Neun* unter Mitarbeit von *Knut Baering, Wolfgang Dahlmann, Rainer Doubrawa, Rudolf Lachauer* und *Hans-Eckhardt Oberdalhoff*. 1987. 71 Seiten, kartoniert

V&R   **Verlag für Medizinische Psychologie im Verlag Vandenhoeck & Ruprecht · Göttingen / Zürich**